Anonymus

Freymäurerische Versammlungsreden

der Gold- und Rosenkreutzer des alten Systems

Anonymus

Freymäurerische Versammlungsreden
der Gold- und Rosenkreutzer des alten Systems

ISBN/EAN: 9783743308503

Hergestellt in Europa, USA, Kanada, Australien, Japan

Cover: Foto ©Thomas Meinert / pixelio.de

Manufactured and distributed by brebook publishing software
(www.brebook.com)

Anonymus

Freymäurerische Versammlungsreden

Freymäurerische
Versammlungsreden

der

Gold- und Rosenkreutzer

des

alten Systems.

Mit zwölf eingedruckten Vignetten.

Hgonagogerus Nugir. sculp:

Amsterdam 1779.

Vorbericht.

Die Reden, welche hier an das
Licht treten, sind nicht für einen jeden Leser, und auch mein Werk
nicht. Ich bin zu aufrichtig, mit
anderer Arbeiten pralen zu können,
es lüstert mich auch nach dem Rau-
che eines berühmten Namens nicht,
zweifle aber sehr, ob sie jemalen dem
Drucke wären überlassen worden, wenn
sie mir nicht ein Ungefehr in die Hände
gespielet hätte. Wenigstens müßte mich
ein grober Irrthum blenden, wenn dem
Leser nicht gleich die erste Durchblätte-
rung überführte, daß ihre Verfasser
nur für geheime Freunde geschrieben ha-

* 2   ben,

ben, ohne auf den Fall zu denken, der
es möglich gemacht hat, sie nunmehr
der Welt mittheilen zu können. Ich
gestehe, daß mich kein Auftrag zu diesem Schritt berechtiget, denn so viele
Mühe ich mir auch gab, den wahren
Eigenthümer ausfindig zu machen, so
kann ich mich doch keineswegs rühmen,
weder ihn, noch einen der Verfasser zu
kennen, und habe daher fast ganzer
zwey Jahre Anstand genommen, bis
mich, auf einsichtsvoller Freunde Anra-
then, Gründe bewogen, die mich, wie
ich hoffe, rechtfertigen. Ich werde sie
anführen, diese Gründe, so bald ich
Rechenschaft gegeben habe, wie mir diese, sammt andern Schriften mehr, die
ich zurückhalte, zu Theil geworden sind.

Meine

Meine Brüder und Mitverwandten, erkennen mich seit mehrern Jahren, für einen eifrigen Mäurer. Die Wißbegierde, an allen Bearbeitungen unserer verschiedenen Systemen und Stuffen, Theilnehmung zu suchen, vermochte mich zu reisen, in der Hofnung, meine Einsichten durch gelehrte Bekanntschaften zu erweitern. Dies hat zwar meine schwachen Känntnisse ziemlich gemehret, ich kann aber doch nicht behaupten, meine Absicht in jener Völle erreicht zu haben, die ich mir vorgesetzt hatte. Denn es ist mir nunmehr ein Licht aufgegangen, dessen Schein mich einsehen lehret, daß es mir noch am wesentlichsten gebricht, und eben das Licht habe ich diesen Schriften zu danken. Ich erhielte sie zwischen Ra-

venna

venna und **Rimini** in der **Romagna**
für weniges Geld von einem Landlocan-
diere, bey dem mein Vetturino über-
nachtete, und der mir sie, wie er sagte,
in der Absicht wiese, weil in der Gegend
niemand wäre, der sie lesen könnte, ich
aber, als ein Ausländer, ihm vielleicht
zu sagen wüßte, in welcher Sprache sie
geschrieben, und ob er daraus allenfals
einigen Nutzen etwa hoffen könnte? Ich
erkannte sie gleich für deutsche Schriften mit untermengten fremden Zeichen,
Characteren und Ziffern der Gold-
und Rosenkreutzer, hielte sie für Ko-
peyen alter Manuscripte, weil ich zwar
viel Seltsames von diesen Männern,
durch verschiedene Gelehrte, aber auch
zugleich dieses vernommen hatte, und
glaubte, daß diese Gesellschaft lange
schon

schon erloschen wäre. Auf die Frage aber, wie er dazu gekommen sey? fieng er in einem bedauernden Tone an: „ vermuthlich hat sie neulich ein reisen= „ der Herr verloren, der bey mir Mit= „ tag hielt. Sein Vetturino wenig= „ stens ließ sich im Rückwege verlau= „ ten, daß er ihn auf der Straße nach „ Rimini in der Finstere umgeworfen, „ der Herr aber, nach dem Falle, ein „ Felleisen vermisset, über diesen Ver= „ lust sehr kläglich gethan, und vieles „ Nachsuchen vergeblich angestellet ha= „ be. Wahrscheinlich (sprach er) hat „ ihm der Bösewicht diesen Streich „ mit Fleis gespielt, weil er Nachts wi= „ der seinen Willen fahren mußte. „ Mein Nachbar (fuhr er fort) hat „ Tages darauf auf eben der Straße

* 4   „ ei=

„ ein Felleisen, und in demselben diese
„ Papiere gefunden, die er mir zu dem
„ Ende anvertraut hat, sie bey Frem-
„ den für Geld, so gut ich etwa könnte,
„ anzubringen.‟ Ich untersuchte dieses Vorgeben so gut, als es Zeit, Wohl-
und Umstand erlaubten, fand es richtig, ließ mir die Person des fremden
Herrn so genau beschreiben, als es die
guten Leute wußten, und brachte die
Papiere an mich, um sie dem Eigenthümer, da ich des nemlichen Weges
war, so bald ich ihn antreffen würde,
zu behändigen.

Wem etwa bey diesem Handel meine Neugierde verdächtig wäre, dem
würde ich nicht viel entgegen setzen.
Ich bekenne aufrichtig, daß ich mir
durch

durch diese Schriften mit wichtigen
Entdeckungen geschmeichelt hatte, da
mir die Auflösung fremder Character
und Ziffern nichts unmögliches schien,
und mich ehedem stark beschäftiget hatte. Allein aus diesen kann ich mit aller Mühe, die ich darauf verwendet
habe, nicht klug werden, und starke
Dechiffreurs von Beruf, die ich zu Hülf
nahm, wissen eben so wenig sich darein zu finden. Ich betrachte sie noch
immer als einen wichtigen Schatz, zu
welchem mir der Schlüssel fehlt. Das
Brauchbarste für mich sind Briefe und
Reden, so sich dabey finden. Diese
sind fast durchaus leserlich, wenn ich
einige Charactere am Ende ausnehme,
die vermuthlich den Versammlungsort
sammt dem Datum ausdrucken, jene

hinge-

hingegen sind hie und da mit Characteren untermenget, dem ungeachtet, wenn nur ein und andere Stellen weggelassen werden, meistens verständlich, alle aber in einer ächten mäurerischen Schreibart abgefasset, und enthalten sonst noch was gewisses, so meine ganze Seele einnimmt, ob ich es schon selbst nicht deutlich anzugeben weiß. Dennoch habe ich mich niemalen noch entschliessen können, sie bekannt zu machen.

Nun komme ich auf die Gründe, welche mich bewogen haben, einige von denen Reden der Welt mitzutheilen. Sie lehren zwar eine sehr strenge, aber, meines Erachtens, ächte und reine Moral. Was von der Natur- und Heilkunde

kunde vorkommt, war mir ehedem
ganz und gar unbekannt. So giebt
auch eine Stelle deutlich zu verstehen,
warum wir den Ursprung unsers
Ordens vom Anfange der Welt
her zählen, und den Adam, als
den ersten Maurer, betrachten?
Ueberhaupt aber laßen sie einsehen, und
zeigen nicht undeutlich, worinnen der
wesentliche Endzweck unserer Stiftung, nach welchem ich mich schon so
lange Zeit sehne, und worüber mich
nichts zu beruhigen vermochte, recht
eigentlich bestehen müsse.

Alles dieses zusammen genommen,
wird mich hoffentlich rechtfertigen, daß
ich sie dem Druck überlasse. Sie leisten aber auch sonst noch eine Entdeckung,

ckung, die der Neugierde vieler Brüder
nicht gleichgültig seyn kann. Wenigstens werden mir jene gelehrten Freunde danken, die mich überredet hatten,
daß die Gold- und Rosenkreuzer
längst schon erloschen seyn, denn alle
ihre Schriften, die ich in Händen habe,
beweisen, daß diese berühmte Gesellschaft, g. s. d. wirklich noch aufrecht
stehe. Es findet sich sogar auch in der
vierten Rede, die Empfehlung eines
Werks an die jüngern Brüder, welches
der erhaltenen Nachricht gemäs, erst im
Jahre 1775. die Presse verlassen hat.

Der einsichtsvolle Leser wird nun
selbst gar leicht merken, daß mich bis-
hero nichts, als die ehrfurchtsvolleste
Rücksicht, die ich für die Weisheit dieser

ser seltsamen Männer hege, von der
Bekanntmachung dieser Reden zurück-
gehalten, jene aber noch ferner zurück-
zuhalten, vermögen können, welche Geheimnisse eröfnen, die dem Weltklugen
verschlossen bleiben müssen. Daher
traue ich auf ihre Billigkeit so sehr, daß
sie einen Schritt nicht werden mißbilli-
gen wollen, den ich aus keiner tückischen
Absicht gewaget, sondern aus guten
Herzen mache.

Was nutzen mich Schriften, die ich
nicht zu lesen weiß, und der Eigenthümer vielleicht sehr hart entbehret?

Diese Reden sind also hauptsächlich
für ihn zum Druck bestimmt, damit er

in

in Erfahrung bringen möge, wo er sein verlohrnes Gut wieder finden möge.

Ich habe Abschriften zum Druck gegeben, (denn die Characteren sind in keiner Schriftgiesserey zu haben,) alle Originalia aber, die sehr prächtig geschrieben sind, treulich beysammen verwahret, und sie stehen ihm, auf Legitimation und Ordre, alle Augenblick zu Diensten. Die Nachfrage darf nur durch den Herrn Verleger, unter der Aufschrift: an den Herausgeber der rosenkreuzerischen Reden, eingeschicket werden.

Vor allen diesen Reden, und den meisten Stücken der übrigen Schriften, befinden sich hieroglyphische Sinnbilder, die

die sehr artig gemahlet. Diese haben
einen Bezug auf den Inhalt der Schrif=
ten selbst, und sind vermuthlich dem
verständigen Leser zu einer besondern
Aufklärung, oder doch als Ordenskenn=
zeichen beygefüget. Daher habe ich,
die, zu diesen Reden gehörigen, nicht
vorenthalten, sondern gleichfalls abko=
piren und stechen lassen, um an ihren
angewiesenen Plätzen beygedruckt zu
werden.

Verdient meine Treuherzigkeit eine
Erwägung, so hoffe ich, der Wahrheit
künftig näher zu treten. Wenigstens
werden diese Reden vielleicht bekannte
Brüder zu Aeusserungen veranlassen,
die mir die unbekannte Bahne zu je=
nem

nem Lichte noch zeigen können, nach welchem sich meine ganze Seele sehnet, und daß ich durch die uns geheiligte Zahl noch zu schauen hoffe.

$$\mathbb{D} - \tfrac{9}{2}:$$

5. 7. 7. 8.

Der Herausgeber

v. S.

Freymäurerische

Versammlungsreden

der

Gold- und Rosenkreutzer

des

alten Systems.

Der erste Psalm.

Selig ist der Mann, der nicht hergehet im Rathe der Gottlosen, und stehet nicht auf dem Wege der Sünder, und sitzet nicht auf dem Stuhle der giftigen Spötter:

Sondern der seine Lust hat im Gesetze des Herrn, und betrachtet sein Gesetz Tag und Nacht.

Und er wird seyn wie ein Baum, der an Wasserbächen gepflanzet ist, der seine Frucht giebt zu rechter Zeit: und sein Laub wird nicht abfallen, und alles was er thut, daß wird glücklich ausgehen.

Nicht also die Gottlosen, nicht also: sondern wie Staub, den der Wind hinwegwirft vom Angesichte der Erden.

Darum werden die Gottlosen im Gerichte nicht aufstehen, noch die Sünder im Rathe der Gerechten.

Denn der Herr kennet den Weg der Gerechten: und der Gottlosen Fußpfad wird vergehen.

Anrede des Meisters

an

seine jüngeren Brüder,

bey

seiner Stuhlantretung

gehalten.

Ich bin dein Knecht, o Herr! gieb mir Verstand: Daß ich deine Zeugnisse erkennen mag. Ps. 118. v. 125.

Erstes Stück.

Es flieht der blinde Mensch, des schlimmsten
Witzes voll,
Was ihn zufrieden macht, und was er suchen
soll.
Im dunklen sieht er scharf, und blinzelt bey der
Klarheit;
Schmückt seine Lügen aus, und scheut den Glanz
der Wahrheit.

Withof.

Hejonagogerus sculpsit.

Euch ist gegeben, das Geheimniß des Reichs Gottes zu wissen, jenen aber, die draussen sind, wiederfähret alles in Gleichnissen: daß sie es sehend sehen, und doch nicht sehen; und hörend hören, und doch nicht verstehen, spricht der Herr beym Markus am 4. Kap. 11. und 12. Vers.

———————

Liebste, und würdige Brüder!

Sie haben Augen, und sehen nicht; sie haben Ohren, und hören nicht, sprach der höchste Baumeister, der ewig wahre Eckstein, von den

Phari=

Pharifäern und Schriftgelehrten, als thörichten
Bauleuten, und von dem übrigen unseligen Haufen der Profanen, die ihn verwarfen, wie er noch
heut zu Tage von einer unzähligen Menge, so gar
auch derer, die sich Christen nennen, verworfen
wird: indem all ihr Thun und Laſſen, Denken,
Dichten und Trachten, dieſen so groſſen und heiligen Namen platterdings widerleget. Weſſent-
wegen sich dann auch das Wort zwar einigen,
aber nur in Gleichniſſen und Sinnbildern offenbaret; allein von ihnen nicht angenommen, noch
erkannt, viel minder aber begriffen wird, (wie
wir alle wiſſen: daß es auch uns einſtens so begegnet iſt) für die meiſten Menschen hingegen
völlig, und vielleicht leider! auf ewig verloren iſt.

Wie glücklich sind demnach wir, liebſte und
würdige Brüder! die wir uns, von dem unſeli-
gen Haufen dieſer Elenden getrennet, in der Stadt
der Sicherheit der Schwelle des Heiligthums ge-
nähert haben, wo wir das wahre Meiſterwort
wieder finden! Ein Wort, das nicht etwa in dem
eitlen Klange der Stimme unſers Mundes, oder
aber aus leeren Buchſtaben beſtehet. - Nein! -
Dieſes Wort iſt greiflich, und fühlbar für alle
unſere Sinnen. Doch die Weisheit allein kan es
uns wiedergeben; die Weisheit kan uns die Schlüſ-
ſel darbieten zu dem Heiligthum, wo es in Ver-
wahrung

wahrung lieget; die Weisheit kan uns die Hände führen, die verschiedenen Kunstschlösser und verborgenen Riegel, womit die vielen Thüren und Pforten des Heiligthums vor allen Unwürdigen, und ihren Befleckungen, verwahret sind, durch geheime Anzündungen des allerreinesten Opfers aufzusperren; die Weisheit kan uns hineinführen und die Augen aufschliessen, um die grosse Majestät unzähliger Wunder und Herrlichkeiten, die es in sich fasset, zu beschauen.

Dieses Heiligthum, liebste Brüder! ist nicht etwa ein eitler, oder idealischer Tempelbau: sondern der grosse wahre Tempel des Dreyeinigen; nemlich die Geschöpfe, die ganze geschaffene Natur; das grosse unermessene Werk der allmächtigen Meisterhand des allerhöchsten Baumeisters selbsten: der Mensch hingegen sein gröstes Meisterstück, und der erste Gegenstand unserer Bearbeitungen.

Dieser unendlichweise Baumeister aber ist das Licht, so uns erleuchten und führen muß; ein pures, lauteres Licht, und die Urquelle alles Lichts. — Solte wohl das, was von ihm urständet, was aus seinem Munde durch das ewige Wort ausgegangen ist, eitel Finsternisse seyn können? Fast alle Profanen scheinen dieses zu glauben:

ben. Aber weit gefehlt, meine Brüder! — Die
Geschöpfe, welche der Herr gemacht hat, waren,
wie uns das Buch der Schöpfung versichert, in
ihrer Entstehung alle gut, und sind, wie sie sich
unseren Sinnen jetzo darstellen, in ihrem inneren
Licht; aber durch den Fall des ersten Menschen —
in — durch — und mit ihm — als ihrem un-
mittelbaren Mittelpunkte, in den Fluch und Tod
gezogen; in die dicken Finsternisse, wovon sie um-
hüllet sind, geworfen und verschlossen; folgsam in
die dunkle finstere Gestalt, worinnen wir sie sehen, versetzet worden.

Gleichwie aber die ewige Erbarmung für die,
in die erschrecklichen Banden des Todes verfallene
Seele des Menschen, in der Weisheit Abgründen
unerforschlichen Rathschlüssen eine Tinktur, nemlich das theure Blut des Welterlösers von Ewigkeit vorhergesehen und bestimmet hat, wodurch
sie sich vermittelst der wahren Wiedergeburt in
Christo tingiren; von den Banden des Todes befreyen, und das herrliche Licht, aus welchem sie
in der Schöpfung gebildet und zur Wesenheit gebracht worden, wiederum herauskehren und offenbar machen solle; eben also hat die unendliche
Erbarmung eine Tinktur in die Natur geleget,
womit der Mensch erstens seinen eigenen Leib,
und hernach auch die Leiber der dreyen Naturreichen

chen tingiren; von denen Gebrechen, welche das
Reich des Todes durch die Finsternis eingeführet
hat, befreyen, und in dem Lichte des Lebens figiren kan.

An dieser Wahrheit, meine Brüder! ist ganz
und gar nicht zu zweifeln. Der finstere Mensch
des Profanen, welcher seinen Geist gefangen hält,
mag auch davon urtheilen, wie, und was er will;
unsere weisen Meister können dieses alle Augenblick durch die Erfahrenheit selbst handgreiflich machen. Zudem erwägen sie nur, liebste Brüder!
Solte wohl unsere Seelentinktur, ich will sagen,
derjenige, welcher mit gar wenig Brod so viele
tausend Menschen gespeiset und gesättiget; die Ue-
berbleibsel aber sammlen ließ, und besorget war,
daß nicht ein Brodsämlein verwüstet würde, für
ten Leib des Menschen (den Er doch selbst hat
an sich nehmen wollen) für seine Reinigung und
Erhaltung in den ewigen Rathschlüssen seiner Vor-
sehung nicht besorgt gewesen seyn? Ich werde ihnen, s. G. w., künftig zeigen: daß ohne diese
Vorsicht, ohne die folgbare Wirkung dieser erbar-
mungsvollen Vorsicht, die Erlösung des Menschen, Kraft der von dem Schöpfer gewählten
gegenwärtigen Ordnung der Dinge, in der Reihe
der Unmöglichkeiten geblieben wäre.

Der

Der Mensch, im Stande der Gnade, solte unsterblich seyn, und seinen Leib doch mit Speise nähren! Was könnte das wohl für eine andere Speise seyn, als eine solche, welche keiner Verderbung unterworfen, sondern durch den Segen des Schöpfers von der Natur des Lichts, folglich von der Art unserer Quintessenzen war: wann anders sein unsterblicher Leib nicht durch den Genuß verderblicher Speise, mit der Verderblichkeit, oder, was eben das nemliche ist, mit der Sterblichkeit hätte angestecket werden sollen?

Von allem, sagt das göttliche Wort, war es dem Menschen erlaubt zu essen, als nur von der verbotenen Frucht nicht. Alles war dahero von der Art und Eigenschaft einer herrlichen Quintessenz aus der Natur des Lichts durch den Segen des Schöpfers, welche nachhero, durch den Fluch, in herbe Schlacken, Heffen und Finsternissen einwärts verschlossen und verhüllet worden.

Diese herben Schlacken nun, diese Heffen und Finsternisse sind die verriegelten Pforten des Heiligthums. — Man zerstöre sie also durch das Lichtfeuer, welches uns die Weisheit darbietet. — Man scheide den Segen vom Fluche; vereinige und befestige den Segen: so hat man die Speise, durch welcher Genuß der Mensch, vor dem Falle, seine

seine Unsterblichkeit hätte beybehalten; und die Tinktur, wodurch alle unvollkommene Metallen vollkommen; auch alle todte und abgestandene Gewächse des Pflanzenreichs wiederum grünend und fruchtbar gemachet werden können.

Mir, und auch ihnen, liebste Brüder! sind die finsteren Meynungen, so die Profanen von dieser Wahrheit hegen, nicht unbekannt, und zwar besonders in dem Punkte: was die Verwandlungskunst der Metallen betrift. Denn die Goldsucht, welche sie nebst anderen Leidenschaften gefangen hält, läßt die wenigsten aus ihnen an die grösseren und weit wichtigern Geheimnisse unsers Heiligtbums gedenken; woraus dann das erstaunenswürdige Paradoxon entstanden: daß eben von den Profanen keiner einzigen so sehr, als der Verwandlungskunst der Metallen, widersprochen; auch zu gleicher Zeit keiner einzigen so sehr, als eben derselben, sowohl öffentlich, als heimlich, nachgestrebet wird.

Die Lästerer dieser Kunst sagen Imo: Es sey unmöglich, einen Haasen in einen Löwen, oder Panzerthier; einen Wolf in ein Schaaf; oder Dornhecken in hohe Cedern zu verwandeln: weil nemlich nach dem Satz und der Erkänntniß der Philosophen, die unterschiedlichen Geschlechter aller,

aller, zu den dreyen Naturreichen gehörigen Dinge unter sich selbst unverwandelbar sind. Folgsam sey es schon aus der Natur der Sache selbst unmöglich, Metalle verwandeln, als z. B. aus Bley Gold machen zu können.

IIdo. Sey es eine unerlaubte Kunst: weil niemand gefunden werde, der sie wahrhaft besitzet, und man sehe: daß die Alchymisten vieles zu ihren Arbeiten vergeblich anwenden. Von ihnen wird 2. Timoth. 3. v. 7. gesaget: sie lernen immerdar, und können nimmer zur Erkänntnis der Wahrheit kommen.

IIItio. Wolle dieser Kunst niemand öffentlich obliegen, um nicht erkennen zu lassen: daß betrüglich gehandelt werde. Die Alchymisten scheuen das Licht. Wird was wahrhaftes zu Stande gebracht; so geschehe es mit grossen Schaden der darauf verwandten Unkosten, oder durch untergeschobenes wahrhaftes Gold, und andere höllenmäßige Betrügereyen mehr, womit sie die Leichtgläubigen aufmerksam und hitzig machen, um ihnen ihr Geld für lügenhafte Processe herauszulocken. Derley Leute sind dahero dem gemeinen Wesen höchst gefährlich und überaus schädlich, folgsam schlechterdings zu verurtheilen und zu verdammen, u. s. w.

Wer

Wer höret hieraus nicht die Sprache jener
Unglücklichen, welche durch die betrügerischen Sophisten, die aller Orten herumstreichen, um das
Ihrige gebracht worden? Meiden sie ja sorgfältig
allen Umgang mit diesen Bösewichtern! unsere
hocherlauchte Verbrüderung verbindet sie hiezu,
meine Brüder! und gebietet es ihnen auf das
feyerlichste. Die Christenliebe aber fodert von
uns, diesen verabscheuungswürdigen Schwarm
von Ungeziefer aus allen Kräften Widerstand zu
leisten und ausrotten zu helfen. Es sind wenige
Familien in der Christenheit anzutreffen, so nicht
einen oder den andern der Ihrigen zählten, welchen die Tücken dieser verruchten und Gott verge-
senen Bösewichter nicht unglücklich gemachet hätten. Und eben dessentwegen sind die Klagen wieder die Verwandlungskunst der Metalle so groß
und allgemein geworden: so ungereimt, ungerecht,
und unstatthaft sie sind.

Die erste wider diese göttliche Kunst angeführte Einwendung ist dem Anscheine nach sehr
wichtig, und hat schon manchen zweifelhaft und
irre gemacht: Wir aber nennen diese Kunst göttlich, weil sie unfehlbar, jedoch nur für jene
Kinder der Weisheit ist, denen sie Gott giebt.
Und ist wohl ein grösserer Unterscheid zwischen
Gold und Bley, als zwischen einem wohlgewach-
senen,

senen, jungen, schönen, gesunden und feurigen
Manne; und einem kleinen phlegmatischen, auffä,
ßigen und gräuslichen Kinde? Kan nicht eben die=
ses Kind dem gedachten fürtreflichen Manne durch
erfoderliche Arzney und Pflegung mit der Zeit
vollkommen ähnlich werden? Warum nicht auch
Bley dem Golde? Die unvollkommenen Metal=
le, meine Brüder! sind nicht=nach der wahren
Beschaffenheit ihrer wesentlichen Bestandtheile;
sondern nur nach der Verschiedenheit jener Frembd=
artigkeiten, welche sich von denen Unreinigkeiten
ihrer Geburtsstädte mit ihnen zufälliger Weise
vermischet haben; und der Vollkommenheit oder
Unvollkommenheit ihrer mehr oder minderen Zei=
tigung, zwischen sich selbsten sowohl als vom Gol=
de unterschieden. Dahero passet der oben ange=
führte philosophische Spruch dahin nicht. Und
gesetzt, liebste Brüder! man wolte, aus Mangel
der richtigen Kenntnis vom Steinreiche, dieser na=
türlichen Wahrheit widersprechen; macht nicht die
Natur selbst weit grössere Verwandlungen?

Der Satz de immutabilitate speciei in speciem
hat zwar seine gute Richtigkeit: aber man muß
dabey nicht vergessen, daß die Natur in eadem
specie, so lang sie mit dem sich vorgesetzten Zweck
noch nicht zu Ende gekommen, solche Verwand=
lungen ganz natürlich zu machen pfleget, worinnen
unsere

unſere Sinnen eine weit gröſſere Verſchiedenheit
als zwiſchen verſchiedenen Speciebus ſelbſt bemerken. Im Eingeweide der Erden verwandeln ſich
Dünſte durch ihre Gerinnungsſtuffen nach und
nach in verſchiedene Erzarten, wovon ſie einige in
vollkommene Körper, und dieſe durch die Länge
der Zeit, ſo lange ſie nichts daran hindert, immer
mehr und mehr kochet, bis ſie endlich in vollkommene Metalle ausgezeitiget ſind. Und durch
eben ſo groſſe, ja noch weit bemerklichere Verwandlungen pfleget ſie auch in den übrigen Naturreichen, in una eademque ſpecie, in uno eo-
demque individuo, zu ihrem Zweck fortzuſchreiten.
Von unzählichen andern nichts zu gedenken, beob-
achte man nur die Henne mit ihrem Eye! Dieſes
iſt von jener gewiß mehr, als Bley vom Golde,
als der Löw vom Haaſen, und die Dornhecke vom
Cedernbaum unterſchieden. Braucht aber dieſes
todte unorganiſirte Ey wohl mehr als das Brü-
ten der Henne, oder eine demſelben ähnliche Wärme der Kunſt, um zu einem lebendigen und or-
ganiſirten Thiere, und ſofort durch die nachfolgen-
de Nahrung zu einer erwachſenen Henne verwandelt zu werden? Haben ſie niemalen zu Kupfer
gewordenes Eiſen, verſteinertes Holz, oder aus
verfaultem Holze entſtandene Inſeckten geſehen?
Dies iſt die tägliche Beſchäftigung unſerer Lehr-
meiſterin

meisterinn der Natur, daß sie in einem und dem
nemlichen Individuo, während Fortschreitung zu
ihrem Zwecke, unbegreifliche Verwandlungen;
auch, was weit mehr ist, sogar aus einem Mineral eine Pflanze; aus dieser ein Thier, und so
auch rückwärts arbeitet: und daß sie tausend andere Verwandlungen mehr unter unseren Augen
unternimmt und vollbringet. Wir sind ihre Schüler, und in ihrer Schule werden wir die nemlichen Verwandlungen durch sie, ja! noch weit
gröffere unternehmen und vollbringen lernen,
wann nemlich unsere Kunst beytritt, als welche
den Segen vom Fluche scheiden lehret, welches
der Natur, sich selbst überlassen, besonders in allen jenen Fällen unmöglich ist zu vollbringen, wo
die Vollbringung der Reinigung einen Werkstatts-
wechsel für den Gegenstand ihrer Arbeit erfodert.
Dieses begreifet kein Profan, kein Sophist! Denn
(wie Eingangs gedacht worden) sie haben Augen,
und sehen nicht; sie haben Ohren, und hören
nicht: sonst müßten sie nicht ignoriren können,
daß es wirkliche Kunstbesitzer giebt.

Gesetzt auch, liebste Brüder! wir hätten gar
keinen über alle Zweifel weggesetzten Beweiß: daß
es wirkliche Besitzer des Steins der Weisen gegeben habe, oder noch gebe; wäre wohl deffentwe-
gen die natürliche Chymie unerlaubt und verwerflich;

werflich; oder ihre Liebhaber sträflich? Wer wird
die Mechanick wegen ihrer immerwährenden Bewegung; die Astronomie wegen ihrer Länge der
Oerter; und die Geometrie wegen ihrer Quadra-
tur des Zirkels für unerlaubt und verwerflich;
oder die Nachforscher dieser Dinge, die in der
That selbst niemand noch erfunden hat, und insgemein für unerfindlich angesehen werden, für
sträflich halten? Die Nachforschung dieser unmög-
lichen Dinge führet ihre Liebhaber auf Entdeckungen, deren Gebrauch sehr oft grosse Vortheile der
menschlichen Gesellschaft verschaffet, die sie ewig
hätte entbehren müssen, wenn der Menschen Sinn
nicht dergleichen Hirngespinnsten nachgetrachtet hätte. Und eben deßwegen wird ihr Nachforschungs-
geist von aufgeklärten Mächten durch Verheisung
sehr grosser Geldsummen, die für ihre Erfinder
aufgesetzet worden, angefeuert, geschärfet, und stets
unterhalten. Ja! was jedes aufgeklärte und nach-
denkende Gemüth in Verwunderung setzen muß:
Man duldet, schützet und befördert sogar gewisse
Künste, Handthierungen, Spiele und andere
Dinge mehr, die, wie sie nichts als der schädliche
Luxus nähret, (vom nöthigen und unschädlichen
rede ich nicht) denselben unterhalten, verfeinern,
schärfen und täglich vermehren; ungeachtet nichts
zu ersinnen ist, wodurch mehrere, nicht nur ein-

zelne Personen, sondern ganze Familien, Gemein=
den, ja! ganze Staaten in Schaden und Verfall
gerathen wären. Nur die göttliche Kunst der
natürlichen Chymie findet aller Orten Wiedersa=
cher, die trachten sie mit aller Macht zu unterdrü=
cken: obschon keine Kunst noch Wissenschaft anzu=
geben ist, welche, wie diese Kunst, ihre Liebhaber
zur Entdeckung so vieler, so wichtiger und so nütz=
licher in die Arzney = Münz = Bergwerks = Kriegs=
Feld = und Hauswirthschaftskunde, und unzählige
Handthierungen einfließenden und größtentheils un=
entbehrlichen Wahrheiten, zu eben jener Zeit und
eben deswegen geführet hätte, weil sie den Stein
der Weisen suchten; auch durch eben dieses Su=
chen tausend neuere Entdeckungen zum Nutzen der
künftigen Zeiten gemachet; aber alle Naturgeheim=
nisse niemalen erschöpfet werden können. Anstatt
dergleichen nützliche Entdeckungen zu belohnen und
zu befördern, werden ihre Nachforscher verfolget!
man suchet sie zu vertilgen! Ist das wohl mit
einer gesunden Menschenvernunft vereinbarlich?

Ich weiß zwar wohl, welche Farben man
diesem Unfuge anstreichet. „Der Stein der Wei=
„ sen, heiset es, ist ein Unding.‟ Gut! Lasset
ihn ein Unwesen seyn! Haben andere Künste und
Wissenschaften nicht auch ihre Hirngespinnste?
Wer

Wer hält sie aber deßwegen für unerlaubt?
„Der Stein der Weisen, fährt man fort, ist
„aber ein ewiger Vorwand zu täglichen Betrü=
„gereyen, die schon manchen guten Bürger des
„Staats ins Verderben gestürzet haben, und
„noch mehrere zu ihren Untergang führen wür=
„den. Man spricht der Chymie das viele Gute
„nicht ab, so durch selbe für die Menschen er=
„funden worden: allein man hasset ihren schäd=
„lichen Misbrauch; das Wohl der Menschen
„erfodert ihn auszurotten. Und um diesen löbli=
„chen Zweck sicher zu erreichen, ist nothwendig,
„auch ihren unschädlichen Gebrauch scharf zu
„verbieten.‟

Wer hasset den verderblichen Misbrauch der
edlen Alchymie mit einem getreuern und furchtba=
rern Hasse, als eben die ächten Liebhaber der
Kunst selbst? Hingegen, allen Misbrauch
ausrotten, sogar den ächten Gebrauch selbst ab=
stellen, heißt das nicht, wie jener tumme Wäch=
ter handeln, der seinen schlafenden Freunde die
Hirnschale entzwey schlug, um die Mücken, die
sich auf seine Stirn gesetzt hatten, in der Absicht
zu tödten, daß sie ihn im Schlafe nicht beunruhi=
gen sollten? Wie seicht, wie unüberlegt und
höchst unbillig der gedachte Vorwand zur Vertil=
gung ihres ächten Gebrauchs sey, läßt sich aus

B 2   dem

dem schliessen: daß, nach eben diesem Grundsatze, alle menschliche Macht, alle Aemter, und ihr Ansehen, alle Künste, alle Wissenschaften, und die meisten Handthierungen, sammt allen Wein, auch andern Trink- und Eßwaaren abgeschaffet und ausgetilget werden müßten, weil alle diese Dinge weit öfters, als die Alchymie, zum Schaden, zum Ruin und gänzlichen Verderben des Menschen gemisbrauchet werden. Nur den nützlichen Gebrauch der natürlichen Chymie sucht man wegen Misbräuche zu vertilgen, die einige Betrüger unter ihrem Namen machen, denen doch weder A noch B davon bekannt ist! Warum? Mein Reich ist nicht von dieser Welt, spricht der göttliche Heiland. Hier herrschet der Fürst der Finsterniß, der die Menschen verblendet, daß sie einen Schatz verkennen müssen, wodurch eine unendliche Anzahl aus ihnen zur Wiedergeburt in Christo angezogen würde. Denn findet die Kunst einen Gottlosen, so machet sie ihn fromm; findet sie aber einen frommen Menschen, so machet sie ihn heilig. Er verblendet aber die Menschen, daß sie nicht Gott, sondern durch die Kunst vermeynen Gold suchen zu können, und eben deßwegen, durch sie, ihr Verderben finden müssen. Er verblendet die Menschen, daß sie nicht auf die unermeßliche Beträglichkeit des so mannig-

faltigen

faltigen Nutzens des ächten Gebrauchs der Kunst;
sondern nur auf die weit minder beträchtliche
Schädlichkeit ihres Misbrauchs zurück sehen müs
sen. Er verblendet endlich die Menschen, daß sie
seinen Schlingen nicht entwischen, sondern ihm
sicher zu Theile werden müssen.

Wer warnet wider den Misbrauch der Al
chymie und wider die Arglistigkeiten der Laboran
ten, beharrlicher, eiferiger und eingriffiger, als
eben unsere weisen Meister in ihren Schriften?
Wer weiß diese Betrüger leichter zu entlarven,
als eben die ächten Schüler der Kunst? Wir
zwar, liebste Brüder! danken der ewigen Vor
sicht, daß wir unter einer sanften, klugen und ein
sichtsvollen Staatsregierung wohnen, die das wirk
lich Böse vom wahren Guten zu unterscheiden
weiß, und uns dahero ihren Schutz gönnet, un
ter welchem wir uns im Namen der göttlichen
Weisheit zu versammlen, das Recht geniessen.
Lasset uns aber Gott zu gleicher Zeit für jene
Brüder anflehen, die dieser Wohlthat beraubet
sind, damit seine liebvolleste Erbarmung durch ihr
einstrahlendes Licht alle Vorurtheile zerstreuen, und
die Herzen aller christlichen Regenten erleuchten
und erweichen möge, auf daß sie einsehen und er
wägen wollen, was für grosse Vortheile die gänzliche
Abschaffung unserer göttlichen Kunst ihren Staa

B 3 ten

ten entziehen müsse, ohne den gesuchten Einhalt
des schädlichen Misbrauchs der Alchymie zu be=
wirken. Denn die Erfahrung lehret, leider!
daß, je schärfer das Verboth, je heimlicher, eifri=
ger, und mehr laboriret werde. Die Betrüger
betrügen sicherer: denn die Betrogenen getrauen
sich kein Maul aufzuthun; müssen die Schelmen
unbestraft lauffen lassen, und würden sogar Ge=
fahr lauffen, ihren Nebenmenschen vor ihnen zu
warnen. Wie weise hingegen, wie heilig wäre
ein Gesetz, welches nur den Betrüger sehr harten
Strafen unterwürfe; den Betrogenen aber als=
dann erst der nemlichen Strafen schuldig machte,
wenn er den Betrüger der Gerechtigkeit nicht an=
zeigete, so bald er den Betrug entdecket hat. Die=
ses Gesetz würde einen Staat in sehr kurzer Zeit
von allen landstreicherischen Laboranten säubern,
und allen schädlichen Misbrauch der Alchymie
sammt seiner Wurzel ausrotten, ohne die Ver=
herrlichung des Schöpfers in seinen Werken zum
Nachtheil des menschlichen Geschlechts zu verhin=
dern. Allein, liebste Brüder! daß ein so heilsa=
mes Gesetz allgemein eingeführet werde, stehet
mehr zu wünschen, als zu hoffen. Denn was hö=
ret die Welt wohl weniger, als die so gut gemeyn=
ten Warnungen unserer weisen Meister? War=
um? Sie reden die Sprache Gottes, die die

Welt

Welt nicht kennet, aber alles das thut, darnach ihr Vater, der Teufel, Verlangen träget, der ein Mörder von Anbeginn war, in welchem keine Wahrheit seyn kan, Joh. 8. v. 44. Dahero verfolget man auch die ächten Liebhaber der Kunst: obschon unter allen menschlichen Dingen dem Menschen nichts nützlicher ist, als eben dieselbe, und der Stein der Weisen kein Hirngespinnst, sondern aus allen natürlichen Gaben die allerfürtreflichste Gabe ist, die der Herr in der Fülle seiner Erbarmung den Seinigen bestimmet hat.

Werfen sie nur mit mir, liebste Brüder! einen Blick nach Helmstädt, auf des Professors Cornelius Martini öffentliche Disputation Inexistentia Lapidis philosophici: da unser fürtreflicher Meister Arnaldus de Villa Nova im Angesicht aller Opponenten und Studenten Bley in Gold öffentlich verwandelt, und es dem Martini mit diesen Worten: solve mihi hunc syllogismum! dargereichet hat. Prag sahe, nebst andern Meistern mehr, einen Eduardus Kelläus; Utrecht, Amsterdam, Cölln am Rhein, Strasburg, Augsburg, Basel und Wien, einen Alexander Setonius; Crossen aber dessen Diener, den Wilhelm Homliton Queckſilber in Silber und Gold fast öffentlich verwandeln. Und wo könnten wir wohl statthaftere Beweise von der Wirklichkeit der Ver-

B 4   wand-

wandlungskunst der Metalle antreffen, als eben
unter uns selbsten? Es ist eine sehr kurze Zeit,
da ein besuchender Bruder in einer Versammlung
an diesem nemlichen Platze, Eisen in Silber ver=
wandelt hat. Sie als Besitzer vom Hause wissen
sich dessen nebst andern anwesenden Brüdern wohl
zu entsinnen, und werden, s. G. w. noch, lange
lebende Zeugen davon seyn. Ja! Es sind Brü=
der dermaßen hier und in den hiesigen Gegenden,
welche so glücklich waren, dergleichen wundervolle
Verwandlungen öfters, und zwar mit sehr grosser
Quantität Metallen unternehmen, und vollbringen
zu sehen.

Wischten sich die Profanen den Nebel aus
den Augen, und sähen sich nur ein wenig in der
göttlichen Schrift um; so würden sie schon da
unläugbare Spuren von der Wirklichkeit dieser
göttlichen Kunst in zahlreicher Menge antreffen.
Die Verbrennung des goldenen Kalbs zu Aschen,
die im Wasser geschwommen, und dem Volke zu
trinken gegeben wurde, beweiset den Moses als ei=
nen wahren Adepten. Die Adepten allein, und
sonst niemand kan dieses. Woher hat David bey
seinen vielen Kriegen, von dem kleinen Judenlan=
de, welches weder Bergwerke noch Commercium
hatte, so ungeheure Gold= und Silbersummen,
blos zur Zierde des Tempels, welcher gebauet wer=
den

den sollte, seinem Sohne, dem König Salomo zurücklassen können? Wie wäre es dem Salomo möglich gewesen, die siebentausend Centner Silber zum Tempel in purem laterem Golde verarbeiten zu lassen; wenn er nicht eben so, wie David, sein Vater, Steine der Fülle zu machen gewußt hätte? Die Schrift saget zwar: er habe seine Knechte nach Ophir schiffen lassen, woher sie ihm Gold brachten. Aber wer siehet nicht: daß das Wort Ophir in einem parabolischen Verstande zu nehmen sey? Wo war dieses Ophir gelegen? Wäre es ein wirklich so goldreiches Eyland gewesen; würden wohl seine Knechte, während er Dürftigkeit Rehabeams, seines Sohnes, die Wege dahin vergessen gehabt haben? Rehabeam besaß die Kunst seines Vaters und Großvaters nicht: eben deßwegen mußte er Noth leiden und darben.

Wie viele Stellen sind nicht in göttlicher Schrift, welche die Wirklichkeit von der Verwandlungskunst der Metallen nicht undeutlich schliessen lassen? Die uns vorgeschriebene Zeit ist viel zu kurz mehrere davon anführen zu können, und zu dem, so habe ich mich ohnehin schon viel zu lange dabey aufgehalten. Denn so herrlich, fürtreflich, verwunderungsvoll und göttlich diese Kunst für sich selbst auch wirklich ist, so ist der Gegenstand der heiligsten Absichten unsers preis-

B 5   würdi-

würdigſten Ordens noch von einem weit höherem und ungleich gröſſeren Umfange. Laſſen ſie uns denſelben vernehmen aus dem geoffenbarten Worte Gottes ſelbſten!

Moſes, der iſraelitiſche Heerführer, Prophet, und treue Knecht Gottes, bat den Herrn, Exod. am 33. Kap. ſich ihm von Angeſicht ſchauen zu laſſen; der Herr hingegen belehrte ihn: daß es unmöglich ſey, Gott zu ſehen, ohne zu ſterben; verſprach ihm aber auch zu gleicher Zeit, daß er ihn in die Kluft des Felſens ſtecken und mit ſeiner Rechten bedecken wolte, wann er vorüber gienge, bis ſeine Glori vorüber ſeyn würde: dann will ich (ſpricht der Herr im 23. Vers des gedachten Kapitels) dann will ich meine Hand wegthun; ſo ſollſt du ſehen, was hinter mir iſt; aber mein Angeſicht wirſt du nicht ſehen können.

Hier haben ſie, liebſte Brüder! den ganzen Inbegrif der wahren und heiligſten Abſichten unſerer hocherlauchten Verbrüderung, und den ganzen Gegenſtand aller unſerer Bearbeitungen im Worte der ewigen Weisheit ſelbſt gegründet, welche ſich unſeren Orden zu ihren Tempel erbauet und geheiliget hat; auch denſelben bis ans Ende der Zeiten aufrecht erhalten und immer mehr und mehr verherrlichen wird.

Durch

Durch sein Angesicht will der Herr seine Selbstständigkeit, wie er in sich selbsten ist, wie er von Ewigkeit her von der Schöpfung in sich selbst war, und wie er durch alle Ewigkeiten in sich selbst bleibt und seyn wird, verstanden haben. Und dieses Angesicht, meine Brüder! diese Selbstständigkeit des Allmächtigen kann kein Geschöpf sehen noch begreifen. Aber, was hinter mir ist (spricht der Herr) sollst du sehen. Und was ist das anders, als der grosse Schöpfungsbau des allerhöchsten Baumeisters, durch welchen es ihm gefallen hat, sich in der Zeit zu offenbaren? Du sollst es sehen! (spricht der Herr) Er will also: daß wir die grossen Herrlichkeiten des unermeßlichen Baues seiner allmächtigen Meisterhand, blos in der reinen Absicht sehen und erkennen lernen, damit wir uns durch diese Erkänntnis zur wahren und würdigen Erkänntnis des Schöpfers selbst hinauf schwingen.

Die Unfehlbarkeit dessen, und was die Welt blendet, daß sie diese Wahrheit nicht einsiehet, lehret sowohl Paulus in seiner Epistel an die Römer am 1. Kap. 18 : 25. V. als auch der Psalmist an verschiedenen Stellen, welcher am 91. Pf. 5. 6. u. 7. Vers in den Werken des Herrn frolocket, und unter andern sehr nachdrücklich spricht: Wie herrlich sind deine Werke, o Herr! deine

Gedan-

Gedanken sind viel zu tief gegangen. Ein un=
weiser Mann wird sie nicht erkennen, und ein
Narr wird diese Dinge nicht verstehen.

O! wohl eine grosse, fürtrefliche und heilige
Absicht unsers preiswürdigsten Ordens, die der
Beschäftigung unserer Seele, als eines denkenden,
vernünftigen und unsterblichen Wesens allein wür=
dig ist. Die Geheimnisse, welche die wohlthäti=
ge Weisheit des Schöpfers in die geschaffene
Natur geleget hat, sind gros, voller Wunder,
voller majestätischen Herrlichkeiten, und unzählig!
Lassen sie uns dahero fürohin alle unsere Geistes=
kraft anwenden, diesen grossen Geheimnissen uner=
müdet nachzuforschen; damit wir, wie Moses,
nachdem das Angesicht des Herrn niemand sehen
kan, das, was hinter Ihm ist, sehen, das ist:
den ewig allmächtigen, ewig gerechten,
und ewig barmherzigen aus seinen Werken
erkennen mögen.

Wir alle, liebste, und würdige Brüder! be=
finden uns bereits in der Kluft des nemlichen
Felsens, in welchen Moses vom Herrn gesetzet
ward. Denn unser heiliger Orden ist dieser
glückliche Felsen des Herrn, welcher von Anbe=
ginn der Welt schon, mit Adam aufrecht gestan=
den hat, und bis ans Ende der Zeiten mit wür=
digen

digen Brüdern wider allen Sturm und Ungewit=
ter aufrecht bleiben, und unbeweglich stehen wird.

Der Herr hat zwar beym Moses die Hand
weggethan, das ist: der Herr hat die undurch=
dringliche Decke, unter welcher es seiner Weis=
heit beliebet, die Geheimnisse der ganzen Natur,
und mit denenselben sich selbst vor allen Unwür=
digen verborgen zu halten, von denen Augen des
Moses weggezogen, um sich ihm in seinen Wer=
ken sehen zu lassen und zuerkennen zu geben.
Aber bey uns, meine Brüder? Ja! ich wünsche
es ihnen aus wahrer brüderlicher Treue und Auf=
richtigkeit eben so sehnlich, eben so inbrünstig als
mir selbsten! Und dem Ewigen sey ewiger Dank,
der Herr läßt es uns allen zuversichtlich hoffen:
so bald das in uns wohnende Licht sich geoffenba=
ret, herausgekehret, die körperlichen Finsternisse
verschlungen, verzehret, in seine eigene himmlische
Natur verwandelt, und der gereinigte Geist unse=
re Leiber, d. i. den thierischen Menschen, wird ge=
tödtet haben.

Der Geist, merken sie es wohl meine Brü=
der! der gereinigte Geist muß zuvor unsere Lei=
ber, nemlich den thierischen Menschen, vollkom=
men getödtet haben.

Dahero

Dahero sind hievon ausgeschlossen alle jene Menschenkinder, welche Hochmuth, Stolz, Eigendünkel, Geiß, Wollüste, Unmäßigkeit, Zorn, Neid, oder Trägheit beherrschen. Kein Sclave von einer oder der andern dieser so fruchtbaren Ausgeburten des Todes und der Finsterniß hat Anspruch darauf zu machen: es sey denn, daß sein Geist, in Christo wahrhaft wiedergebohren, diese schändlichen Banden seines Leibes zertrümmere, und eben diesen Leib tödte, d. i. ihn sammt allen thierischen Leidenschaften und Begierden sich vollkommen unterwürfig mache. Denn wo diese herrschen, kan sich das Licht nicht offenbaren: und wir müssen ganz Licht seyn; bevor die Decke der Finsterniß unseren Augen könne abgenommen werden: weil der Herr hohe Augen; lügenhaftige Jungen; Hände, die unschuldig Blut vergiessen; ein Herz, das mit bösen Anschlägen umgehet; Füsse, die geschwind laufen, Böses zu thun, und einen falschen Zeugen hasset, der Lügen hervorbringet: vor jenem aber seine Seele einen Abscheu hat, der zwischen Brüdern Uneinigkeit stiftet. Prov. 16. v. 16 : 19. Hingegen, ein stets ungeheucheltes Mistrauen in seine eigene Weisheit, Barmherzigkeit, Wahrheit, Vertrauen auf Gott, Gedult in allen Prüfungen, Bewahrung der ächten Weisheit, Liebe des Nächsten, Abscheu

schen von allen Gottlosigkeiten, und wahre Gottesfurcht die Lebensjahre vermehren, Friede bringen, auch vor Gott und seinen Knechten, Gnade und gute Lehre finden lassen. Kap. 3.

Die Demuth, meine Brüder! die ungeheuchelte biegsame Demuth, die Wohlthätigkeit, die Reinigkeit des Leibes und des Geistes, die Mäßigkeit, die Menschenliebe, die Sanftmuth, und der unermüdete Fleis sind jene fruchtbaren Ausgeburten des Lichts in der Selbsterkänntnis, welche die Werke der Finsternis verschlingen, und die wahre Gottesfurcht, Tugend, Kunst, und die göttliche Weisheit, nach welcher wir alle streben müssen, nothwendiger Weise nach sich ziehen und in uns ausgebähren. Der Anfang der Weisheit aber ist die Furcht des Herrn. Prov. 1.

„Selig ist der Mensch, welcher die Weisheit fin„det und Ueberflus an Fürsichtigkeit hat. Sie „zu erlangen, ist besser als Gold und Silber, „die ihre ersten und reinsten Früchte sind. „Die Weisheit ist köstlicher als alle Reichthümer; „und alles, was man zu verlangen pfleget, ist „nicht werth, mit ihr verglichen zu werden. Ihr „zur Rechten, ist langes Leben; Ehre und Reich„thum aber zur Linken. Ihre Wege sind schöne „Wege; und alle ihre Fussteige sind Friede. „Der Baum des Lebens ist ein Eigenthum der„„jenigen,

„jenigen, die sie fassen: und selig sind diejenigen,
„die sie behalten." Dies sind lauter Sprüche des
3. Kap. des Buchs der Sprüchwörter, folgsam
das wahre untrügliche Wort des Geistes Gottes
selbsten.

Wie selig und überglücklich sind demnach die
wahren Söhne der Weisheit! Selig und glücklich
an Ueberflusse von Tagen voller Gesundheit, Eh=
ren und Reichthümern in diesem Zeitlichen; selig
und über glücklich an der Gnade und göttlichen
Glückseligkeit in jenem Leben der Ewigkeiten.

Gleichwie wir nun, liebste Brüder! Kraft uns
sers theuren Bundes, zu dem erhabenen Beruf,
ächte Söhne der Weisheit zu werden, verpflichtet
sind; so lieget uns nunmehro ob, nach dem süssen
Genusse dieses glänzenden Glückes nach Geistes=
kraft zu ringen, und eben darum das schreckliche
Beyspiel vom schalkhaften und ungetreuen Knech=
ten im Evangelium, der sein Talent vergraben
hatte, niemalen aus unserm Gedächtnis weichen zu
lassen; damit uns keine Unthätigkeit noch Schalk=
heit ein ähnliches Strafgericht Gottes zuziehen
möge.

Sie aber indessen zur erfoderlichen Werkthätig=
keit vorzubereiten, muß ich ihnen einsweilen sagen:
daß wir fürohin keines eigenen Willens mehr seyn
dürfen.

dürfen. Der allerheiligste Wille des dreyeinigen, unumschränkten, allmächtigen Wesens, nebst dem Willen aller unserer rechtmäßigen Vorgesetz ten muß den unsrigen ganz allein ausmachen.

Sie werden auch dahero die Zeit keinesweges bedauern, die sie zur Anhörung der Rede verwen det haben, welche ich, in der Absicht, Gott zu ge fallen, denen Anordnungen unserer weisesten Kon kordanz zu gehorchen, und ihnen, liebste Brüder, aus brüderlicher Treue und Aufrichtigkeit zu die nen, an sie habe halten müssen. Eben diese rei nen, aufrichtigen und heiligen Absichten, sollen und werden die wahre Triebfeder aller meiner Hand lungen und Bemühungen, in der mir von unse ren hohen Oberen, über sie anvertrauten Leitung, jederzeit ausmachen. Diese mir aufgetragene Bür de ist zwar sehr schwer, denn ich kenne das geringe Gegenverhältnis meiner Kräfte genau. Aber die Gnade Gottes, die sie mir, liebste Brüder! wer den von oben herab erbitten helfen, nebst dem gü tigen Beystande der hohen Obern, und ihr schul diger Verbrüderungseifer, Aufmerksamkeit, Wißbe gierde, und der genaue Gehorsam, den ich mir, im Namen aller weisen Meister, von ihnen für je und allezeit verspreche und rechtmäßig fodere, werden meine Unvermögenheit schon ersetzen.

C   Und

Und da ich ihnen die Wege der ächten und wahren Weisheit, Kraft meines angetretenen Amtes zu zeigen habe; so wird eben diese Weisheit der erste; hernach aber der Mensch, als unser eigenes Wesen, der zweyte; und endlich die ganze erschaffene Natur nach der Ordnung aller ihrer Reiche, der dritte Theil des Gegenstandes meiner künftigen Lehren seyn. Damit es uns an keiner Känntnis gebrechen möge, welche nöthig ist, durch die, durch sich selbst multiplicirte Dreyheit, zu dem unermeßlichen Eins in Dreyen zurückzukehren.

Indessen aber, auf daß g. u. s. w. m. u. s. empfehle ich ihnen nachdrücklich die fleißige Lesung des geoffenbarten Wortes Gottes, und unter andern darinn enthaltenen heiligen Büchern, die Psalmen, sammt den Büchern des Salomo vorzüglich, folgsam auch das oft citirte der Sprüchwörter, und schliesse mit den aus eben denselben 8. Kap. und 10. Vers genommenen Worten: Nehmet meine Unterweisung an, und nicht Geld; erwählet vielmehr die Lehre, dann Gold.

H. H. H.

Hannan.

Selig sind, die Gottes Wort hören und dasselbige bewahren. Der Heiland Luc. 11. v. 28.

Anrede

Anrede des Meisters

an

seine jüngeren Brüder,

von der

Weisheit,

dem wahrhaftigen Lichte,

Welches alle Menschen erleuchtet, die
in diese Welt kommen. Joh. 1. v. 9.

Zweytes Stück.

Denk, daß nichts glücklich macht, als die Ge=
wissensruh,

Und daß zu deinem Glück dir niemand fehlt,
als du.

Gellert.

ihr seydt das ☉ der Erden

Hejonagogerus sculp:

Dies ist die Pforte des Herrn, die Gerechten werden zu derselbigen hineingehen. Ps. 117.
v. 20.

———————————

Würdige, liebe und werthgeschätz-
te Brüder!

Suchet vor allem das Reich Gottes und seine Gerechtigkeit, das übrige wird euch alles beygeleget werden! Sohn! spricht unser Meister Alanus, wende dein Herz und Gemüth

C 3   mehr

mehr zu Gott, als zur Kunst: denn sie ist die
höchste Gabe Gottes, die er verleihet, wenn
es ihm wohlgefällig ist. Wer dahero in unsern
Orden eintritt, um Gold zu machen, reich zu
werden, gros zu thun, den Müßiggang pflegen, und
seine Lüste sättigen zu können, dem ist das Grab
der Armuth schon gebauet: denn es folget, statt
eines so schändlichen Endzwecks, sein zeitliches und
ewiges Verderben. Jener betrügt niemanden, als
sich selbst, welcher den Geist Gottes anliegt, und
spricht: ich verlange Rosenkreutzer zu werden,
um Weisheit, Kunst und Tugend zu erlangen,
Gott zu gefallen, und dem Nebenmenschen zu
dienen; in seinem Herzen aber das so theure Gelübde, welches er Gott, dem ewig gerechten,
und unseren heiligen Orden zuschwöret, der lüster-
nen Trägheit seines finstern Fleischkörpers, dem
Mammon und dem Satan, als das greulichste
Schandopfer darbringet. Dieser Greuel, dieser
abscheuliche Gottesraub, wird leider! nicht selten
verübet: weil kein Bruder Introducter, sondern
das allsehende Auge Gottes allein die Herzen eines jeden Kandidaten untrüglich prüfen und sehen
kann. Darum zittern sie, meine Brüder! wo nicht
über ihr eigenes Bewußtseyn, doch über jene af-
terwitzige Wölfe, welche sich in Schaafskleidern
unter die Heerde des Herrn einschleichen: weßwegen

gen auch), zwar viele berufen, aber wenig auser-
wählet sind. Alle unsere Absichten müssen lauter
seyn wie geläutertes Gold, und sich nach dem
Beyspiele des jungen Salomo richten, welcher
nichts, als was Gottes ist, gesucht hat. Denn
er bat den Herrn im Geiste und in der Wahrheit mit aller Demuth des Herzens und standhaf-
tem Anhalten um nichts, als um jene Weisheit,
welche stets um den Thron des Allerhöchsten in
den Himmeln ist: sein Herz aber war von allen
Grosheiten, Reichthümern und übrigen Eitelkeiten
der Welt weit entfernet. Und nachdem ihm der
ewig barmherzige eben deßwegen diese Weisheit mitgetheilet hatte; wer war wohl jemalen
grösser, reicher, herrlicher und mächtiger, als eben
dieser Salomo?

Dahero, liebsten Brüder! rufe ich ihnen noch-
malen mit dem allerhöchsten Baumeister, unserm
Heilande, zu: suchet vor allem das Reich Gottes
und seine Gerechtigkeit; das Uebrige wird euch
alles beygeleget werden. Wenn euch aber Reichthum zufällt, (warnet der Psalmist. Ps. 41. v. 11.)
so hänget euer Herz ja nicht daran. Aber der
Mund des Gerechten: (spricht er weiter Vers 30.)
soll Weisheit betrachten, und seine Zunge reden,
was recht ist. Und, gleichwie uns nichts, als die
göttliche Weisheit zu dem Reich Gottes und

seiner

seiner Gerechtigkeit leiten und führen muß, so wie sie unser einziger wahrhafter Beruf ist; so lasset uns dem Geiste des gekrönten Psalmisten und dem Beyspiele des jungen Salomo herzhaft nachfolgen; vor allem aber, um wahre und würdige Söhne der Weisheit zu werden ernstlich betrachten.

Erstens: Was, und wer die Weisheit eigentlich sey?

Zweytens: Wer die wahren Söhne der Weisheit, und wie höchstglückselig sie seyn?

Drittens: Welche Wege und Mittel zur wahren Weisheit sicher führen?

Den zweyten und dritten Punkt wollen wir in denen nächstfolgenden zwoen Versammlungen s. G. w. betrachten, untersuchen und erörtern. Die Erörterung des ersten hingegen, soll der Gegenstand meiner gegenwärtigen Anrede seyn.

Die Würde und Wichtigkeit, der Nutzen und unbeschreibliche Umfang davon; ihr Beruf, liebste Brüder! ihre Wißbegierde und unser Verbrüderungseid, heißt mich, im Namen aller weisen Meister, die schärfste Aufmerksamkeit von ihnen zu gewärtigen, hoffen und fordern: denn es spricht unser bereits mehr als einmal erwehnte Bruder und größte Meister, der weise König Salomo, nemlich)

nemlich in seinen Sprüchwörtern Kap. 3. v. 13.
et seq. Selig ist der Mensch, der Weisheit findet und dem Klugheit reichlich zufliesset. Denn
ihr Gewinn ist besser, als wenn man um Silber Gewerbe treibet; und ihre Früchte sind herrlicher als das allerbeste und reineste Gold. Sie
ist köstlicher denn aller Reichthum; und alles,
was man wünschen mag, ist nicht mit ihr zu
vergleichen. Ein langes Leben ist zu ihrer rechten Hand; Ehren und Reichthum aber zu ihrer
Linken. Ihre Wege sind schöne Wege, und alle
ihre Steige sind Friede. Sie ist ein Baum des
Lebens denenjenigen, so sie ergreifen, und wer
sie behält, der ist selig.

Welch herrliches Rühmen, liebste Brüder!
machet nicht Salomo von dieser Weisheit? Wer
wird uns sagen können: Was und wer sie recht
eigentlich sey? Mein Verstand stehet stille und
meine Zunge verstummet in ihrer Betrachtung!

Aber lasset uns aus ihrem eigenen Munde
vernehmen, was sie von sich selbst saget: „Ich
„ bin (spricht sie Eccl. 24. v. 5. et seq.) aus
„ dem Munde des Allerhöchsten hervorgekom-
„ men, die Erstgeborne vor allen Kreaturen. Ich
„ habe gemacht, daß am Himmel das immerblei-
„ bende Licht aufgegangen ist, und habe das gan-
„ ze Erdreich gleich wie ein Nebel bedecket. Mei-
C 5   „ ne

„ ne Wohnung war am allerhöchsten Orte, und
„ mein Thron in der Wolkensäule. Ich allein
„ habe den Umkreis der Himmel umgangen, und
„ bin durch die Tiefen des Abgrunds gedrungen;
„ hab auch gewandelt über die Wellen des Meers,
„ und bin auf dem ganzen Erdboden gestanden.
„ Unter allen Völkern und Heiden habe ich ge-
„ herrschet. Ich habe auch die Herzen aller
„ Menschen, sowohl der hohen als der niedrigen
„ mit Macht zertreten, und habe unter diesen
„ allen eine Ruhestatt gesuchet, und will mich
„ in dem Erbtheil des Herrn aufhalten.

„ Der Herr (spricht sie Prov. 8. v. 22. et
„ seq.) der Herr hat mich im Besitze gehabt am
„ Anfang seiner Wege, ehe denn er von Anbeginn
„ was gemacht hat. Ich bin von Ewigkeit her
„ verordnet, und von Alters, ehe denn die Erde
„ ist gemacht worden. Die Abgründe waren noch
„ nicht, und ich war schon empfangen; die Waß-
„ serbrunnen waren noch nicht ausgebrochen. Die
„ Berge mit ihrem schweren Gewichte hatten
„ noch ihren Stand nicht. Ich bin vor den
„ Bühlen geboren; er hatte den Erdboden noch
„ nicht gemacht sammt den Wasserströmen, noch
„ die Gründe des Erdbodens. Ich war gegen-
„ wärtig da er die Himmel bereitete; da er die
„ Abgründe mit gewisser Ordnung rings um be-
„ vestigte.

„ veſtigte. Da er die Luft droben veſt machte;
„ die Waſſerbrunnen abwoge; dem Meer und
„ Waſſer rings um Schranken ſetzte, die ſie nicht
„ übertreten. Da er die Gründe des Erdbodens
„ legte, da war ich bey ihm und fügte alle Din‡
„ ge zuſammen; erluſtigte mich täglich und ſpielte
„ vor ihm allezeit. Ich ſpielte auf dem Erdboden,
„ und meine Luſt war bey Menſchenkindern zu.
„ ſeyn: Darum ſo höret mich meine Kinder!
„ Selig ſind, die meine Wege bewahren.‟

Laſſet uns noch vernehmen, liebſte Brüder!
was Salomo im göttlichen Buche der Weisheit
ſelbſt weiter von ihr ſpricht: „Alles, (ſchreibet er
„ im 7. Kap. 21. u. f. Vers) Alles was ver‡
„ borgen und unbekannt iſt, hab ich erlernet.
„ Dann die Weisheit, eine Werkmeiſterinn al‡
„ ler Dinge, hat mich gelehret. In ihr iſt der
„ Geiſt, der verſtändig, heilig, einig, mannig‡
„ faltig, ſcharf, behend, beredt, rein, klar, ſanft,
„ freundlich, ernſt, frey, wohlthätig, leutſelig,
„ veſt, gewiß und ſicher iſt, der alles vermag,
„ alles ſiehet, und alle Geiſter durchdringet; wie
„ verſtändig, ſcharf und lauter ſie ſind. Sie iſt
„ das allerbehendeſte, fährt und dringet durch al‡
„ les, ſo gar lauter iſt ſie. Sie iſt das Hauchen
„ der göttlichen Kraft und ein Stral der Herr‡
„ lichkeit des Allmächtigen; dahero kan nichts
„ unrei‡

„ unreines zu ihr kommen, denn sie ist ein Glanz
„ des ewigen Lichts, ein unbefleckter Spiegel
„ der göttlichen Kraft, und ein Bild seiner Gü:
„ tigkeit. Sie ist einig, und thut doch alles;
„ sie bleibet was sie ist; erneuet doch alles, und
„ giebt sich für und für unter den Völkern in die
„ heilige Seelen; machet Gottesfreunde und Pro:
„ pheten. Denn Gott liebt niemanden, er bleibe
„ denn bey der Weisheit. Sie gehet herrlicher
„ einher denn die Sonne, und übertrift alle Ord:
„ nung der Sterne. Dem Licht gehet sie weit
„ vor, denn dieses muß der Nacht weichen, aber
„ die Weisheit wird von der Bosheit nimmer:
„ mehr übewältiget. Also erstrecket sie sich von
„ einem Ende zum andern gewaltiglich, und re:
„ gieret alle Dinge wohl.“

Das geschriebene Wort Gottes zeuget uns
ein Meer der herrlichsten Stellen von der Weis:
heit, und sie werden gestehen, liebste Brüder! das
aller Menschenverstand viel zu beschränkt ist, einen
vollkommenen Begrif davon zu fassen. Nur der
Geist der göttlichen Weisheit selbst weiß sie uns
ächt zu entwerfen. Hoffentlich werden sie nun
schon erkennen, daß es zu unserer Absicht überflüßig
wäre, mehrere Zeugnisse von ihr aus ihrem geof:
fenbarten Worte anzuführen; denn die bereits an:
gehörten lassen uns keinen Zweifel mehr übrig,
und

und beweisen heller als das helle Mittagslicht,
daß die Weisheit, wovon hier die Rede ist,
der ewige Sohn Gottes, der Erstgeborne
vor aller Kreatur, das ewige, aus dem Munde des allmächtigen Vaters ausgegangene
Wort selbsten sey. Jene ewig erbarmende Liebe
ist sie, liebste Brüder! welche unserm Erzstamm-
vater, den Adam, nach dem Falle, (der ihn
sammt seinen Kindern und durch ihn alle irrdische
Geschöpfe in den Fluch, und mit diesem in die
Fesseln des Todes, als der Urquelle aller Krankheit, Dürftigkeit, Drangsalen, Finsternis, Be-
stürzung und äussersten Verzweiflung versenket hatte) wieder zu trösten und aufzurichten, durch sich
einen Mittler zu seiner und seines Geschlechts
künftigen Aussöhnung und Wiedervereinigung
mit dem Schöpfer verheissen hat; auch ihm von
diesem alle Menschenvernunft weit übersteigenden
Geheimnisse Gottes eine Abbildung in jenem
grossen, der Weltschöpfung ähnlichen Naturwerke
der Kunst, alle Körper von ihrem anklebenden
Fluche zu reinigen, und die menschlichen bis zu
ihrer natürlichen Auflösung wider alle Krankheiten
zu verwahren, durch die heiligen Engel, als denen
dem Adam, nach seinem Falle von Gott zugetheil-
ten Tröstern, Beschützern und Lehrmeistern zeigen
und lehren; auch die Kenntnis dieses göttlichen

Aller-

Allerhöchsten sowohl, als des erstgedachten allergrößten Naturgeheimnisses durch den Adam an
seine Söhne, durch diese an ihre Abkömmlinge
bis an den Noah in die Arche, durch dessen Söhne aber an die Ihrige bis auf die Erzväter, den
Abraham, Isaak und Jakob, und einige Aeltesten
seiner Stämme; in der Folgezeit hingegen, durch
mannigfaltige Fügungen an die Egypter und verschiedene Menschengeschlechter des bewohnten Erdbodens bis auf unsere Tage, aber immer nur an
eine auserwählte Zahl wahrer Söhne der Weisheit gelangen, und unter dem heiligen Sigill
der höchsten Verschwiegenheit fortpflanzen lassen.
Und dieses, liebste Brüder! ist eigentlich der ächte
Ursprung jener Lichtsquelle der Erkänntnis unserer
grossen Heiden in göttlichen und natürlichen Dingen, welche sie in ihren geheimen Versammlungen schöpften, und die Profanen noch heut zu
Tage in Erstaunung setzet.

Jener verheissene, nunmehro aber zur Rechten des Vaters sitzende allmächtige Gott-
mensch, — der Herr der Herrlichkeit ist
die Weisheit, liebste Brüder! der denen Erzvätern Abraham Gen. 12. v. 3. Isaak Kap. 26.
v. 3. und Jakob Kap. 28. v. 14. verheissen hat,
in ihrem Saamen alle Geschlechter der Erden zu
segnen, den der, in aller Weisheit der Egypter
unter-

unterrichtete, in seinen Worten und Werken
mächtige Akt. 7. v. 22. in der obgedachten, durch
das Verderbnis der Eitelkeit menschlicher Zeitläuf-
te bereits verunstalteten Erblehre seiner Väter vom
Herrn im Feuer auf der Spitze Horebs, und in
Feuer, Rauch und Dampf, unter Donnern und
Krachen auf der Spitze Sinai geläuterte und belehrte Moses nebst vielen Propheten Israels vorher verkündiget. Deut. 18. v. 15. ic. der alle die,
uns in allen göttlichen Büchern aufgezeichneten
grosse Wunderthaten gewirket, der alle Propheten des alten und die auserwählten Bothen seines
neuen Gnadenbundes durch seinen göttlichen Geist
belehret, und der endlich die von ihm in so
verschiedenen Zeitaltern durch seine Knechte geweis-
sagten Verheissungen an seiner göttlichen Menschheit auf dem mit seinem rosinfarbnen Blute ein-
girten Kreutzesstamme selbsten erfüllet, und durch
diese Erfüllung allen Menschen, welche seiner anziehenden Liebesgnade nicht wiederstehen, die
Macht ihrer Heilwürdigung ersieget hat.

Verwundern sie sich nicht in Vernehmung
dieser so wesentlichen als höchstnützlichen und nothwendigen Wahrheit, liebste Brüder! Empfahen,
begreifen und erwägen sie selbe vielmehr mit allem,
dem ewigen Vater, schuldigen Danke in Geistes
Demuth. Suchen sie in der Schrift, auf daß sie
weise

48

weise werden; so müssen sie finden: daß eben dasjenige, was an denen obenverstandenen Stellen der
Weisheit beygemessen ist, die göttliche Schrift an
andern Orten Gott dem Allerhöchsten, und
Christo unserem Heilande, zuschreibet.

Unter unzähligen Stellen, will ich zur ferneren Beleuchtung meines Beweises nur diejenigen
Joh. 1. und 16. anführen, und diejenigen Prov.
8. v. 22 : 31. und 35. dagegen halten. Joh. 1.
wird Christus das Wort genennt, daß im Anfang
bey Gott war, der durch dasselbe alles gemacht
hat u. s. w. Prov. 8. v. 22 : 31. hingegen nennet sich die Weisheit Gottes Wort, daß der
Herr im Anfang seiner Wege gehabt hat, und
das bey dem grossen Schöpfungswerke der Werkmeister gewesen. Abermalen Joh. 16. nennet sich
Christus selbst das Leben, und Prov. 8. v. 35.
spricht die Weisheit: wer mich findet, der findet
das Leben. Dieses nemliche Verhältnis findet sich
zwischen denen Stellen Jerem. 32. v. 19. und
Prov. 8. v. 14. weiter — zwischen Hebr. 1. und
Weish. 7. v. 1. desgleichen zwischen Jes. 6. v. 2.
und Weish. 7. v. 22. Item: zwischen Apok. 21. v.
25. und Weish. 7. v. 27. auch zwischen Matth. 2.
v. 28. und Joh. 7. v. 37. und Eccl. 24. v. 25. und
Prov. 9. v. 5. und zwischen sehr vielen andern Stellen der heiligen Schrift, welche ich ihnen, würdige,
liebe,

liebe und werthgeschätzte Brüder! zu ihrer Be=
leuchtung, Erbauung und Bestätigung nachzu=
schlagen und aufzusuchen anempfehle.

Daß dahero der allerhöchste Baumeister der
Welt, unser Erlöser selbst, jene Weisheit sey,
nach welcher wir alle streben müssen, davon ist um so
weniger ein vernünftiger Zweifel übrig, als unser
göttlicher Jesus, bey Matth. 11. v. 19. Luc. 7. v. 33.
und Kap. 11. v. 49. sich selbsten die Weisheit ge=
nennet hat.

Glücklicher Salomo! du warst von dem Schö=
pfer Himmels und der Erden bestimmet, die göttli=
che Weisheit, das Wort, schon vor der Einflei=
schung zu erkennen, und durch den Geist der Weis=
heit erleuchtet, so schön zu beschreiben. Du hast
auch dieser erhabenen Bestimmung eifrig mit gewir=
ket. Der Gedanke aber, daß du, der allerweiseste
aus den Menschenkindern, in dieser Bestimmung
nicht beharrlich erfunden worden, entblößt mir des
Menschen Nichtigkeit, schrecket mich, macht mich
zitternd und meinen Geist erstaunend zurücke beben.
O! hättest du doch niemals der Gegenwart deines ei=
genen Geistes entwischen lassen, was du der ganzen
Welt mit richtigem Grunde so fürtreflich eingepredi=
get hast; daß zwar die Weisheit dem Menschen, der
sie findet, der allerfürtreflichste Schatz, aber nur je=
ner selig sey, der sie behalte. Denn in der Weisheit,

D   in

in Gottes Sohne allein, iſt unſer Heil, Leben und Auferſtehung. Wehe aber dem, der Chriſtum, die Weisheit, weder findet noch ſuchet! Es wäre ihm beſſer, daß er nicht geboren wäre, denn Gott liebt niemanden, er bleibe denn bey der Weisheit.

Derowegen, liebſte Brüder! lieget allen Menſchen, uns aber, aus ſieben beſondern Pflichtspunkten, vorzüglich ob, ſie nach Geiſteskraft von ganzen Herzen zu ſuchen, um in ihr, das Heil, Leben und Reich Gottes zu finden. Allein, erinnern ſie ſich, meine Brüder! daß nichts Unreines zu ihr gelangen könne, weil ſie ein Glanz des ewigen Lichts, ein unbefleckter Spiegel der göttlichen Kraft, ein Bild ſeiner Gütigkeit, und das wahrhaftige Licht ſelbſt iſt, welches nicht die, aus dem Geblüte, oder aus dem Willen des Fleiſches, noch aus dem Willen des Mannes, ſondern alle aus Gott geborne Menſchen, die in dieſe Welt kommen, erleuchtet und ihnen Macht gegeben hat, Kinder der Weisheit zu werden. Joh. 1. v. 9. 12. 13. die uns dahero auch ſelbſt gebeut, vollkommen zu ſeyn, wie unſer Vater im Himmel iſt, den wir folgſam im Geiſt und in der Wahrheit erkennen müſſen, um ſeinen allerheiligſten Namen zu preiſen und zu fürchten, und ihn von ganzen Herzen über alles zu lieben. Denn die Weisheit ſpricht: Prov. 8. v. 17. ich liebe, die mich lieben, und die Morgens zu mir wachen, werden mich finden.

Merken

Merken sie es wohl, liebste Brüder! die Frühmorgens zu mir wachen, spricht sie, werden mich finden; woraus wir erkennen müssen, daß wir ferner nicht mehr zu verweilen haben.

Freylich möchte einer oder der andere bey sich selbst denken:

Wie schwer ists nicht, sein eigen Herz bekämpfen,
Begierden wiederstehn, und seine Lüste dämpfen?
　Ja, Bruder! es ist schwer, allein zu deiner Ruh
　Ist dies der einz'ge Weg. Und dem entsagest du?
Ist deine Pflicht von Gott, wie kannst du sie vergessen?
Nach deinen Kräften selbst hat er sie abgemessen.
　Was weigerst du dich noch? Ist Gott denn ein Tyrann,
　Der mehr von mir verlangt, als ich ihm leisten kann?

Gellert.

Nein, bester, liebvollester Vater und Gott! Nein! – das bist du nicht! du bist so gut, ja! du ganz allein bist nur gut: dies spricht von dir dein eingeborner Sohn, die ewige Weisheit. Dein Joch ist süß, und deine Bürde ist leicht: denn es ist das Gesetz der Liebe. Du wohlthätig, liebreiches und allein wahres Gut! wer solte dich nicht mit voller Inbrunst seines Herzens im Geist und in der Wahrheit über alles lieben? Und da du alle Menschen auf dem ganzen Erdboden mit einer unendlich grösseren Liebe, als der zärtlichste Vater seine eigene Kinder, und zwar mit allgemein gleicher Liebe liebest; wer solte nicht auch alle Mitmenschen, seine Brüder, wie sich selbsten lieben?

Dies

Dies ist das Gesetz, dies ist das Reich Gottes,
dies sind die Wege der göttlichen Weisheit, die wir
bewahren müssen. Eilet, liebste Brüder! lasset sie
uns ergreifen, und — nachdem wir leider! das schreckliche Beyspiel von mehrern Brüdern, und was uns
zur größten Verlegenheit gereichen und in Entsetzen
bringen muß, von unserm Salomo selbst wissen, der
sie schon in jungen Jahren ergriffen hatte, auch durch
sie viele Jahre bevestiget war; aber sie erst in seinem
grauen Alter so sehr verkannte, daß er von ihr auf
die schändlichste Art abgewichen ist; so lasset uns nach
Geisteskraft in Demuth, Furcht und Zittern unaufhörlich kämpfen und ringen, um sie in ununterbro-
chener Beharrlichkeit zu bewahren; folglich a. d. g.
u. s. w. m. u. s. nimmermehr vergessen; daß es unter andern eines jeden unter uns fürnehmste Ordenspflicht sey:

Imo. Gott den Herrn zu erkennen, zu preisen,
zu fürchten, über alles zu lieben, ihm von ganzem
Herzen unaufhörlich zu danken und zu dienen; folglich ein wahrer Christ und von aller freygeisterey weit
entfernter Religionsfreund zu seyn.

IIdo. Unserm Nahrungsberuf und ganzem Haus-
wesen vollkommen wohl vorzustehen, damit wir jederzeit als nützliche und würdige Bürger des Staats erfunden werden, somit weder demselben, noch auch
Privat-

Privatnebenmenschen, weder wir selbst, noch auch die Unsrigen zu keiner Zeit zur Last fallen mögen.

IIItio. Unserm nothdürftigen Nächsten, so oft wir können, in liebvollester Werkthätigkeit mit Rath und That zu Hülfe zu eilen.

IIIIto. Dem Staat, worinnen uns die Vorsicht zu leben bestimmet hat, mit unsern Leibes- und Geistskräften, nach dem Verhältnisse unsers Berufs, aufrichtig zu dienen.

Folglich Vto. dem Landesfürsten und Obrigkeiten mit einer aufrichtigen kindlichen Liebe, Ehrerbietung, Gehorsam, Diensteifer und unverletzter Treue jederzeit unabänderlich zugethan zu seyn.

Erinnern sie sich stets, würdige, liebe und werthgeschätzte Brüder! daß, nach des Paulus Ausspruch zu den Römern 13. v. 1. keine Obrigkeit, ohne von Gott, sey; und daß die Weisheit Prov. 8. v. 15. von sich spricht: durch mich regieren die Könige, und die Gesetzgeber verordnen was recht ist. Durch mich herrschen die Fürsten, und durch mich erkennen die Gewaltträger die Gerechtigkeit. Daß derowegen niemand ein wahrer Rosenkreutzer seyn könne, er sey denn ein guter Christ und Menschenfreund, und ein vollkommen treuer und guter Unterthan seines Herrn; und daß alle diejenigen, denen es an dieser Eigenschaft nur im mindesten gebricht, aus unserer Verbrüderung und von allen unseren Ver-

D 3   sammlun-

ſammlungen auf ewig ausgeſchloſſen und verbannet bleiben müſſen, von welchem ſchrecklichen Unglücke, uns, und alle Brüder, die göttliche Weisheit gnädiglich bewahren wird; wenn wir ſie ergreifen, behalten und ihre Wege bewahren, wie wir zur Ehre des allerhöchſten Baumeiſters der Welt und unſerer eigenen Heilwürdigung ſ. G. w. künftig vernehmen und zu erwägen haben werden, zu deſſen Verherrlichung, Lob, Preis und Dank wir ſämmtlich durch dreymal drey aufrufen H. H. H.

Hannan.

Laß nicht nach, mein Sohn! die Lehre zu hören, und ſchaffe, daß die Rede des Verſtandes nicht unbekannt ſey. Prov. 19. v. 27.

Gott fürchten, das iſt Weisheit nur,
　Und Freyheit iſts, ſie wählen.
Ein Thier folgt Feſſeln der Natur,
　Ein Menſch dem Licht der Seelen:
　Was iſt des Geiſtes Eigenthum?
　Was ſein Beruf auf Erden?
Die Tugend! Was ihr Lohn, ihr Ruhm?
　Gott ewig ähnlich werden!

Gellert.

Anrede

Anrede des Meisters

an
seine jüngeren Brüder,

von

den wahren Söhnen

der

Weisheit,

auch

ihren Kennzeichen und wirklichen
Glückseligkeiten.

Die Barmherzigkeit des Herrn ist von
Ewigkeit zu Ewigkeit über die, welche ihn
fürchten, und seine Gerechtigkeit ist auf Kin-
deskinder, und die, welche seinen Bund halten. Ps. 102. v. 17. 18.

Drittes Stück.

D 4

O selig, wen sein gut Geschicke

Bewahrt vor grossem Ruhm und Glücke;

　　Der, was die Welt erhebt, verlacht;

Der, frey vom Joche der Geschäften,

Des Leibes= und der Seelenkräften

　　Zum Werkzeug stiller Weisheit macht.

　　　　　　　　v. Haller.

Hejonagogerus sc.

Ein jeglicher Schriftgelehrter, der gelehrt ist im Himmelreich, ist einem Hausvater gleich, der neues und altes aus seinem Schatze hervorbringet. Matth. 13. v. 52.

Würdige, liebe und werthgeschätz-
te Brüder!

Erhebet euere Gemüther, frohlocket in dem Herrn, und lasset uns ihn nach aller unserer Geisteskraft unaufhörlich loben; denn sein Name

ist

iſt heilig und ſeine Barmherzigkeit währet von einem Geſchlechte zum andern bey denen, die ihn fürchten: Er hat Gewalt geübet mit ſeinem Arm, und hat zerſtreuet die hoffärtig ſind in ihres Herzens Gemüthe. Die Gewaltigen hat er vom Stuhl herunter geſetzet und hat die Demüthigen erhöhet. Die Hungrigen hat er mit Gütern erfüllet und hat die Reichen leer von ſich gelaſſen. Alſo frohlocket der Geiſt Gottes durch den Mund der geſegneten Mutter des Heilandes beym Luka 1. v. 49 bis 53.

Der Geiſt des Herrn, liebſte Brüder! redet hier nicht von jenen Gewaltigen und Reichen, welchen die weiſe Vorſicht Rang, Hoheit, Würden, Macht und Reichthümer, vermittelſt einer erhabenen Geburt, oder: durch glänzende Fürtreflichkeiten perſönlicher Verdienſte zu treuen Händen anvertrauet hat. Denn nach der Lehre der göttlichen Weisheit, des Sohnes Gottes, und ſeiner begeiſterten Bothen, müſſen wir unſern Fürſten, als Statthalter des Allerhöchſten, unterthan ſeyn, ihnen mit Ehrfurcht gehorchen und für ſie beten, auf daß wir ein ruhiges und ſtilles Leben führen mögen in aller Gottſeligkeit und züchtigem Weſen. Denn daſſelbe iſt gut und angenehm vor Gott unſerm Heilande, der will, daß alle Menſchen ſelig werden und zur Erkänntnis der Wahrheit kommen. 1. Tim.

. 1. Timoth. 2. v. 2. ꝛc. Noch deutet hier der Geist Gottes auf jene Menschen, welche, nicht so wohl die Dunkelheit der Geburt, als des Geistes, im Staube ihrer Niedrigkeit demüthiget und die Kargheit des Glückes in einem immerwährenden Hunger nach zeitlichen Ehren und Reichthümern seufzen läßt. Nein, liebste Brüder! Denn Hunger und Durst nach eitlen Ehren und zergänglichen Gütern, sind ein Greuel vor dem Angesicht des Allerhöchsten. Dahero ist klar und unläugbar, daß der Geist des Herrn an der Eingangs gedachten Stelle göttlicher Schrift jene Hoffärtigen bedrohet, welche in ihres Herzens Gemüthe entweder nach Gewalt und Reichthümern schmachten, in grossen und wunderlichen Dingen, so über sie sind, wandeln. Pf. 130. v. 1. um vor der Welt gros zu seyn, sich über ihre Mitmenschen zu erheben und ihnen fühlen zu lassen, daß sie gewaltig und reich sind; oder, die von dem wohlthätigen Erbarmen des Allerhöchsten zwar mit Gewalt, Macht und Reichthümern wirklich versehen sind, aber der göttlichen Absicht zuwider, ihr Herz daran hängen, oder sie zur Sättigung ihrer Lüste oder wohl gar zur Last, Bedruckung und Schmach ihrer Nebenmenschen misbrauchen. Diesen drohet der gewaltige Arm des Herrn, Zerstreuung, Mangel und Sturz von ihren Stühlen, so,

so, wie er allen frommen, gottesfürchtigen und
demüthigen Armen im Geiste, welche nach dem
Reich Gottes und seiner Gerechtigkeit Hunger und
Durst haben, Ueberflus an Gütern und die herrlichste Erhöhung verheisset. — Jene nennet Gottes Wort Kinder Belials, diese hingegen die
Söhne der Weisheit, wovon ich ihnen neulich
verheisen habe, in gegenwärtiger Versammlung zu
sprechen. Die Schaaren der ersteren sind aller
Orten unzählig, der letzteren aber sind, leider!
sehr wenige auf Erden. Hingegen finden sich unter beyden Hohe und Niedere, Reiche und Arme,
Gelehrte und Ungelehrte: denn die Weisheit spricht
von sich beym Eccl. 24. v. 11. Ich habe die Herzen aller Menschen, sowohl der Hohen als Nie-
deren mit Macht zertreten, und habe unter diesen allen eine Ruhestatt gesuchet, und ich will
mich in dem Erbtheil des Herrn aufhalten.
Vers 26. Tretet alle zu mir, die ihr nach mir
Verlangen habt, und ersättiget euch von meinen
Früchten. Vers 31. Die mich erklären, werden
das ewige Leben haben. Vers 44. Denn ich
leuchte einen jeden mit meiner Lehre, wie die
Morgenröthe, und will sie weit heraus ver-
kündigen.

Würdige, liebe und werthgeschätzte Brüder!
Wo ist diese Ruhestatt der göttlichen Weisheit,
die

die sie mit mächtiger Zertretung aller Menschen Herzen so ängstlich suchet? Wo jenes Erbtheil des Herrn, worinnen sie sich aufhalten will? O! zweifeln sie nicht länger, liebste Brüder! Diese glückliche Ruhestatt der göttlichen Weisheit, dieses Erbtheil des Herrn, sind pur allein die Herzen, die Seelen der Gerechten, der wahren Söhne der Weisheit: Denn sie spricht abermal Prov. 8. v. 31. Daß ihre Luft sey, bey Menschenkindern zu seyn. Und zum unumstößlichen Beweis dieser heiligen Wahrheit will ich ihnen zeigen:

Erstens: Wer eigentlich die wahren Söhne der Weisheit sind?

Zweytens: Welche Kennzeichen sie untrüglich auszeichnen müssen? und

Drittens: Welche unbeschreibliche Glückseligkeiten sie alle wirklich genießen?

Da sie, liebste Brüder! nicht nur allein mir und unsern ganzen hochlöblichen Orden, sondern auch dem ewig Gerechten selbst so feyerlich zugesichert haben, daß sie sammt und sonders sehnlichst verlangen, wahre Söhne der Weisheit zu werden; so zweifle ich auch ganz und gar nicht an ihrem lehrbegierigen Gehör und an der schärfsten Aufmerksamkeit, die ich im Namen aller weisen Meister von ihnen fodere. Du aber o Mittelpunkt

des.

des unbegreiflich göttlichen Lichts, ewiger Siß der
göttlichen Weisheit! erleuchte die Dunkelheit mei=
ner Brüder und meines selbsteigenen Verstandes!
Bewege, o göttliche Weisheit, meine ganz schwa=
che Zunge in meinem Vortrage und zertrete mit
Macht unsere Herzen, damit sie dir eine angeneh=
me und wohlgefällige Ruhestatt, folglich das
wahre Erbtheil des Herrn würdiglich werden mö=
gen, zu dessen Dank, Lob und Preis ich nunmeh=
ro zur Vollführung meines Vorhabens schreite.

§. 1. Der Inhalt meiner vorigen Anrede
von der wahren Weisheit, was, und wer sie ei=
gentlich sey? und was ich bereits jeßo vorgetra=
gen habe, hat ihnen nun schon aus Gottes Wort
selbsten genüglich einsehen, begreifen und erkennen
lassen, daß niemand ein wahrer Sohn der Weis=
heit werden könne, es sey denn, daß er Gott
weit mehr als alles Uebrige im Geist und in der
Wahrheit fürchte, denn dies ist der Weisheit An=
fang sagt die Schrift.

Wer also Gott über alles fürchtet, folglich
die Sünde mehr als die Hölle selbsten hasset, ver=
abscheuet und meidet, Gott seinen Schöpfer, Er=
halter, Heiland und Seligmacher mit einem wah=
ren und lebhaften Glauben als das allerhöchste,
beste und allein wahre Gut betrachtet, und über
alles, was ausser Gott, Menschensinn und Wiß

nur

nur immer erſinnen, wünſchen, hoffen und verlan=
gen kann und mag, aus allen ſeinen Leibes = Gei=
ſtes = und Seelenkräften von ganzem Herzen mehr
als den Himmel ſelbſten ununterbrochen vollkom=
men liebet, folglich ihn als die alleinige Urquelle
alles Lebens, Weſens und Gutens recht zu erken=
nen, zu ehren, anzubeten, ihm unverrückt anzu=
hangen, und in Heiligkeit und Gerechtigkeit ihm
ganz allein zu leben und zu dienen, alle die Tage.
ſeines Lebens, im Geiſt und in der Wahrheit
trachtet und befliſſen iſt, alſo auch ſich ſeinem al=
lerheiligſten Willen ganz und gar widmet und er=
giebt; eben dahero niemal was unterläßt, unter=
nimmt oder vollbringt, auſſer nur allein in der
heiligen, wahren und einigen Abſicht, den aller=
heiligſten Willen des Allerhöchſten treulich zu
erfüllen. Dieſer allein, würdige, liebe und werth=
geſchätzte Brüder! und ſonſt niemand iſt ein
wahrer Sohn der Weisheit.

Denn hierinnen iſt alle himmliſche und ir=
diſche Weisheit, ſo viel nur immer der Menſch
als ein vernünftiges Geſchöpf erkennen, begreifen
und ertragen mag, vollkommen gegründet, begrif=
fen und geoffenbaret, weil der Geiſt der Weis=
heit, laut Gottes Wort, alle Dinge lehret. Hier=
innen beſtehet das Leben, Geſetz und Reich Got=
tes, als die wahre Wiedergeburt in Chriſto, der
allein

allein wahren Weisheit, und eben dahero die wahre Wesenheit aller wahren Söhne der Weisheit, als der allerhöchsten Stuffe unsers allein wahren Glücks.

Durch sie steigst du zum göttlichen Geschlechte;
Und ohne sie sind Könige nur Knechte!

O! liebste Brüder! lassen sie uns in voller Inbrunst unserer Herzen dem Herrn nach Geisteskraft unaufhörlich Preis, Lob und Dank sagen; denn sein ewig unendliches Erbarmen hat uns alle dieser allerhöchsten Stuffe unsers allein wahren Glücks gewidmet. Der niedrigste Mensch im Staube des Pöbels, wie der mächtigste Monarch der Erden im Glanze seines Throns kann (wie wir oben gehört haben) und soll Anspruch darauf machen: Denn

Die Werkzeug unsers Glücks sind allen gleich gemessen;
Ein jeder hat sein Fund und niemand ist vergessen.

Hier bewundern wir die Weisheit eines Schuhmachers bey seinem Leisten, jenes ganz und gar ungelehrten aber hocherleuchten Jakob Böhmens, dessen scharfsinnige, tiefgegründete und weisheitsvolle Schriften die Welt noch bis dato belehren und erstaunen. Dort zeiget uns die göttliche Schrift einen Hirtenjungen, den David, welchen diese Weisheit zum Ueberwinder eines ungeheuren

Riesens

Riesens gemacht, wider die Macht und greulich=
sten Verfolgungen seines rasenden Königs und al=
ler seiner unzähligen Feinde jederzeit beschützet,
über ihre theils zerschmetterten theils zu Boden
gelegte Häupter zur königlichen Oberherrschaft sei=
nes Volkes, aller seiner Brüder geführet, und
auf dem Thron Israels festgesetzet hat. Der
Schuhmacher und der Hirtenjunge waren Söhne
der Weisheit, wie Salomo der König auf dem
Throne seines Vaters. Und welche zahlreiche Men=
ge von wahren Söhnen der Weisheit, zeigen uns
nicht nur allein die Denkmäler aller verlaufenen
Zeitalter, sondern auch Gottes Wort selbsten an Kö=
nigen, Fürsten, Edlen und Unedlen, Gelehrten
und Ungelehrten? Allein, weder die Zeit noch mei=
ne Absicht erlauben mir, was mehreres davon an=
zuführen. Denn wer kennet die unzählichen Schaa=
ren von Weltkindern nicht, welche zu allen Zeiten,
und leider! aller Orten in so grosser Menge sind,
daß die ganz kleine Zahl der Auserwählten Got=
tes, den wahren Söhnen der Weisheit, nemlich,
die sich unter jenen da und dort zerstreuet aufhal=
ten, faßt ganz und gar unbemerklich wird.

Meine Pflicht, liebste Brüder! erfodert da=
hero von den untrüglichen Kennzeichen, wodurch
wir diese von jenen unterscheiden müssen, nach Gei=
steskraft zu handeln.

E   §. 2.

§. 2. Unſere hocherlauchte Verbrüderung hat uns zwar Wort, Grif und Zeichen ſchon vorgeſchrieben, wodurch wir uns als Brüder erkennen müſſen. Ach! daß doch eben dieſes Wort und Zeichen jedesmal ein untrügliches Kennzeichen ſeyn möchte, daß, wer es nimmt und giebt, auch ein würdiger Bruder, d. i. ein wahrer Sohn der Weisheit ſey! Allein, die traurige und nicht ſelten unglückliche Erfahrung beweiſet uns, leider! daß unter dieſer heiligen Decke oft ſchlaue Füchſe, giftige Schlangen und reiſſende Wölfe verhüllet liegen.

Wer mir Wort und Zeichen giebt, hingegen aber ein lauer Chriſt, ein Religions ꞏ oder Schriftſpötter, ein Lügner, ein Prahler oder afterwitzig, ruhmredig, eigenſinnig, und ungehorſam gegen ſeine rechtmäßigen Oberen, halsſtarrig und unbiegſam, oder ſchwatzhaftig, leichtſinnig, unbeſtändig, hoch ꞏ und übermüthig, Ehr ꞏ und Geldſüchtig, ein Wollüſtling, geil, leckerhaft, ein Praſſer, ein Neidhals, haß ꞏ und rachſüchtig, ein Müßiggänger, in ſeinen Religions ꞏ Berufs ꞏ Nahrungsund Hausgeſchäften aus Trägheit nachläßig und ſaumſelig, oder aber ein Menſchenfeind iſt, dieſer, liebſte Brüder! (wenn er auch nur einen oder dem andern dieſer Laſter Platz giebt! beweiſet mir, daß er zwar unſerm heiligen unauflöslichen Bund

nicht

nicht nur Menschen, sondern Gott dem ewig Ge=
rechten durch sein allerheiligstes Wort zugeschwo=
ren hat, demselben aber schnurstracks entgegen
handelt; folglich kein wahrer, sondern ein After=
bruder, kein treuer Knecht, sondern ein Feind
Gottes, und eben deßwegen auch kein wahrer
Sohn der Weisheit, sondern ein Kind Belials ist.

Ist er hingegen ein frommer, eifriger und
gottesfürchtiger Christ, spricht er von den Reli=
gionsgeheimnissen, dem Worte Gottes und seinem
allerheiligsten Namen jederzeit mit Ehrfurcht, be=
tet er im Geist und in der Wahrheit mit De=
muth des Herzens eifrig zu Gott, ist er sittsam,
eingezogen, lehrbegierig, leistet er willig seinen
Oberen einen vollkommenen Gehorsam, ist er dem
Orden treu und offenherzig, übrigens aber ver=
schwiegen, gesetzt, standhaft, demüthig, wahrhaft
und uneigennützig, übet er nach seinen Kräften
Werke der Mildthätigkeit und Menschenliebe aus,
liebet er die standesmäßige Keuschheit sammt der
Mäßigkeit in Speis und Trank, freuet er sich ob
dem Wohl und betrübet ihn das Unglück seines
Mitmenschen, ist er sanftmüthig, eifert er niema=
len, ausser für die Ehre Gottes, das Wohl sei=
nes Nächstens und für seine eigene Pflichten,
übet er sie jederzeit fleißig, genau und richtig
aus, liebet er seinen Nebenmenschen wie sich selb=

E 2   sten,

sten, und thut er alles dieses im Geist und in der Wahrheit unabläßig in der reinen und einzigen Absicht, Gott immer mehr und mehr zu erkennen und seinen allerheiligsten Willen jederzeit treu und vollkommen zu erfüllen, liebet er dieses allerhöchste allein wahre Gut aus allen seinen Leibes = Geistes = und Seelenkräften über alles weit mehr als sich), ja weit mehr als den Himmel selbsten. O! liebste Brüder! so zweifeln sie ja nicht mehr, er ist ein wirklicher, ein höchstverehrungswürdiger Bruder, ein Freund Gottes, ein wahrer Sohn der göttlichen Weisheit. Denn dies sind die untrüglichen Kennzeichen davon, nach welchen auch ein jeglicher, so oft er in sich selbst einkehret und sein Inneres darnach genau abmißt, seinen eigenen Wachsthum im Orden ganz richtig sehen und erkennen kann.

Und dieses, würdige, liebe und werthgeschätzte Brüder, ist uns sammt und sonders eine so nothwendige als höchst erspriesliche Ordenspflicht, welche wir täglich nach Geisteskraft ausüben müssen und nie verabsäumen dürfen, wenn es uns ja Ernst ist, so, wie wir aufs heiligste verbunden sind, uns der höchsten Stuffe der wahren Weisheit, so bald es nur möglich, immer mehr und mehr zu nähern, um uns endlich jener zeitlichen und geistlichen Glückseligkeiten theilhaftig zu machen,

chen, welche die wahren Söhne der Weisheit allein genieſſen und wovon ich noch zu ſprechen habe.

Laß Erd und Welt,

So kann der Weiſe ſprechen,

Laß unter mir den Bau der Erden brechen,

Gott iſt es, deſſen Hand mich hält.

§. 3. Doch, welcher menſchliche Verſtand wäre wohl fähig, alle dieſe Glückſeligkeiten nach ihrer Vollkommenheit zu faſſen und zu begreifen, und welche Zunge, ſie auszuſprechen? Rede du wahrer Sohn und weiſer Verfaſſer des göttlichen Buchs der Weisheit! Sie aber lieben Brüder, vernehmen, was dieſer weiſe und königliche Bruder in ſeinem 7. Kapitel und weiter, unter andern ſpricht:

Ich, wie alle andere, ſagt er, ein ſterblicher irrdiſcher Menſch, (denn keiner von den Königen hat einen andern Aus = und Eingang zum Leben, als alle übrige Menſchen) ich habe gewünſchet, und es iſt mir Verſtand gegeben, ich habe angerufen, und der Geiſt der Weisheit iſt in mich gekommen. Dieſe habe ich den Königreichen und königlichen Stühlen vorgezogen und habe Reichthum in Vergleichung mit ihr für nichts gehalten. Auch habe ich kein Edelgeſtein mit ihr verglichen.

E 3

glichen. Denn alles Gold ist in Vergleichung
mit ihr wie wenig Sands, und Silber wird man
gegen sie wie Koth achten. Ich liebe sie mehr,
denn Gesund = und Schönheit, und habe mir
vorgenommen, sie für mein Licht zu halten; denn
ihr Glanz verlöschet nimmermehr. Es sind mir
aber alle Güter zugleich mit ihr zugekommen, und
überschwengliche Ehre durch ihre Hände. Und
ich habe mich in allem erfreuet: denn diese Weis=
heit gieng vor mir her, und ich wußte nicht, daß
sie eine Mutter aller dieser Dinge ist. Sie ist
dem Menschen ein unendlicher Schatz, und wel=
che sie gebrauchen, werden Gottes Freunde. Der
Herr aller Dinge hat sie lieb, und liebt nieman=
den, er bleibe denn bey der Weisheit. Er hat
mir gegeben weislich zu reden und nach solcher
Gabe der Weisheit recht zu denken. Denn er
ists, der auf den Weg der Weisheit führet, in
seiner Hand sind beyde, wir selbst und unsere
Rede, dazu alle Weisheit und Erkänntnis aller
Dinge sammt der Kunst, daß ich weiß, wie
die Welt gemacht ist, und die Kraft der Elemen=
te, der Zeit Anfang, End und Mittel, wie der
Tag zu und abnimmt, wie die Zeit des Jahrs
sich ändert, wie das Jahr herumlauft, wie die
Sterne stehen. Die Art der zahmen und wilden
Thiere, die Kraft der Winde und die Gedanken
der

der Menschen. Den Unterscheid und die Kraft
der Pflanzen und Wurzeln. Ich weiß alles,
was verborgen, geheim und unbekannt ist; denn
die Weisheit, eine Werkmeisterinn aller Dinge,
lehret michs.

Doch wenn würde ich zu Ende kommen, so
ich alle die unaussprechlichen Glückseligkeiten erwehnen sollte, welche Salomo an denen gedachten und andern Orten der göttlichen Schrift rüh-
met, durch = und mit der Weisheit erhalten zu
haben? Ist Reichthum ein köstlich Ding im Leben? sagt er weiter im 8. Kapitel: Was ist reicher denn die Weisheit, die alles schaffet? Wer
ist unter allen ein künstlicherer Meister, denn sie?
Hat jemand Gerechtigkeit lieb? Ihre Arbeit ist
eitel Tugend; denn sie lehret Klugheit, Zucht,
Gerechtigkeit und Stärke, welche das allernütz-
lichste im menschlichen Leben sind. Begehret jemand viel Dinge zu wissen, so kann sie, was
vergangen und zukünftig ist, errathen, verdeckte
Worte und Räthsel auflösen, Zeichen und Wunder, auch wie es zu gewissen Zeiten und Stun-
den ergehen soll, zuvor wissen. Kein Verdruß
noch Unlust, sondern wahre Lust und Freude ist
bey ihr. Ihre Verwandten haben ewiges Wesen, ihre Freunde aber reine Wollust. Unendlicher Reichthum kommt durch die Arbeit ihrer

Hände,

Hände, Klugheit durch ihre Gesellschaft und Ge=
spräch, und guter Ruhm durch ihre Gemein=
schaft und Rede. Bey mir ist Reichthum und
Ehre, spricht die Weisheit selbsten Prov. 8. v.
18. überschwenglich Gut und Gerechtigkeit; denn
meine Frucht übertrift Gold und Edelgestein, und
mein Gewächs ist besser, als auserlesen Silber.
Ich wandle auf den Wegen der Gerechtigkeit,
mitten auf den Strassen des Rechts, damit ich
meine Liebhaber reich mache und ihre Schätze
anfülle.

Liebste Brüder! ziehen wir nun diese und
andere in göttlicher Schrift von den Glückseligkei=
ten eines wahren Sohnes der Weisheit aufgezeich=
nete Stellen in reife Erwägung, wer wird sie
alle nach ihrer Vollkommenheit beschreiben, welche
Zunge aussprechen, und welcher Menschenverstand
fassen können? Eine lebenslängliche vollkommene
Gesundheit ist ihm zur Rechten, über königliche
Ehren aber und unerschöpfliche Reichthümer nebst
einem unsterblichen Nachruhm zur linken Hand.
Dies sind fürwahr herrliche, fürtrefliche und über
alle maßen grosse Glückseligkeiten, aber doch noch
zu begreifen.

Allein, zu wissen, wie der grosse unermessene
Weltbau gemacht ist, alle Grundursachen der ge=
schaffe=

schaffenen Dinge und ihrer Wirkungen deutlich
und klar einzusehen, alle vergangene, gegenwärtige
und zukünftige verborgene Zeiten, Dinge und
Wunder, ja, auch sogar der Menschen Gedanken
selbsten erforschen und wissen zu können, und über
das alles noch ein Freund und Liebling Gottes
des Allerhöchsten zu seyn. Dies, liebste Brüder!
sind Glückseligkeiten, welche Gottes Wort einem
Sohne der Weisheit beyleget; aber einem Profanen eben so unbegreiflich seyn, so sehr sie den
Sohn der Weisheit schon in seiner Sterblichkeit
ter Gottheit selbsten nähern müssen.

Liebt nun die wahre Weisheit ihre Kinder
so zärtlich, so sehr und unumschränkt, suchet sie
uns selbsten so lieb- und sehnsuchtsvoll, sind die
Glückseligkeiten, welche sie ihnen mittheilet, so
herrlich, vollkommen, unermessen und unbeschreib-
lich groß? O! liebste Brüder! so müßten wir ja
mehr als thöricht; wir müßten ganz sinnlos mit
Blindheit geschlagen seyn, und in unzertrennlichen
Fesseln des Satans, der Welt und des finstern
Fleischkörpers fühllos schlummern und gefangen
liegen; wenn wir nicht mit Salomo und andern
weisen Männern uns entschliessen wollten, ihre so
sehnsuchtsvolle grosse Liebe mit gleicher Liebe zu
vergelten, sie mit brennenden Eifer zu suchen,
und, ohne zu ruhen, alles daran zu setzen, um

in ihre Bekanntschaft und Verwandtschaft zu
kommen, ihrer Liebe theilhaftig, und somit in
Zeit und Ewigkeit selig und höchstglückselig zu
werden.

Wer aber die Worte dieses Bundes höret,
spricht der Geist Gottes Deut. 29. v. 19. sich
selbst in seinem Herzen segnet und spricht: Friede wird mit mir seyn, und ich will in der Bosheit meines Herzens daher gehen, daß wird ihm
der Herr nicht verzeihen; sondern sein Grimm
wird alsdenn am allermeisten wider denselbigen
Menschen erbrennen, und alle die Flüche werden auf ihm bleiben, die in diesem Buch geschrieben sind: und der Herr wird seinen Namen unter dem Himmel austilgen und ihn hin-
wegräumen zum Untergang. Denn ein abtrün-
niger Mensch (spricht ferner der Geist Gottes
Prov. 6. v. 12. bis 15.) ist ein unnützer Mann;
er gehet daher mit verkehrten Maul; er winket
mit den Augen, stampfet mit dem Fus, und redet mit dem Finger, er trachtet nach Unglück
mit boshaftigen Herzen und richtet immerdar
Zank an. Diesem wird sein Verderben geschwind kommen, und er wird bald aufgerie-
ben werden, dafür wird er ferner keinen Rath
finden.

Auf

Auf daß aber G. u. f. w. m. u. f. fo laſſet
uns, liebe Brüder, alles dieſes zu Herzen nehmen, unſere Ohren auf Weisheit ſtets Acht haben, unſere Herzen mit Fleis dazu neigen, ihre
Unterweiſung lieber denn Silber annehmen, und
ihre Lehre höher denn köſtlich Gold achten. Laſſet uns den Hals unter ihr Joch ergeben, uns
anziehen, und ſie mit brennenden Eifer ſuchen.
Die Mittel und Wege, ſie ſicher und leicht zu
finden, will ich ihnen f. G. w. in nächſtkünftiger
Verſammlung anzeigen. Sie ſcheinen zwar manchen Anfangs faſt ſehr ſchwer zu ſeyn, allein in
der That ſelbſt ſind ſie leicht, und in der Folge
überaus anmuthig. Denn wir können die Weisheit jetzo in der Nähe finden. Laſſet dahero uns
der Barmherzigkeit Gottes erfreuen und uns ſeines Lobes nicht ſchämen. Laſſet uns thun, was
uns gebothen iſt, ſo lange wir Zeit haben.
Denn der Herr wird es uns gar wohl belohnen
zu ſeiner Zeit, hier und in der Ewigkeit. H HH.

Hannan.

Warlich.

Warlich, warlich ich fage dir: es fey denn,
daß jemand wiederum geboren werde aus dem
Waffer und aus dem heiligen Geift, fo kann er
zum Reich Gottes nicht hinein gehen. Joh. 3.
v. 5.

Der Weife lebt nur Gott, der nach der Weisheit ftrebet,
Durch fie erleuchtet denkt, durch fie gebeffert lebet.
Er ehret die Vernunft, und das, was ihr gebricht,
Erfetzt in feinem Geift ein göttlich heller Licht.

Des Irrthums Tyranney und die bewährten Lügen
Des Lafters, das fie fchützt, durch Glauben zu befiegen.
Er kennet fich und Gott, fein Wort wird ihm Verftand.
So hat kein Sokrates, kein Plato Gott gekannt,

Gellert.

Anrede

Anrede des Meisters

an

seine jüngeren Brüder,

von

den Mitteln und Wegen

zur

wahren Weisheit

zu gelangen.

Die Weisheit ist durchleuchtig und ver-
welket nimmermehr, sie wird auch leichtlich
von ihren Liebhabern gesehen, und gefunden
von denen, die sie suchen. Weish. 6. v. 13.

Viertes Stück.

Erfüllſt du, was die Weisheit ſpricht,
Und gleicht dein Eifer deiner Pflicht,
So wird der Lohn ihm folgen müſſen,
Und wenn dein Werth ihn nicht erhält,
So giebt dir ihn, Trotz aller Welt,
Doch ewig dein Gewiſſen.

Gellert.

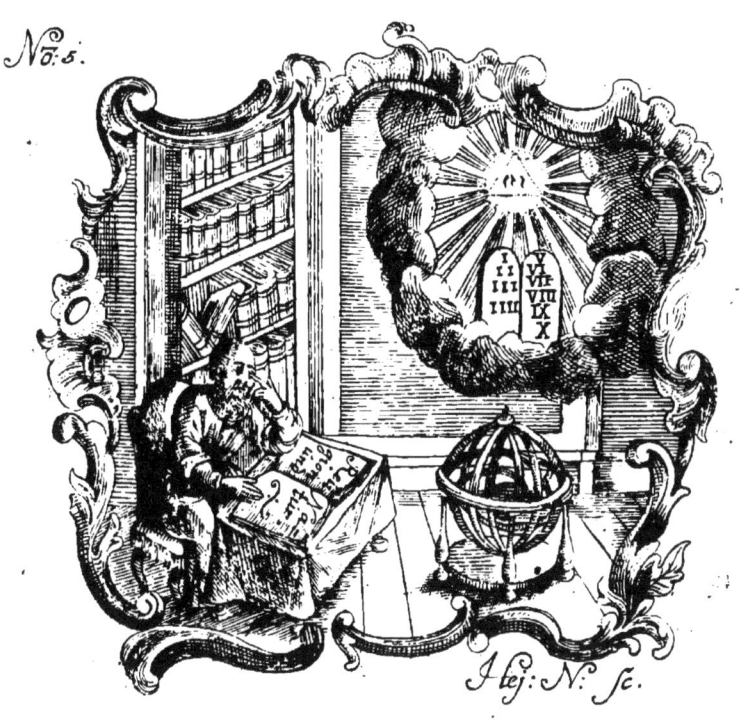

Hej: N: sc.

Die Wege der Weisheit sind schöne Wege,
und alle ihre Steige sind Friede. Prov. 3. v. 17.

Würdige, liebe und werthgeschätz-
te Brüder!

Jn unserer neulichen Versammlung machte ich
mich anheischig, ihnen die Mittel und Wege
anzuzeigen, die wahre Weisheit sicher, leicht und
zwar in der Nähe zu finden. Vergeben sie mir
die Unbesonnenheit! denn ich muß aufrichtig gestehen,

stehen, daß mein Versprechen, so weit der Him=
mel von der Erden entfernet ist, meine Kräfte
übertreffe. Demosthenes! und du o grosser
Cicero, Wunder der Wohlredenheit eures so
sehr berühmten Zeitalters, die ihr die Weltbezwin=
ger selbst mit eurer Zunge besieget! saget mir:
wer aus euch beyden würde sich wohl erkühnen,
die Pflicht, dieses Versprechen zu erfüllen, auf
sich zu nehmen? Kein Menschenwitz, sondern der
Geist der göttlichen Weisheit ist der Grösse dieses
Gegenstandes gewachsen. Dahero, wenn ihr seine
Stimme, liebsten Brüder! „wenn ihr heute die
„ Stimme des Herrn höret, so verhärtet eure
„ Herzen nicht. (a) Denn so wahr ich lebe,
„ spricht Gott der Herr, (b) ich will nicht den
„ Tod des Gottlosen, sondern daß er sich von
„ seinem Wege bekehre und lebe. Bekehret euch,
„ bekehret euch von euren sehr bösen Wegen,
„ warum wollet ihr doch sterben? denn Gott hat
„ den Tod nicht gemacht. (c) Er freuet sich
„ auch nicht im Untergang der Lebendigen. Aber
„ (d) die Gottlosen haben den Tod mit Händen
„ und Worten an sich gezogen, als einen vermeyn=
„ ten Freund, und haben sich mit ihm verbun=
„ den, sie sinds auch wohl werth, daß sie ihm zu
„ Theil

(a) Pf. 94. v. 8.   (c) Weish. 1. v. 13.
(b) Ezech. 33. v. 11.   (d) Weish. 1. v. 16.

„ Theil fallen. Derowegen am Tage des Herrn,
„ der da kommen wird wie ein Dieb, (e) wer-
„ den die Himmel mit grossen Krachen zergehen
„ und die Elemente von Hitze zerschmelzen. Die
„ Erde sammt allen Werken, so darinnen sind,
„ werden verbrennen. Wir aber (f) warten,
„ nach des Herrn Verheissung, eines neuen Him-
„ mels und einer neuen Erde, darinnen Gerech-
„ tigkeit wohnet. Darum, ihr allerliebsten, die,
„ weil ihr darauf wartet, so befleißiget euch ernst-
„ lich, daß ihr vor ihm unbefleckt und ohne
„ Mangel im Frieden erfunden werdet.

Wir müssen also, liebste und werthgeschätzte
Brüder, wie der allerhöchste Baumeister der
Welt die, durch seine sechs Tagwerke entstandene
und durch den Fall des ersten Menschen in den
Fluch und in das Reich des Todes versenkte Erde,
an jenem Tage, wovon Petrus spricht; der weise
Künstler aber, nach erhaltener wahrer Erkänntnis
des Schöpfers und seiner Werke, sein daraus ge-
zogenes, hartverschlossenes unreines Erz mit dem
allerstärksten Feuer der Natur unter Donnern,
Blitzen, Krachen, Erdbeben und Wasserströmen
siebenmal schmelzet, verbrennet, zerstöret und auf
das

(e) 2. Petr. 3. v. 10.   (f) 2. Petr. 3. v. 13. 14.

F

das allervollkommenſte reiniget, um den verheiſſe=
nen neuen Himmel und neue Erde der Gerech=
tigkeit und Klarheit wiederum zu erwecken und
ohne Mackel hervorzubringen, eben alſo, ſage ich,
müſſen wir die Finſterniſſe unſers unlauteren,
ſteinhart verſchloſſenen Herzens mit dem allerſtärk=
ſten Feuer der göttlichen Liebe durch Seufzen,
Flehen und Ströme von Buszähren erweichen,
ſchmelzen, verbrennen und zerſtören, um unſeren
Geiſtmenſchen von jenen ſieben fruchtbaren Haupt=
neigungen zur Bosheit, worinnen ihn ſein irrdi=
ſches Herz in einem beſtändigen Kampfe von Ju=
gend auf beſtricket und gefeſſelt hält, (g) vollkom=
men zu befreyen, zu läutern und zu reinigen, da=
mit wir vor dem Angeſicht des Herrn unbefleckt
und ohne Mangel im Frieden erfunden werden,
und ſeine Weisheit einen freyen und offenen Ein=
gang in uns wahrhaft finden möge, ſintemalen
hierinnen jene eigentliche Mittel und Wege, ſie
untrüglich, ſicher und leicht zu erlangen, vollkom=
men begriffen ſind.

Wir haben bereits gehöret, was, und wer
eigentlich die wahre Weisheit ſey? Die wahren
Kennzeichen, welche ihre Söhne untrüglich aus=
zeichnen, ſind uns nebſt jenen höchſten und unbe=
ſchreiblich groſſen Glückſeligkeiten auch bekannt,
welcher

(g) Geneſ. 8. v. 21,

welcher sie sich hier in der Zeit, und dort in alle
Ewigkeiten hindurch zu erfreuen haben. Sollte
nicht das brennendste Verlangen aller Herzen an-
feuern, um nach allen unsern Kräften im Geiste
und in der Wahrheit unabläßig darnach zu ringen,
wenn uns auch schon die allerschwierigsten Hindernisse im Wege stünden? Du alle stärksten Stärken unendlich weit übertreffende allerstärkste Stärke! unendliches Feuer der ewig erbarmenden Liebe!
durch jenes unbegreifliche Meisterstück deiner Allmacht, wodurch du, den allein Ewigen, zu
selbst eigenen Offenbarung in unermeslichen Schöpfungsbaue bewogen, den ewig eingebornen Sohne
dem Schoose seines Vaters entrissen, in unsere
sterbliche Menschheit versenket, ihm den bittern
Todeskelch zu trinken gegeben, seinen entseelten
Leichnam zur Unsterblichkeit und Verherrlichung
auferwecket, zur Rechten des Vaters gesetzet, und
somit jene grosse Tinktur bereitet hast, wodurch der
in die satanische Natur verfallene Mensch vom
Fluche und der Finsternis gereiniget und zu jenem
herrlichen Ebenbilde des Allerhöchsten, wozu er geschaffen worden, wiederum tingiret wird, auch endlich alle deine Feinde zu seinem Fusschemel (b) geleget werden müssen. Durch dieses wundervolle
unbegreifliche Meisterstück deiner Allmacht, o ewig

F 2   erbar-

_____

(b) Pf. 109. v. 1.

erbarmende unendliche Liebe! bitte ich dich in jenem
verherrlichten Namen, bey dessen Erschallung sich
alle Kniee im Himmel, auf Erden und unter der
Erden beugen, alle Macht des Satans und seines
ganzen Anhanges in ihr eitles Nichts zurück beben,
und in welchem wir alle verherrlichet werden müſ-
sen, in diesem allerheiligsten Namen bitte ich dich,
verbrenne und zerstöre alle Finsternis, Heffen und
Schlacken unserer steinharten Herzen durch dein verzehrendes ewig erbarmendes Feuer, zerschmelze, er-
weiche, läutere, reinige und bereite sie dir zu einer
wohlgefälligen Ruhestatt und würdigen Erbtheil des
Herrn, erleuchte die Dunkelheit meines blöden Verstandes, führe meine stammlende Zunge, damit ich
durch den Geist deiner Weisheit geleitet, dir zum
Lob, Preis und Dank, meinen Brüdern, und auch
mir selbsten zur wahren Heilwürdigung deiner schönen, anmuthigen und wohlgebahnten Wege nebst
denen Mitteln zu deiner wahren Weisheit zu gelangen, und sicher, leicht und untrüglich darauf zu wandeln, auch wie süß dein Joch und wie leicht deine
Bürde sey, deutlich, vollkommen und richtig zeigen, und immerhin zu deines Namens Ehre, ohne
zu straucheln, im Geist und in der Wahrheit standhaft erharren möge.

Sie aber, würdige, liebe und werthgeschätzte
Brüder! gönnen mir abermals jenes aufmerksame
und

und lehrbegierige Gehör, welches meine Abſicht und
ihre Ordenspflicht erheiſchet, ich aber, im Namen
aller weiſen Meiſter, von ihnen fodere.

Die untrüglich ſichern Mittel und Wege zur
wahren Weisheit, und ihren Segen, liebſte Brüder! beſtehen in der ernſtlichen und ſtandhaften
Beſtrebung aus den reinen Quellen der ächten
Erkänntnis ſeiner ſelbſt und aller natürlichen
Dinge, die wahre Erkänntnis des ewig allmächtigen, ewig gerechten und ewig barmherzigen Baumeiſters der Welt zu ſchöpfen,
die daraus nothwendig entſpringende reine Furcht
und Liebe Gottes auf dem feſten Glauben zu
gründen und durch die Hofnung darauf zu be-
veſtigen. Aber der Afterwitz und die Bosheit, als
das Gegentheil von der wahren Weisheit, ſind eigentlich die Geburtseltern ſowohl, als Kinder der
Thorheit und des Fluchs, dieſer aber iſt nichts anders, als die von der herrſchenden Finſternis und
herben Kälte verurſachte Grobheit der Elementen, wodurch jetzo die geiſtlichen Dinge leiblich und
die unſichtbaren ſichtbar werden, darein das Licht
gleichſam geflohen und ſich vor dem irrdiſchen Menſchen, als der deſſen nach dem Falle nicht mehr fähig, unter die compakte Finſternis des Erdbodens
und deſſen Ausgeburten verſtecket hat, welches vor
dem Falle dem Menſchen offenbar war. Werden

F 3   wir

wir aber durch das subtile Licht des göttlichen Lie=
besfeuers im Glauben und in der Hofnung durch
heiſſe Buſthränen wiedergeboren und an unſerer
Seele erwärmet, tingirt und erleuchtet, ſo können
wir das unter der Finſternis verſteckte und mit
ſammt der Finſternis compaktgewordene Licht in
allen dreyen Naturreichen gar wohl erkennen, auch
daſſelbe durch Gottes Zulaſſung von dem Fluche
oder von der Grobheit der Elemente zu unſerm
Nußen reinigen, eine neue mikrokosmiſche Schö=
pfung zuwege bringen, und ſomit uns zur wahren,
wie zur höchſten Stuffe der hermetiſchen Weis=
heit hinaufſchwingen.

Allein, dieſes iſt nicht unſer eigenes Werk,
liebſte Brüder! ſondern es iſt eine unverdiente Se=
gensgnade des Himmels, eine Gabe der ewig er=
barmenden Liebe Gottes, und (wie wir in voriger
|∴| ausführlich vernommen haben) ſein allerfür=
treflichſtes Gnadengeſchenk der höchſten Glückſelig=
keit, welcher ein vernünftiges Geſchöpf nur immer
fähig iſt. Dahero muß ich ihnen mit Salomo zu=
rufen: (i) „Haltet vom Herrn in der Güte und
„ ſuchet ihn in Einfalt des Herzens, denn er
„ wird von denenjenigen gefunden, die ihn nicht
„ verſuchen. Er offenbaret ſich aber denen, die
„ an ihn glauben. Denn verkehrte Gedanken
|∴| ſcheiden

(i) Weish. 4. v. 1 bis 4.

„ſcheiden von Gott, aber die bewährte Tugend
„ ſtrafet die Unweiſen. Denn die Weisheit wird
„ in eine boshafte Seele nicht eingehen noch woh=
„ nen in einem Leibe, der den Sünden unterwor=
„ fen iſt.‟

Dahero iſt nach denen ſichern Wegen und
Mitteln zu ihr zu gelangen nöthig, erſtlich: die
Selbſtverläugnung, um allem Laſter, böſer Nei=
gung und Sünde vollkommen abzuſterben, weßwe=
gen vor allem der Geiſtmenſch ſich von allen äuſ=
ſerlichen und ſinnlichen Gegenſtänden abkehren, in
ſich ſelbſt ein = und zuſammen ziehen muß, um die
groſſe Pflicht, noſce te ipſum, d. i. ſeiner Selbſt=
erkänntnis in Erfüllung zu bringen:

Dein räthſelhaftes Herz ergründ’ durch Geiſteskraft;
Für Menſchen iſt der Menſch die gröſte Wiſſenſchaft.

Dieſe groſſe Pflicht, meine Brüder! ob ſie ſchon
ſo nothwendig und höchſt wichtig iſt, daß ſie auch
ſogar heidniſche Weiſe erkannt und ſich jederzeit äuſ=
ſerſt befliſſen haben, ſie ihren Jüngern bey aller
Gelegenheit einzuſchärfen, wird dennoch von gar
ſehr wenig Menſchen beobachtet, noch leider! an
ſie gedacht. Da doch der Menſch ſich ſelbſt ein ſo
verdecktes Räthſel iſt und ſein Herz ſo untergründe=
te Tiefen hat, daß ein jeder in ſich ſelbſt eingekehr=
ter und concentrirter Geiſtmenſch täglich neue Ent=

F 4   deckun=

deckungen neuer Nothwendigkeiten machet, seine
Bildung auszubessern, bis er endlich die höchste
Stuffe der Selbstverleugnung erstiegen hat, vor
allem aber einsiehet, wie gebrechlich, hinfällig, ver=
derbt und nichtig der Sündenfall seine Natur ge=
macht und wie häßlich er sie verunstaltet habe; un=
geachtet sie zu dem schönen, edlen und herrlichen
Ebenbilde des allerhöchsten Gottes geschaffen war.

Dieses begreiflicher zu machen, liebste Brü=
der! muß ich ihnen zur Grundlage künftiger Leh=
ren unserer weisen Meister vom inneren Menschen,
einige Wahrheiten vorläufig vortragen.

Der Mensch im Stande der gefallenen Na=
tur, fühlet einen gewissen Hang nach satanischen
Einwirkungen durch die Gestirne, denn er bestehet
aus Geist, Seele und Leib, der Leib aber aus zweyen
verschiedenen Haupttheilen, dem irrdischen Laste, neim=
lich aller zusammengefügten Glieder des ganzen Kör=
pers, den jedermann sehen und fühlen kann, und
der von sich selbst träg, todt und folglich aller ei=
genmächtiger Bewegung unfähig wäre, wenn ihn
nicht sein ätherischer Leib, der zweyte und vor=
züglichste seiner Haupttheile, den unser Para=
celsus, den thierischen Menschen nennt, und der
in einer, dem irrdischen Körper vollkommen ähn=
lichen, aber uns unsichtbaren Gestalt, in allen
Gliedern

Gliedern mit demselben und dem Geiste überein-
stimmend verbunden ist, Kraft eben dieser Ueber-
einstimmung schicklich machte, die stets währenden inneren Bewegungen des Archäus zur nöthigen Erhaltung des Menschen, wie die frey-
willigen äusseren und inneren, nach Verlangen
des menschlichen Gemüths zu empfangen. Dieser
ätherische Leib hat seinen Stoff und Ursprung
von denen Gestirnen, die ihn nach dem Verhältnis ihres Standes in der Empfängnis- und Ge-
burtsstunde des Menschen mit einer gewissen
Signatur beprägen, welche gleich einen sehr gei-
len Saamen gewisse Neigungen seine ganze Le-
benszeit hindurch ausgebähret, die ihn, wie das
Vieh zu gewissen Handlungen antreiben, woran
die gesunde Vernunft gar keinen Antheil hat
und woraus der Alten wahrhafter Spruch entstanden ist: Wer glücklich seyn will, muß über
die Gestirne herrschen. Eben diesen ätherischen
Leib, oder thierischen nennen wir unsern eigenen
Menschen.

Hier muß ich eine sehr wichtige Erinnerung
einschalten, die sie ihrem Gedächtnisse tief einprä-
gen sollen. So oft sie von Geist, Seel und Leibe lesen oder hören, so haben sie die Rede einmal
vom groben irrdischen Leibe zu verstehen, denn
dieser ist der schein- und offenbare Fluch; unsere

F 5 lehren

Lehren hingegen behandeln die verborgene reine Natur, und alles schein= und offenbare unserer Schriften ist nur mit eingemischet, die Unwürdigen zu entfernen, denen, weil sie draussen sind, alles in Gleichnissen wiederfahren muß. Ihnen aber ist gegeben, das Geheimnis zu wissen, und ich kehre zu meinem Gegenstande zurück.

Vom Leibe des Menschen haben wir das Nöthige vernommen. Wir kommen also zu seiner Seele und dem Geist. Dieser wirket stets auf die Seele, und das reine Erzeugte dieser Wirkung, heiset die Vernunft. Er ist seines Ursprungs von der Natur des allgemeinen Weltgeistes, jenes wundervollen Werkzeugs Gottes, wovon wenige Profanen was wissen wollen, der doch, Trotz aller ihrer widernatürlichen Träumereyen in der ganzen Ausdehnung der erschaffenen Natur stetswährend alles durchdringet und dessen sich der allmächtige Baumeister bedienet, alle natürliche Dinge zu beleben, zu weben und zu zerstören, aus welchem Grunde unsere Weisen auch sagen: daß ein jedes Ding Leben und Todt in sich selbst trägt. Dieser Geist aber wirket nicht, wenn ihn der Geist Gottes nicht beweget. Beyde sind dahero im Menschen und allen natürlichen Dingen nach eines jeden Verhältnis und natürlicher Bedürfnis, woraus zu schliessen, wie wenig

nig erſprießliches, von Gott geſchiedene Leute, in
unſerm geheimen Bearbeitungen ausrichten, und
wie nöthig es ſey, nach Adams Fall und unſerm
eigenen Abweichungen von Gott, zu ſeiner er=
barmenden Liebe Zuflucht zu nehmen, und zur Ur=
quelle des Guten zurückzukehren. Was aber bey
dieſer Veränderung im innern Menſchen vorgehet,
ſollen ſie gleich hören.

Die Seele, ein vom Munde Gottes, dem
Menſchen eingeblaſener Athem des Lebens, (f)
dieſes unſterbliche Geſchöpf, deſſen Herrlichkeit
des Werths ſich aus dem, vom göttlichen Sohne
vollbrachten Erlöſungswerke, ſchlieſſen läßt, iſt mit
dem ätheriſchen Leibe und dem obberührten Gei=
ſte des Menſchen dergeſtalt übereinſtimmig ver=
bunden, das beyde ſtets auf ſelbe wirken müſſen.
Dieſes Wirken erzeuget, was wir das Gemüth
nennen. Wendet ſich dieſes nach den ätheriſchen
Leibe, ſo ziehet es die Seele dahin, der Geiſt
aber iſt befangen, muß beyden folgen, und da
haben wir einen ganz thieriſchen Menſchen, der
vom Triebe ſeiner Neigung, wie das Vieh, fort=
geriſſen wird, und die unterdrückte Vernunſt im
Böſen ſchärfet, dem Geiſte zu widerſtehen, und
ſtets vom Schöpfer mehr und mehr in dem neu=
lichen Verhältniſſe zur ſataniſchen Natur abzu=
weichen,

(f) Geneſ. 2. v. 7.

weichen, nach welchem der ätherische Leib oder der
eigene Mensch Kraft gewinnet zu herrschen und
die Einwirkung der Gestirne anzuziehen. Alsdenn,
liebste Brüder! kann ihn nichts als ein ausseror:
dentlicher Zug der erbarmenden Liebe Gottes, die
Salbung des göttlichen Geistes, (l) verändern und
ihm ein ganz anderes Herz geben. Dieses läßt
sich aber mehr wünschen als vermuthen, (m) maßen
sein Geist und ganzes Gemüthe ausser ihm selbst
zerstreuet, an äusserlichen Dingen klebet, die seine
Sinnlichkeiten reizen und schärfen, auch die ge:
dachte Veränderung, ohne die vorhergehende Er:
känntnis seiner selbst, nicht geschehen mag, als
welcher nur ein in sich selbst eingekehrter Mensch
fähig ist. Hingegen wendet sich dessen Gemüth
nach dem Geiste, so ziehet es die Seele dahin,
der ätherische Leib aber, muß beyden als ein Ge:
fangener folgen, und da haben wir einen Geist:
menschen, der dem Zuge des bewegenden Geistes
Gottes folget, dem ätherischen Leibe d. i. seinem
eigenen Menschen widerstehet und sich stets seinem
Schöpfer mehr und mehr in eben dem Verhält:
nisse zur englischen Natur nähert, nach welchem
der ätherische Leib gefesselt und somit die Hinder:
nisse gemindert werden, welche der Anziehung des
bewegenden Geistes Gottes widerstehen, bis end:
lich)

(!) 1. B. d. R. 10. v. 6   (m) Luc. 24. 16. 1. Thess.
bis 9.   5. v. 3.

lich die vollkommene Selbstverläugnung seines eigenen Menschen errungen, der Leib durch die Seele
an den Geist unabscheidlich angeheftet ist, und der
ganze Mensch im Lichte des Herrn aufrecht stehet.

Hier sehen sie also, liebste Brüder, im inneren Menschen, wie nöthig die Selbsterkänntnis
sey, und schliessen demnach selbst, welch herrliche
Früchte sie in uns durch die wirkende Gnade Gottes ausgebähren könne.

Wie an heissen Sommertägen ein triefender
Morgenthau die welke und schmachtende Blume,
Kraut und Frucht, und ein sanfter Regen die von
der Hitze der Sonnenstralen geäscherte Erde, eben
also befeuchtet, erquicket, belebet, und erweichet die
wahre Selbsterkänntnis das von denen Sinnlichkeiten ausgesperrte, öde und schmachtende Herz des
Menschen, und macht es dergestalt fruchtbar und
rege, daß es sich also gleich öfnet und von selbst
zu den zweyten nothwendigen Mitteln und Wegen
wendet, nemlich zu den sehnsuchtsvollen und brenneifrigen Verlangen nach Gott, seinem Reiche und
seiner Gerechtigkeit, so niemand irgendwo als in
sich selbst schon (n) finden kann, und zwar durch
heisse, mit Demuth und Zerknirschung im Geiste
und in der Wahrheit vergossene Bußthränen, denn
(o) „ein zerknirschtes und gedemüthigtes Herz,
„ wirst

(n) Matth. 13. und an   heiliger Schrift.
verschiedenen andern Stellen   (o) Ps. 50. v. 19.

„ wirſt du, o Gott! nicht verachten, und ſiehe,
„ das Reich Gottes iſt inwendig in Ruhe,“ ſpricht
die ewige Weisheit. (p)

Glücklicher Bruder, der du es ſo weit gebracht, daß du dich in dieſer Verfaſſung befindeſt!
dir kann das Reich Gottes und ſeine Weisheit
nimmermehr entgehen. Denn Gott der Herr ſelbſt
ſpricht beym Jeremia (q) von dir: Ihr werdet mich
bitten, und ich will euch erhören. Ihr werdet mich
ſuchen und finden, ſo ihr mich von ganzem Herzen
ſuchet.

Allein, liebſte Brüder! wie jene zween Kauf-
leute, (r) der eine den im Acker verborgenen Schatze,
der andere aber die köſtliche Perle, ſo müſſen wir
Gott, ſein Reich und ſeine Gerechtigkeit, worinnen eigentlich, wie wir wiſſen, die wahre Weisheit beſtehet, als den alleredelſten, größten und lie-
benswürdigſten Schatz und die allerköſtlichſte Perle
von ganzem Herzen beharrlich ſuchen. Und gleichwie jene alles verkauften was ſie hatten, um das
Geſuchte, da ſie es fanden, zu erhandeln. Eben
alſo müſſen auch wir, aus Liebe zur Weisheit, alles verkaufen was wir haben, d. i. wir müſſen den
thieriſchen Menſchen gefangen nehmen, ſomit nicht
nur allein der irrdiſchen Welt mit ihren ſchnöden
Ergötzlichkeiten, ſondern auch vorzüglich unſerer un-
ordent-

(p) Luc. 17. v. 21.   (r) Matth. 13. v. 44 bis
(q) Jerem. 29. v. 12. 13.   46.

ordentlichen Eigenliebe und allen andern unlautern
Neigungen und Sinnlichkeiten, sammt allem, was wir
haben und besitzen, im Geist und in der Wahrheit
entsagen, alles der ewigen Weisheit als ein angeneh=
mes Opfer zum süssen Geruch abschlachten, aufopfern
und uns selbsten in unser Nichts dergestalten versen=
ken, daß wir fürohin unsern eigenen Willen zu gar
keiner Zeit mehr lassen rege werden, sondern der gött=
lichen Weisheit pur allein zu eigen leben. Denn das
Wort verkaufen, dessen sich der Heiland Gleichniss=
weise bedienet, heiset, sich alles ferneren Besitzes, Ge=
brauchs und Genusses der verkäuflichen Sache auf
ewig begeben. Und eben dieses bestätiget sein göttli=
cher Mund noch genauer bey jenem, (⁵) welcher ihm
folgen, bevor aber mit jenen, so im Hause sind, Ab=
schied machen wollte, indem er ihm hierüber antwor=
tet: Keiner, der seine Hand an den Pflug leget und
siehet zurück, ist geschickt zum Reiche Gottes. Wir
dürfen derowegen auf nichts, was wir der ewigen
Weisheit opfern und abtreten, jemalen mehr zurücke
sehen, d. i. unsere Herzen an keine Geschöpfe, sondern
blos an Gott heften, ob er uns schon die Fülle ver=
gänglicher Güter anvertrauet hat. Auch ist alle
menschliche Weisheit, aller menschliche Witz und alle
menschliche Vernunft mit ihr unvereinbarlich. Hö=
ren sie nur, wie bedenklich und eingriffig sie diese
Wahrheit beym Matthäo (t) selbsten ausdrücket

„Ich

(⁵) Luc. 9. v. 61. 62.   (t) Matth. 11. 25.

„Ich preise dich Vater, du Herr Himmels und der
„ Erden, (spricht ihr göttlicher Mund) daß du dieses
„ für den Weisen und Verständigen verborgen hast
„ und es denen Kleinen geoffenbaret." Kein eigenes Gedächtnis, keinen eigenen Verstand, keinen eigenen Willen dürfen wir uns vorbehalten, denn sie
will unser Herz, unsern Geist, unsere Seele, unser
ganzes Gemüth leer, rein und lauter zu ihrer Wohnung, zu ihrer unumschränkten Beherrschung ganz
allein für sich haben. Je mehr wir uns demüthigen,
je mehr wir uns erniedrigen, je mehr wir uns im
Geist und in der Wahrheit in unser eigen Nichts ver-
senken, desto herrlicher, desto gewaltiger wächst die
Macht und Kraft des Lichts, womit sie in uns zu wirken beginnet. Beym Luka (u) stellet sie ein kleines
unmündiges Kind, so annoch ohne eigenes Gedächtnis,
ohne eigenen Verstand und ohne eigenen Willen ist,
unter ihre Jünger und spricht: „Wer unter euch al-
„ len der Kleineste ist, der ist der Grösseste im Rei-
„ che Gottes." Nichts verscheuchet die wahre
Weisheit so sehr als der Hochmuth und Eigendünkel, nichts hingegen ziehet sie mehr an sich als die
Demuth und Selbstverläugnung. Denn wie jene
vom irrdischen Leibe und der dicksten Unwissenheit,
Ausgeburten des Satans und seiner Finsternis sind,
so stammen diese vom erleuchteten Geistmenschen in
seiner Selbsterkänntnis ab, welche die ewige Weisheit

(u) Luc. 9. v. 47. 48.

heit vom göttlichen Lichte empfänget, als Jungfrau
durch ihr göttliches Liebesfeuer ausgebähret, folglich
weit zärtlicher als die allerzärtlichste Mutter, nicht
nur allein als ihre ächte Kinder unendlich liebet, son=
dern auch nähret, befödert, erhält, und sie endlich
alle Dinge lehret. (ꝑ)

Jungfräuliche, liebvolleste Mutter, göttliche
Weisheit! "Mutter der schönen Liebe, (ħ) der Furcht,
Erkänntnis und der heiligen Hofnung! Bey dir ist
alle Gnade des Weges und der Wahrheit, bey dir ist
alle Hofnung des Lebens und der Tugend. Du al=
lein sättigest von deinen Früchten alle, die nach dir
verlangen und zu dir treten, denn dein Geist übertrift
alle erdenkliche Süssigkeiten und dein Gedächtnis
währet immer und ewiglich. Die du speisest und
tränkest, werden gesättiget und alsogleich grossen Eckel,
ob allem Irrdischen, hingegen mehr und mehr Hun=
ger und Durst nach dir haben. Die dich hören, wer=
den nicht zu schanden, und die durch dich ihr Werk
verrichten, werden nimmermehr irren." Lehre uns
deine himmlische Schönheit recht erkennen. Und
gleichwie du liebest die dich lieben, so entflamme
unsere Seele, Geist und Herz mit deinem allerstärk=
sten Liebesfeuer, damit wir dich als den allerhöch=
sten, besten, liebenswürdigsten, vollkommensten und
allerköstlichsten allein wahren Schatz, in voller In=
.brunst

(ꝑ) Weish. 7. v. 2f.   (ħ) Sirach 24. v. 24 bis 30.
S

brunſt unſerer dir ganz und gar ergebenen Herzen
unaufhörlich lieben. Und in dieſer ſo beſchaffenen
Liebe, meine Brüder, beſtehet eigentlich das allerfür-
nehmſte und nothwendigſte Hauptmittel:

Als der dritte Weg zur höchſten Stuffe der
wahren Weisheit zu gelangen. Denn die himmliſche
Weisheit wird uns zwar anfänglich, wenn wir ſie
recht inbrünſtig lieben, wie eine weiſe Jungfrau ihren
Liebhaber, womit ſie ſich zu vermählen wünſchet, auf
verſchiedene Weiſe prüfen, und durch eben dieſe Prüfung immer mehr und mehr an ſich ziehen, und endlich, ſo bald ſie uns ihrer würdig und bewährt erfunden, ſich von uns gleichfals finden laſſen, und als eine
ſchöne liebvolle Braut ihrem geliebten Bräutigam be-
gegnen und ſich in ewiger Liebe mit uns vereinigen.

Wer aber Gott und ſeine Weisheit wahrhaftig liebet, der hält das Geſetz vollkommen. Dies bringt
ein heiliges Leben, welches Gott in uns wirket, wodurch wir ihn unendlich mehr fürchten, alle Sünden und wiſſentliche Beleidigungen mehr meiden,
fliehen und verabſcheuen als alle Armuth, Verachtung und Krankheit, als den ſchmerzlichſten Todt
ſammt allen erdenklichen Martern, ja, als allen
ewigen hölliſchen Peinen ſelbſt. Denn er iſt wahrhaftig wiedergeboren in Chriſto. Und dies iſt das
vierte untrügliche aber auch zu gleicher Zeit höchſt-
nöthige Mittel zur wahren Weisheit.

Wie

Wie gros ist der, (spricht der weise Ecclesiasti=
cus) (i) „welcher Weisheit und Erkänntnis findet;
„ er übertrift aber den doch nicht, welcher den
„ Herrn fürchtet. Denn die Furcht des Herrn
„ ist der Weisheit Anfang, (aa) mehret die Tage, (bb)
„ wohnet in der Fülle, wird niemalen mit grossen
„ Unglück heimgesucht, (cc) bringt Ehre, Ruhm,
„ Freude, grosses Frolocken, Wonne, langes Leben
„ und Segen am Tage des Hinscheidens. Die
„ Furcht des Herrn ist vollkommene Weisheit, giebt
„ vollkommenen Frieden und die Frucht des Heils,
„ ja, sie ist die Krone der Weisheit selbst, beyde
„ aber sind Geschenke des Allerhöchsten, der sie aus=
„ giesset über alle seine Werke und über alles Fleisch
„ nach seiner Gabe, und schenket sie denen, so ihn
„ lieben.“ (dd)

So sind derowegen die wahre vollkommene
Erkänntnis und Verläugnung seiner selbst und das
sehnsuchtsvolleste beharrliche Suchen, Streben und
Verlangen nach Gott, seinem Reiche und seiner Ge=
rechtigkeit, nebst der vollkommenen inbrünstigen Liebe
und Furcht Gottes die nöthigen, sichern und untrüg=
lichen Wege zur wahren Weisheit zu gelangen? Ja,
liebste Brüder! denn durch eben dieselben haben un=
sere Alten alle geheime und öffentliche Wissenschaften,

G 2

alle

(i) Sirach 25. v. 13.
(aa) Prov. 9. v. 10.
(bb) Prov. 10. v. 27.

(cc) Prov. 19. v. 23.
(dd) Sirach 1.

alle verborgene und geoffenbarte Geheimnisse und
Künste erdacht und gefunden, weil die Weisheit, ei=
ne Werkmeisterinn aller Dinge, (ee) sie ihnen lehrte.

Allein, (wird einer oder der andere denken,)
dies sind schwere Wege, wir haben viel leichtere zu
vernehmen gehoffet. Wie schwer ist nicht die einzige
Selbstverläugnung! Wird wohl ein sinnlicher Mensch
jemalen dazu gelangen können? und wie sehr wenige
Menschen giebt es, welche nicht in ihren Sinnlichkei=
ten ersoffen wären? sogar Paulus, jener erleuchtete
Geistmensch klaget, daß das Gesetz der Sünde in sei=
nen Gliedern ist, welches seinen Geist gefangen nimmt
und daher nach seiner Auflösung seufzete. (ff) Ja,
Bruder! du hast recht, der du also denkest! es ist für=
wahr schwer! aber vergiß beynebst nicht, daß eben der
nemliche Paulus alles in dem vermag, der ihn stär=
ket, und lerne hieraus deine eigene Nichtigkeit, wie
die Kraft und unendliche Gnade eines ewig erbar=
menden Gottes in Geistesdemuth mit Dank erken=
nen, welcher sie keinem versaget, der ihn im Geist
und in der Wahrheit darum beharrlich bittet.
Und siehe! dies ist eben das fünfte vollkommen be=
währte untrügliche Mittel, wodurch wir zu allen
denen übrigen sicher, leicht und ohne alle Schwierig=
keit gelangen können.

So hat ein Moses, ein David, ein Salomo, ein
weiser Sohn des Sirachs, so haben alle übrigen ge=

treuen

(ee) Weish. 7. v. 21.   (ff) Weish. 8. v. 21.

treuen Knechte Gottes, den Herrn um Weisheit gebe-
ten und sie erhalten. „Nachdem ich erkannt, (spricht
„ Salomo) (gg) daß alle Weisheit nur allein von
„ Gott kommt, so trat ich zum Herrn und bat von
„ ganzem Herzen: (bb) Du Gott meiner Väter und
„ Herr aller Erbarmungen! der du alle Dinge durch
„ dein Wort erschaffen und den Menschen durch dei-
„ ne Weisheit bereitet hast, daß er über alle deine Ge-
„ schöpfe herrschen und die Welt mit Billigkeit und
„ Gerechtigkeit und mit einem aufrichtigen Herzen
„ regieren und richten solle. Gieb mir deine Weis-
„ heit, welche stets um deinen Thron ist, verwirf mich
„ nicht aus deinen Kindern und aus dem Schoos
„ deiner Gnaden. Sende sie mir herab aus deinem
„ heiligen Himmel und von dem Throne deiner groß-
„ sen Herrlichkeit, damit sie bey mir sey, mit mir ar-
„ beite, und ich wissen möge, was dir angenehm und
„ wohlgefällig ist, auf daß sie mich in allen meinen
„ Werken mäßig daher führe, mich durch ihre
„ Macht bewahre und ich deinen allerheiligsten Wil-
„ len jederzeit erfülle.

So lehret uns auch Jakob, der Apostel, um die
wahre Weisheit zu Gott beten, indem er spricht: (ii)
„ Ist aber jemand unter euch, der Weisheit vonnö-
„ then hat, der bitte Gott darum, der einem jeglichen
„ reichlich giebt und es niemand vorrückt, so wird

G 3

sie

(gg) Röm. 7. v. 23. 24.   (ii) Jak. 1. v. 5. 2c.
(bb) Weish. 9.

„ sie ihm gegeben werden." Er bitte aber (schreibt er weiter) „im Glauben und zweifle nicht, denn ein „Zweifler denke ja nicht, daß er was vom Herrn er= „halten werde." Desgleichen befiehlt uns das nem= liche die ewige Weisheit selbst, indem sie spricht: (ff) „Darum sage ich euch: alles, was ihr bittet in eurem „Gebet, glaubet nur, daß ihrs erlangen werdet, so „wirds euch wiederfahren." Folglich sind wir überzeugt, daß uns nicht nur allein die obgedachten Mittel und Wege zur wahren Weisheit, sondern auch die Weisheit selbst ganz sicher und untrüglich zu Theil werden muß, wenn wir von ganzem Herzen in Demuth und vollkommener Furcht und Liebe Gottes mit einem vollkommenen Glauben und ei= ner auf das Wort des Heilandes vestgegründeten Hofnung, in seinem allerheiligsten Namen, dem Vater des Lichts, im Geiste und in der Wahrheit beharrlich darum bitten.

Aber sechstens kan uns zu allen diesen die öftere Lesung und gesunde Erwägung des geoffenbarten Wortes Gottes, auch ächter Weisen theosophischer und philosophischer Schriften, wie ihr persönlicher Umgang, gar sehr befördern. Hingegen aber würde uns der Umgang mit Sophisten und ihren aben= theuerlichen Schriften, von der wahren Weisheit Himmelweit entfernen. Denn, gleichwie die Schmet= terlinge auf Kraut, Baum und Gras herumflattern, ihr

(ff) Marc. 11. v. 24.

ihr Geſchmeis zurücke laſſen, welches die ſtets wirken=
de Natur zu giftigen Raupen ausbrütet, ſo Blüthe,
Laub und Blatt bis auf den Stengel abfreſſen, ja
endlich die Pflanze ſelbſt vernichten, und dieſes zwar
an dem nemlichen Ort und Stelle, wo dieſe gütige
Ausſpenderinn der reichen Gaben des Allerhöchſten
die herrlichſten Früchte hervorgebracht hätte. Eben
alſo laſſet aller Orten das aufgepußte Geſchwäß der
Sophiſten von ſeltſamen Spißfindigkeiten und erlo=
genen Verheiſſungen unermeslicher Schäße und
Reichthümer ein giftiges Geſchmeis falſcher Begrif=
fe, welches in die abentheuerlichſten Schlüſſe und
verderblichſten Unternehmungen, in eben desjenigen
Leſers oder Zuhörers erhißten Gemüthe ausartet,
welcher vom Lichte der Natur, der Gnade Gottes
und ſeinem Geiſt ganz allein geleitet, zu einem wah=
ren Weiſen erwachſen ſeyn würde. Mit einem
Worte, liebſte Brüder! wir ſollen nach der Sünde
nichts ſo ſehr meiden, verabſcheuen und haſſen, als
die Worte und Werke der Sophiſten; hingegen aber
nach Gott und ſeiner Weisheit nichts ſo ſehr ſuchen,
als den Umgang ächter Weiſen und den Sinn und
wahren Verſtand ihrer Schriften, und zwar vorzüg=
lich denjenigen des geoffenbarten Wortes Gottes.
Im vorbeygehen aber muß ich ihnen ein Buch em=
pfehlen, ſo erſt neulich zu Augsburg bey den Gebrü=
dern Veith die Preſſe verlaſſen hat. Es nennet ſich

die

die Philosophie der Religion. Dieses Werk ist
zwar nicht in der Naturkunde, aber in jener Absicht,
die der Verfasser hatte, so vortreflich gut gerathen,
daß jeder, der Gebrauch davon macht, grossen Nutzen spüren wird.

Endlich ist uns siebentens sehr nützlich und zu
unserer Absicht höchst nöthig, eine einsame, stille und
von fremden Sorgen befreyte Lebensart zu führen, so
viel es nemlich die genaue und richtige Besorgung
unserer profanen Berufsgeschäfte nur immer gestatten will, welche wir niemals unterlassen dürfen, sondern jederzeit richtig besorgen müssen, aber blos allein
(was wohl zu beobachten) in der heiligen einzigen
Absicht, dem ewigen Gesetze der göttlichen Weisheit,
auch in diesem Theil unserer Pflichten ein getreulichs
Genüge zu leisten. Hingegen, so oft diese Geschäfte
eine Zwischenzeit unserer eigenen Willkühr überlassen, so müssen wir der Einsamkeit pflegen, in uns
selbst vollkommen einkehren, und nach verrichtetem
wahren Gebete, um die nöthige Erleuchtung von der
göttlichen Weisheit, vor allem uns selbst, so nach
die Natur und natürlichen Dinge genau betrachten und erforschen, beynebst aber auch nach Gelegenheit die Hand ans Werk legen, dies oder jenes,
so man zu erforschen gedenket, auf verschiedene Art
und Weise, jedoch niemals anders, als nach denen
in dem Subjecto begriffenen Möglichkeiten der

Natur,

Natur, und zwar mit der allein lauteren, ächten und reinen Absicht untersuchen, um die Gröſſe, Allmacht, Güte, Gerechtigkeit und unendliche Weisheit des ewigen Baumeiſters der Welt immer mehr und mehr zu erkennen, und somit zu seiner Liebe, Furcht, Dank, Lob und Preis im Glauben und in der Hofnung, auch zur Liebe, Dienſt und Nutzen unsers Nebenmenſchens immer mehr und mehr angefeuert und fähig zu werden. Und so, liebſten Brüder! haben unsere alten Meiſter alle nützlichen Künſte und Wiſſenſchaften zu den faſt unzähligen Handwerken, auch anderen zur Bequemlichkeit und Erhaltung des menſchlichen Lebens nöthigen Dingen erfunden, ja, sogar das Herz der Natur, das allerinwendigſte aller natürlichen Dinge dergeſtalt erforſchet, daß ihnen gar nichts von dem, was des Menſchen Verſtand ertragen kann, in der ganzen geſchaffenen Natur verborgen geblieben, wie es unter mehreren Stellen göttlicher Schrift das 7. Kapitel des Buchs der Weisheit ganz ausführlich beweiset, allwo unſer Salomo unter andern ſpricht: Gott hat mir gewiſſe Erkänntnis aller Dinge gegeben, daß ich, wie die Welt gemacht iſt und die Kraft der Elementen weiß, der Zeiten Anfang, Mittel und Ende, das Ab- und Zunehmen des Tages, die Abänderungen des Jahrs und seinen Umlauf, den

Stand

Stand der Sterne, die Art der zahmen und wilden Thiere, die Gewalt der Sturmwinde, die Gedanken der Menschen, die Art und Kraft der
Pflanzen und Wurzeln. Alle Geheimnisse sind
mir offenbar, denn die Weisheit, als die Werkmeisterinn aller Dinge, lehret michs. So weit,
meine Brüder, brachten es die Alten! Und da sie
die Armuth und Krankheit, als die unerträglich-
sten Feinde des Menschen betrachteten; so suchten
und fanden sie nach der erhaltenen Erblehre, eine
gewisse Sache, die sie den Stein der Weisen
nannten, womit sie als mit denen tüchtigsten Waffen nicht nur allein beydes von sich getrieben, sondern auch sonst noch zur Erkänntnis und zum
Preise Gottes seiner Weisheit, unerhörte Wunderthaten verrichtet, und damit die Krone aller
Künste und Wissenschaften sammt der höchsten
Glückseligkeit erworben haben.

Allein, nicht in der Vielheit oder Verschiedenheit der Dinge bestehet die Kunst, spricht unser grosser Meister, der König Geber. Die stand-
hafte Beharrlichkeit auf und bey einem einzigen
ist absolut nöthig, bis der Forscher alle darinn
verborgene Geheimnisse der Natur richtig und vollkommen entdecket hat. Zum Beyspiel soll dienen,
ein vermittelst unsers magischen △es verbranntes
und zerstörtes, folglich in seine drey Uranfänge,

ohne

ohne Verrückung des Naturcentri, geschiedenes Metall. Was vor Metalle wir verstehen, das wissen sie bereits schon? Hievon kann er Imo: das ⊖ von der Asche klar auslaugen, durch Zugießsung eines ächten Weingeistes von der grossen Menge skyptischer ▽e trennen, und so denn erst auf das feinste reinigen und trocknen. IIdo: Desgleichen kann er aus dem Luto und Gefässe der Natur und der Weisen Meere, Geist und Seele ausziehen, und beydes rectificiren, somit IIItio: das ⊖ durch sein eigentliches $\widehat{E}$ mit der anima seines ☿ris in natürlicher Proportion erhöhen, und IVto: das Reine, so sich von den Sedimentis scheidet, gradatim eincoaguliren, in quanto et quali gehörig multipliciren und perficiren, so hat er Vto: eine herrliche ♃ nach dem Verhältnisse des Fermenti auf Menschen oder Metalle. Nachgehends aber muß er mit dem nemlichen Subjecto nach und nach alle mögliche Arbeiten, aber immer nur eine und nicht mehrere auf einmal vornehmen, bis er endlich alle darinn verborgene Heimlichkeiten erforschet hat, wo er sodenn erst und nicht ehender zu einem andern schreiten kann, um es eben so damit zu machen u. s. w.

Ein

Ein ächter Naturforscher mit den oberör-
terten Eigenschaften, welcher also verfähret, wird
gar bald alle verborgene Geheimnisse der Natur,
gleich in einem hellen Spiegel, offenbar vor Augen
haben. Er wird auch unter vielen andern handgreiflich sehen, daß alle sichtbare Geschöpfe aus drey
augenscheinlich verschiedenen Uranfängen bestehen,
welche aber an- und in sich selbst einer und der
nemlichen Natur und Wesenheit sind; er wird
folglich auf dem Grunde des Glaubens mit der
Stärke der Hofnung und durch das Feuer der
göttlichen Liebe, im Lichte der Natur und Gnade geleitet und geführet, nebst andern unbegreiflichen heiligsten Geheimnissen gleichfals sehen und erkennen müssen, mit was für Grösse der Güte,
Allmacht und unendlichen Weisheit der ewig allmächtige, ewig gerechte und ewig barmherzige
Schöpfer Himmels und der Erden, die herrlichste
Abbildung seiner allerheiligsten unbegreiflichen Drey-
einigkeit der ganzen geschaffenen, sichtbaren Natur
unauslöschlich eingepräget habe. Mit einem Worte, liebste Brüder! Er wird sich, noch eh und bevor er sichs vermuthet, auf der höchsten Stuffe
der wahren Weisheit befinden.

Dieses sind nun, liebe, würdige und werthgeschätzte Brüder! die im Lichte des Herrn geoffenbarten, bewehrtesten, sicheren, leichtesten und untrüg-
lichsten

lichsten Mittel und der richtigste Weg dahin zu ge=
langen, wodurch sie alle Weisen, so jemals auf
Erden gelebet, erhalten haben.

Damit nun G. u. s. W. m. u. s. so ver=
sichere ich sie, liebste Brüder! daß keinem, wel=
cher diesen Weg antritt und diese Mittel gebrau=
chet, seine Mühe gereuen werde. Denn die Weis=
heit ist schön, ihr Licht unvergänglich, läßt sich
gerne sehen und finden von denen, die sie lieben
und suchen, ja, sie begegnet und giebt sich ihnen
selbst zu erkennen, ohne viele Mühe, auch nicht
von ferne, sondern in der Nähe, vor der Thüre,
nemlich ihrer eigenen Herzen. (Wie uns Gottes
Wort an verschiedenen Stellen untrüglich versichert.)
Allein, ohne die Selbstverläugnung, Furcht und
Liebe Gottes, ohne den Glauben, der Hofnung,
dem Gebete und einem heiligen Lebenswandel, ist
es unmöglich, in ihre Bekanntschaft noch Ver=
wandschaft zu kommen. Denn sie kommt in keine
boshafte Seele, wie wir oben gehöret, und woh=
net in keinem Leibe, der Sünden unterworfen ist,
giebt sich aber für und für in heilige Seelen und
machet Gottes Freunde und Propheten. Mein
Joch ist süß, spricht sie, und meine Bürde ist
leicht, denn es ist das Gesetz der reinen Liebe, und
sie krönet ihre treuen Söhne mit der zeitlichen,
ewigen, höchsten und allein wahren Glückseligkeit,

die

die ich ihnen, mir und allen Brüdern von ganzem Herzen wünsche, Amen, Amen, Amen!
H. H. H.

Hannan.

Wer einen Spötter unterweiset, der thut sich
selbst Unrecht. Strafe einen Spötter nicht, damit er dich nicht hasse. Strafe einen Weisen,
so wird er dich lieb haben. Gieb dem Weisen
Ursach, so wird er in der Weisheit zunehmen.
Lehre den Gerechten, so wird ers eilends annehmen. Prov. 7. v. 7 bis 9.

Verehre stets die Schrift! sie ist dein Glück auf Erden,

Und wird, so wahr Gott ist, dein Glück im Himmel werden.

Verachte christlich gros des Bibelfeindes Spott;

Die Lehre die er schmäht, bleibt doch das Wort aus Gott.

Gellert.

Anrede

Anrede des Meisters

an

seine jüngeren Brüder,

bey

der letzten Versammlungs- feyer

im Jahr —

gehalten.

Wo zween von euch auf Erden sich vereinigen über ein Ding, was sie auch bitten werden, daſſelbige wird ihnen wiederfahren von meinem Vater, der im Himmel iſt. Denn wo zween oder drey verſammlet ſind in meinem Namen, daſelbſt bin ich mitten unter ihnen. Der Herr beym Matth. 18. v. 19. 20.

Fünftes Stück.

Non posfidentem multa vocaveris
Recte beatum. Rectius occupat
Nomen beati, qui Deorum
Muneribus fapienter uti,
Duramque callet pauperiem pati,
Pejusque letho flagitium timet.

Horat.

H: N: sc:

Dies iſt der Tag, den der Herr gemacht hat; laſſet uns an demſelbigen frolocken und frölich ſeyn. Pſ. 117. v. 24.

Heil uns Allerliebſte — ! — ! — ! Heil uns — ! — ! — ! Heil und Friede allen Brüdern auf Erden, durch die uns dreymal geheiligte Zahl — ! — ! — !

Liebſte und würdige Brüder!

Bereitet eure Herzen nach Geiſteskraft dem ewigen Baumeiſter zum freudigen Dank- opfer, — dem Hauptgegenſtande dieſer feyerlichen

H   Verſamm-

Verſammlung! Fürwahr! ein geheimnisreicher Tag
für uns, an welchem der Herr alle Brüder durch
unſere Konkordanz in ſeinem Namen das letztemal
im Jahre verſammlet! Seine gütige Erbarmung
müſſe es ſammt dem Laufe des künftigen, uns
und allen würdigen Brüdern, unter dem Schir-
me ſeiner Allmacht mit der ſtärkſten Segenskraft
und der Fülle ſeiner Weisheit auszeichnen! — Der
Erfüllung dieſes heiſſen und Gott wohlgefälligen
Herzenswunſches den Weg zu bahnen, laſſen ſie
uns, liebſte Brüder! jene wichtigen Gegenſtände
bearbeiten, welche die himmliſche Weisheit der gegenwärtigen Verſammlungsfeyer vorſchreibt — mir,
ſie zu belehren, — Uns allen aber, Rechenſchaft
zu geben von dem Wachsthum im Geiſte der
Weisheit, deſſen wir uns konkordanzmäßig in dieſem Jahre theilhaftig gemacht haben. Meine beſondern Arbeiten, verbeut die Ordensregel, ihnen
kund zu thun. Ich werde denen hohen Oberen
davon Rechenſchaft ablegen. Von den Ihrigen
habe ich den Bericht und Ausweis, nach geendig-
ter Rede zu vernehmen, die den Beſchlus meiner
Lehren von der Weisheit, ihrer Söhne Kennzeichen und Glückſeligkeiten, ſo wie von den Mitteln und Wegen ſelbe zu erlangen, machen ſolle,
nachdem ich ihnen einen ganz kurzen Entwurf,
von der Bedeutung unſerer ordnungsmäßigen
Feyer-

Feyerlichkeit des heutigen Tages werde vorgetra=
gen haben.

Es kann niemanden unbekannt seyn, daß die,
zu unsern feyerlichen Hauptversammlungen ange=
setzten Täge, jene Zeitpunkte im Jahre sind, an
welchen in allen Naturreichen die wesentlichste Ab=
wechslung ihrer Wirkungen sich zu ereignen pfle=
get. Die Absicht dieser Tagsetzung, weiset alle
Brüder auf die Ordenspflicht und ihren Haupt=
endzweck, durch Untersuchung der Natur und
Kreatur, Weisheit, Kunst und Tugend zu erlan=
gen, Gott zu gefallen, und dem Nebenmenschen
zu dienen. Und, dieses wohl erwogen, zeiget,
warum die Verbrüderungskonkordanz verordnet,
denen Oberen Rechenschaft zu geben, wie weit wir
es hierinn in diesem Jahrslaufe gebracht haben,
um dem Schöpfer, in Erinnerung aller erhaltenen
Segensgnade, mit einem desto freudigern Gemü=
the, ein feyerliches Lob = und Dankopfer gemein=
schaftlich zu entrichten, und um seine einstralende
Erleuchtung zum fruchtbaren Wachsthum und zur
Beharrlichkeit im Guten, die göttliche Weisheit
fürs künftige, mit vereinigten Geisteskräften, von
ganzem Herzen in Demuth anzuflehen.

Dahero sollen sie erkennen und begreifen,
liebste Brüder! daß alle unsere Ordnungen, Ge=

bräuche

bräuche und Bearbeitungen auf die ächte Untersuchung der Natur und Kreatur deuten, diese
aber auf die wahre Erkänntnis, Ehre und Furcht
Gottes und die reine Menschenliebe abzwecken
müsse. Beydes können wir nur von der göttlichen Weisheit erlangen. Dieses, und wer sie
sey, auch wie ihre Schüler und Söhne beschaffen seyn müssen, habe ich ihnen bereits gezeiget.
Ich habe auch erwiesen, daß weder Arme noch
Reiche, weder Hohe noch Niedrige, weder Gelehrte noch Ungelehrte von ihrer Schule ausgeschlossen sind, daß sie vielmehr alle zu sich rufet,
und daß es ihre Lust sey bey Menschenkindern zu
seyn; hingegen bey keinem einzigen, der Sünden
unterworfen ist, Eingang finden könne. Es ist
aber nichts Gutes im Menschen, sagt Gottes
Wort, denn der Sinn und die Gedanken des
menschlichen Herzens sind von seiner Jugend auf
zum Bösen geneigt. (a) Dahero habe ich sie
belehret: daß wir vor allem uns selbst recht erkennen lernen müssen, wenn wir die Selbstverleugnung erringen wollen, ohne welche die einstralende Anziehungsgnade des Geistes der Weisheit in uns keinesweges wirken, noch uns zu jenem sehnsuchtsvollen und brenneifrigen Verlangen nach Gott, seinem Reiche und seiner Gerechtigkeit erwecken wird, welches zur vollkommenen

(a) Genes. 8. v. 21.

nen Liebe Gottes führet, die, wenn sie wahrhaft
vollkommen und beharrlich ist, die ächte Wieder=
geburt bewirket, und uns zum Erbtheil des
Herrn, als der Wohnung und Ruhestatt der
göttlichen Weisheit umstaltet. Eine Verwand=
lung unsers eigenen Menschens, meine Brüder!
welcher, dem ersten Anschein nach, unüberwindli=
che Schwierigkeiten im Wege stehen! Ich habe
sie ihnen nicht verheelet, diese Schwierigkeiten;
aber zugleich die Lehre gegeben, daß sie durch ein
rechtbeschaffenes Gebet sicher und leicht überwun=
den werden, und daß, wenn unser Gebet recht
beschaffen seyn soll, der Geist, die Seele und das
Gemüth von allem Sinnlichen abgeschieden, in
sich selbst versammlet und zusammen gezogen, zu
Gott ganz allein erhoben, von Reue und Dank
erfüllet, in den göttlichen Willen versenket und in
dieser Verfassung beharrlich seyn, unser Gebet
aber selbst in dem heiligsten Namen unsers göttli=
chen Jesus, mit vollkommenen Vertrauen auf sein
ewig bleibendes Wort, und in Beharrlichkeit ver=
richtet werden müsse, weil ein Zweifler nicht den=
ken darf, daß er erhöret werde. Das nemliche
verstehet sich von allen unsern Arbeiten. Mit
was für Absichten, und wie sie mit Nutzen ange=
griffen werden müssen, haben sie auch schon ver=
nommen. Viele Brüder spüren Hindernisse, Ver=

H 3   folgun=

folgungen und Drangſale, dem Scheine nach), ohne
Ende; aber, nachdem alles überwunden iſt, müſſen die geſuchten Früchte doch erfolgen, und bis
dahin die unerforſchlichen Rathſchlüſſe Gottes, mit
Verleugnung unſers eigenen Willens, in Demuth
angebetet werden, die alles in beſtimmter Zeit zu
unſerm Beſten fügen. Hievon finden ſich unzählige Beyſpiele an unſern Vorfahrern in ihren
Schriften, ja! in Gottes Wort ſelbſt. Ich empfehle ſie ihnen abermal zur ämſigen Leſung und
gründlicher Erwägung, und dieſe Empfehlung
kann ich ihnen nie oft — noch behaglich genug
wiederholen.

So oft ich dieſe obberührten Wahrheiten im
Geiſt erwäge, ſo fühle ich die Stimme unſers ewig
liebvolleſten Baumeiſters, die mir vom Kreuzes-
ſtamme zurufet: Sohn! erinnere dich ohn Unterlaß des heiligen Gelübdes, welches du mir ſo frey-
müthig als feyerlich zugeſchworen, und des theuren
Eides, der dich zu einem Kreutzbruder und Mitverwandten meines Ordens gemacht hat. Suche
die Weisheit und ſehne dich nach ihr, denn ich
liebe niemanden, er bleibe denn bey der Weisheit.
Wiſſe aber, daß ſie dich nicht erleuchten könne,
als mit und durch meine Gnade, dieſe hingegen
ſich weder mit äuſſerlichen Dingen noch irrdiſchen
Troſt vermiſchen laſſe. Sie ſind Hinderniſſe, die
du

du alle wegwerfen mußt, damit sie einkehren kön=
ne. Suche dir einen heimlichen Ort, wohne gern
bey dir allein, und meide das viele Schwaßen der
Menschen sorgfältig, schäße die ganze Welt mit
ihrem schimmernden Tande für nichts, rufe zu mir
um ein gottesfürchtiges Herz und reines Gewissen.
Du kanst keine Lust in vergänglichen Dingen fin=
den, und zu gleicher Zeit meiner wahrnehmen.
Von allen Profanen mußt du dich ganz abgeschie=
den, dein Herz vom zeitlichen Trost frey und rein,
und dich mit Paulus für einen Fremdling halten.
Ein von allen irrdischen Dingen abgeschiedenes,
und von aller eitlen Begierde befreytes Herz, mag
sich zu meinem himmlischen Vater hinaufschwin=
gen, und ein ihm wohlgefälliges Gebet in meinem
Namen, mit voller Zuversicht, ausgiessen. Doch
zu dieser Vortreflichkeit des Geistes kann dich nichts,
als die vollkommene Ueberwindung deiner selbst,
die Ausreutung und Zerstörung jener viel zu hefti=
gen und unordentlichen Liebe führen, mit welcher
du dich, — und, in dir — sinnliche Dinge zu lie=
ben, ja sogar! mir selbst vorzuziehen gewohnt bist.
Denn eben diese unordentliche Eigenliebe ist die
Wurzel aller Laster, worinnen die Menschen sich
verirren und verstricken. Hast du diese ausgerot=
tet, bist du deinen sinnlichen Neigungen und Be=
gierden völlig abgestorben, so wird von Stund an

Freude,

Freude, Friede, Ruhe und Stille sich in deinem
Herzen spüren lassen, meine Gnade einkehren, und
dich, mit und durch sie, meine Weisheit erleuchten, lehren und führen. Und so mußt du mich
verstehen, wenn ich spreche: Wer nicht hasset seinen Vater, Mutter, Weib, Kinder, Schwester,
Bruder und auch dazu seine eigene Seele, der
kann nicht mein Jünger seyn. Mein Sohn!
Himmel und Erden werden vergehen, aber meine
Worte werden nicht vergehen. Es bleibt ewig
wahr, daß, wer sein Kreutz nicht gedultig auf sich
nimmt, meiner nicht werth sey. Der Blick meines allsehenden Auges, vor welchem die Engel im
Himmel nicht rein sind erfunden worden, dringet
durch die heimlichsten, dir selbst unbekannten und
verborgenen Neigungsquellen deines Herzens. Denn
ich bin der untrügliche Forscher, der die Herzen
und Nieren prüfet. Alles, was trübe und unlau-
ter ist, reinige und läutere ich durch Heimsuchungen um deines Heils willen. Dem Hoffärtigen
schicke ich Verfolgung und Verachtung zu seiner
Demüthigung; dem Geißhals, Verlust an zeitlichen Gütern rc. und meine Heimsuchungen kreu-
tzigen und läutern eine jede unlautere Neigung so
lang, bis ihre Quelle völlig austrocknet. Siehe!
ich prüfe dich da, wo ich weiß, daß es dir nöthig
ist, und das ist immer der empfindlichste Theil deines

nes Herzens, weßwegen dir meine Heimsuchungen
oft unerträglich scheinen müssen, so lang dein Herz
sinnlichen Dingen nachhänget und seiner unordentlichen Eigenliebe ergeben ist. Allein, bedenke mein
Sohn! was ich selbst, dir zu Liebe, freywillig auf
mich genommen habe. — Ich, dein Herr und
Gott, dein Erhalter, der in sich selbst schon, auch
ohne dich, ewig glückselig war, ist und bleibt, deß-
sen Herrlichkeit nichts vermehren kann, aber ohne
dich, dein eigenes Heil nicht machen wird. Adam,
im Stande der Unschuld, war sammt dir und seiner ganzen Nachkommenschaft bestimmet, seinem
Schöpfer allein nachzuhangen, sich von ihm anziehen und zu ihn ziehen, und in dem Stande
der ewigen Verklärung versetzen zu lassen, welches
ihm um so was leichters gewesen wäre, als erst
der unselige Fall den thierischen Menschen, als
Wirkung des Todes, in sein Wesen eingeführt hat.
Nichts destoweniger verfiel sein Gemüth auf die
sinnlichen Geschöpfe, breitete sich aus und vertiefte
sich in dieselben. Eben daher zogen sie ihn Anfangs, und durch — in — und mit ihm — dich
und seine ganze Nachkommenschaft, von dem Schöpfer seinem wahren Ziele ab, an und zu sich, von
da aber zur Betrachtung seiner eigenen Vortreflichkeit über alle sichtbare Geschöpfe, von dieser zur
unordentlichen Bewunderung und Liebe seiner selbst,

H 5

von

von der Eigenliebe zur Wolluſt, und von da end=
lich zu dem ſündhaften Genuſſe der verbotenen
Frucht des Baums des Erkänntniſſes, folglich zu
dem vollſtändigen Abfall von Gott, dem einzigen
Ziele ſeines Heils, in das gänzliche Verderben.
Du fühleſt, leider! ſelbſt den heftigen Zug, womit
dich Eigenliebe und Wolluſt an ſinnliche und ver=
gängliche Dinge heften, von deinem Schöpfer aber
und ſeiner Weisheit weit entfernen. Eben daher
kann dich nichts, als das Gegentheil, nemlich die
vollkommene Ueberwindung, Ertödtung und Ver=
läugnung des eigenen Menſchens durch gedultiges
Leiden aller zufälligen Hinderniſſe, von allem,
was ſinnlich iſt, ab und zu Gott, deinem Ziele,
führen, und dich in mir – ihm und ſeiner Weis=
heit wiedergebähren. Um dich von den Geſchöpfen
ab und an mich zu ziehen, habe ich die Natur
eines Geſchöpfes, (die Geſtalt eines ſchwächlichen
Kindes, eines gebrechlichen Menſchens,) Ich, der
Allmächtige, nach den Rathſchlüſſen meiner ewi=
gen Erbarmung, an mich nehmend, zu mir erho=
ben, — und, um dich dem Reiche des Todes zu
entziehen, habe ich den ſchmählichſten Todt des
Kreußes ganz williglich auf mich genommen.

Du weißt, daß ich geſagt habe: wenn ich er=
höht ſeyn werde, will ich alles an mich ziehen,
nemlich zum Heil durch das Kreuß. Der Stamm
des

des Baums der Frucht des Verbots, hat durch
die Wolluſt und Eigenliebe den Fluch und Tod, —
der Baum und Stamm des Kreußes hingegen,
hat in meinem Leiden, Marter und Tode, durch
meine Selbſtverläugnung den Segen und das Le‐
ben in die Welt gebracht. Siehe! ich bin dir vor‐
gegangen, ich habe dir meine Wege gezeiget, ohne
Kreuß und Leiden, iſt es unmöglich zum Leben
einzugehen. Wehe dir! wenn du die Zeit meiner
Heimſuchung ungenüßt vorbeyſtreichen läßt, und
meine Gnade ermüdeſt ohne Mitwirkung. Be‐
trachte die Gottloſen in ihrem Wohlleben! ſie ge‐
nieſſen zwar jeßt das eingebildete Gute, aber Be‐
trübniſſe, Bitterkeiten, Marter, Leiden, Noth und
Finſterniſſe der Verzweiflung ohne Ende, erwar‐
ten ſie im Hauſe der Ewigkeit. Ein fürchterliches,
ein über alle maßen fürchterliches Zeichen iſt es,
mein Sohn! wenn ich den Sünder, auf der Bahn
ſeiner Laſter, ungeſtört dahin rennen laſſe, wenn
ich abließe, ihn mit Kreuß und Widerwärtigkei‐
ten heimzuſuchen, wenn ich ſeiner gar nicht mehr
dächte. Ich bin die Wahrheit, der Weg und das
Leben. Höre mich! — dies iſt die höchſte Weis‐
heit, „ſich ſelbſt in Armuth des Geiſtes, in ſein
„ eigen Nichts verſenken, ob allem Sinnlichen un‐
„ empfindlich ſeyn, meiner wahrnehmen, und ſei‐
„ nen Willen mit meinem allerheiligſten Willen,
„ jeder‐

„ jederzeit vollkommen vereinbaren." Diese Gnade ist aber ein übernatürliches Licht, eine besondere
Gabe Gottes, ein Zeichen der Gnadenwahl meiner Auserwählten, ein Pfand des ewigen Heils,
welches den Menschen von den irrdischen Dingen
zu den himmlischen Gütern erhebet, und aus einem thierischen, einen Geistmenschen gestaltet. Je
mehr deine sinnliche Neigungen, deine unordentliche Begierden und deine Eigenliebe unterdrücket, überwunden werden und absterben, desto gröf-
sere Gnaden werden dir eingegossen, und dein innerer Geistmensch, dem Bildnis Gottes, deines
Schöpfers, immer mehr und mehr gleichförmig.
Der innere Mensch, dessen Geist nach meinem
Herzen gereiniget und dessen Leib vollkommen ab-
getödtet ist, ist dem Tröster, den ich allen meinen
Auserwählten sende, der lieblichste Tempel, worinnen meine Weisheit thronet, eine wahre und würdige Erkänntnis des Schöpfers, durch die segens-
reiche Geheimnisse, die seine wohlthätige Weisheit,
unter dem Fluche der irrdischen Geschöpfe verdecket
hält, lehret, und ihre Lieblinge mit einem ver-
gnügten Leben, Ehre und Reichthümer hier auf
Erden; in den himmlischen Wohnungen aber, mit
Glückseligkeiten unbegreiflicher Güter, in göttlicher
Beschauung von Angesicht zu Angesicht, ewig belohnen und krönen wird.

Allein!

Allein! könnet ihr trinken den Kelch? rufet
uns, in den Söhnen Zebedäi, unser göttlicher
Baumeister weiter zu. Wie stehet es mit unserm
Willen? wie mit unsern Kräften? Was thun
nicht die Profanen? wie sauer lassen sie sichs nicht
werden, ihre lächerlichen Absichten, z. B. den
schnöden Dunst eines kurzen, oft nur in der eigenen Einbildung bestehenden Ruhms, auf denen
rauhesten, mit gefährlichen Abgründen, fast bey
jedem Tritte besäeten Wege zu erringen, um der
Ehrsucht zu folgen? Ardua per praeceps Sic glo-
ria itinera tendit, singet sehr wahr ein heidnischer
Ovidius. Lib. 3. Trist.

Werfen sie, liebste Brüder! einen Blick auf
den ungeheuren Schwarm Ehren und ruhmsüchti-
ger Weltmenschen, (von andern unzähligen La-
stern, Kürze halber, nichts zu gedenken!) Betrachten sie alles das Bittere der unübersteiglichen
Schwierigkeiten ihrer Beschäftigungen, und lassen
sie uns zu gleicher Zeit den Werth der Früchte
ermessen, die sie dafür sammlen!

Aller Orten stellen sich unzählige Schaaren
von Staats- Hof- Kriegs- und Schulmännern
unserm Auge dar. Unruhe, Sorgen, Gram,
schlaflose Nächte, Eifersucht, Mühe und Arbeit,
Neid und Sturz, ohne Aufhören folgen ihnen
überall

überall auf dem Fuße nach). Ein jeder brennet
vor Verlangen, auf seiner Bahn als der vorzüg=
lichste, als der größte Held zu glänzen, und es
seinen Miteiferern weit vorzuthun.

Beobachten sie, meine Brüder! diesen Mann
da auf seinem Zimmer! Kleidung, Mine, Bü=
cherschrank und seine übrigen Geräthschaften, ver=
rathen ihn als einen Gelehrten. Er gehet auf
und ab, verdrehet die Augen, windet die Hände,
Angst und Kummer zeichnen sich auf seinem Ge=
sichte, Geberden und ganzem kränklichen Körper
aus. Was erstaunend Großes muß ihn doch
drücken? ja! — ich will es ihnen sagen: — er ste=
het im Begriffe seinen Namen zu verewigen.
Dies hat ihm schon Jahre her nicht eine ruhige,
wohl aber eitel schlaflose Nächte gebracht. Die
Säule seiner Unsterblichkeit ist ein Heldengedicht,
so er ausarbeitet. Nun aber quälet ihn ein Ge=
danke, ein Reim, den er aus seinem trockenen
Gehirn nicht erzwingen, nicht heraus spinnen
kann. Und so hat ihn diese Arbeit schon tausend=
mal ängstigen, quälen und ausspinnen müssen. —
Aber du Thor! der du dem eitlen Ruhme, daß
du gelesen werdest und die Nachwelt einstens wis=
sen möge, es habe jemand ein Gedicht gemacht,
der so wie du geheissen hat, all dein Vergnügen,
Gemüthsruhe und die Gesundheit selbst aufopferst
mit

mit Verkürzung deiner Tage, — höre mich und
erzittere! ich rede Wahrheiten, die wie ein Don-
ner in deinem Ohre erschallen müssen: — tempus
edax rerum! — Wie würde dir aber zu Muthe
seyn, wenn du vernehmen müßtest, daß nicht einmal die Zeit erfoderlich, sondern das schwache
Blatt eines Zeitungsschreibers genug sey, dich
in deinem Werke, so bald es aus Licht tritt, als
einen elenden Reimschmied kennbar und lächer-
lich zu machen, somit dich in dein Nichts und in
die Vergessenheit zurück, dein Werk aber in die
Gewürz- und Käsegewölber zu verbannen. Denn
dies ist die Frucht der Arbeiten aller derjenigen,
die so wie du, arbeiten!

Verlangen sie, liebste Brüder! die Arbeit
und Belohnungen grosser Staatsmänner und
Kriegshelden zu beobachten, so will ich sie ihnen
aus tausend andern, an Themistokles dem Athe-
nienser, an Clitus dem Macedonier und an Surena, dem Parther zeigen. Der erste schlug die
erschreckliche Macht der Perser und befreyte Athen,
seine Vaterstadt, mehr als einmal von ihrem Un-
tergange, durch unerhörte Thaten. Der zweyte
hat dem macedonischen Philippus und nachmals
seinem Sohne, Alexander dem Grossen, alle jene
zahlreichen und ungeheuern Siege erfechten helfen,
und rettete sogar diesen in einer Schlacht vom
Tode

Tode mit seiner eigenen Brust, die er für ihn
darhielt. Der dritte endlich, damit ich es kurz
mache, zernichtete die Macht des wüthenden
Phraates, eines rebellischen Bruders des Parther
Königs, Orodes, den er aus den entfernten Wild-
nissen, wohin er sich verkrochen hatte, zurückzog,
und wiederum auf seinen Thron setzte, erlegte den
römischen Crassus mit seiner ganzen siegreichen
Macht und besiegte die Armenier sammt allen
Feinden seines Herrn. — Welches waren wohl die
Belohnungen aller der vortreflichen Thaten dieser
überaus grossen Helden? Themistokles ward von
eben dem Athen ins Elend verbannet, und endlich
durch den Giftbecher, Clitus aber von der eigenen
Hand des nemlichen Alexanders, so, wie Surena
von derjenigen des Orodes, gewaltsam hinge-
richtet!

Erlauben sie mir, liebste Brüder! noch ein
Beyspiel, und zwar aus christlichen Zeiten anzuführen. Bemerken sie jenen blinden ehrwürdigen
Greis, der an einem Stecken kraftlos einher schlei-
chet, an welchem ihn ein kleiner Knabe von Hause zu Hause leitet. Ich weiß, sie kennen ihn und
gerathen mit mir in Erstaunen! reichet dem armen Belisar ein Allmosen, rufet er mit einer
kläglichen Stimme! Sehen sie! jener grosse Belisar, welcher das Reich wider so manchen Schwarm
unzähl-

unzähliger Barbaren von dem ganz nahen Um-
sturz gerettet, so viele Könige von ihren Thronen
gestürzet, auf denen er sich selbst hätte festsetzen
und unabhängig machen können, so viele entrissene
Nationen, Königreiche und Provinzen bezwungen
und ans Kaiserthum mit standhafter Treue zurück
gebracht hat; dieser so grosse Feldherr, auf dessen
Wink, zahlreiche Kriegsheere, Königreiche und
Völkerschaften gehorchen und zittern mußten, behält in seinem hohen Alter und bey dem Verluste
seiner Augen, von aller seiner Macht, Hoheit,
Reichthümern und Würden, nicht einmal so viel,
daß er sich des Betteln erwehren könnte. Ja!
was noch weit ärger ist. Eben jener Kaiser Ju-
stinian, dieser sonst grosse Eifrer der heiligen Gerechtigkeit, für welchem der unglückliche Belisar
diese grossen Dienste mit unverrückter Treue bis in
sein hohes Alter geleistet, hat ihn nicht nur seines
Vermögens, sondern auch sogar seiner Augen selbst
auf eine eben so unmenschliche als ungerechte Weise berauben lassen. Meynen sie wohl, liebste Brüder! daß es in neueren oder zu unseren Zeiten in
der Welt anders zugehe? Sie würden sich sehr irren und müßten wenig Wahres von unserm Welt-
laufe wissen, wenn sie dieses behaupten wollten.
Denn die Bemühungen der Profanen sind zu allen Zeiten, nach dem verderbten Menschen, eifrig,

J   gro-

gros und unermüdet, die Früchte aber so sie da:
von erndten, nach der obenverstandenen Art be:
schaffen, weil es eine gerechte Fügung der göttli:
chen Weisheit ist, daß eben jene sinnlichen Ge:
genstände, die sich, der in die Welt vertiefte
Mensch, zu seinem letzten Ziele, als Götzen auf:
richtet, ihre Anbeter selbst bestrafen müssen. (b)

Indessen brauche ich sie nicht erst zu erin:
nern, daß dieses nur von dem unordentlichen Han:
ge nach vergänglichen Glückseligkeiten gesagt sey.
In einem andern Sinne würde ich einem Or:
densgrundsatze der Schnur nach entgegengesetzte
Lehren vorgebracht haben, nachdem sie wissen, daß
einem jeden Bruder, Kraft unsers heiligen Bun:
des geboten ist, nach des profanen Standes Ver:
hältnisse, in welchem es der göttlichen Vorsicht
gefallen hat, ihn zu setzen, als ein wahrer Christ
ordentlich zu leben, Aemter und Bedienungen,
wozu ihn der Staat oder Landesfürst berufet, nicht
auszuschlagen, sondern selbe ämsig, treu, und sei:
ner Pflicht gemäs, richtig zu vertreten, weil unsere
Fürsten Gottes Statthalter sind, und alle Obrig:
keiten durch ihn regieren, ein jeder Unterthan
aber, von wegen Gott und seinem heiligen Wor:
te verbunden ist, seinem Fürsten und Vaterlande
zum Dienste, ein nicht minder treues und gehor:
sames

(b) Weish. 11. v. 17. Kap. 12. v. 23. und 27.

sames als nützliches Mitglied der menschlichen Ge=
sellschaft zu seyn. Eben deßwegen muß er alle
jene Aemter oder Bedienungen, denen er nicht
gewachsen zu seyn fühlet, klüglich meiden, und
selbe, wenn er auch allenfals dazu berufen würde,
mit guter Art von sich abzulehnen wissen, (c)
weil, leider! die Erfahrung lehret, daß übel be=
setzte Aemter, einen sehr nachtheiligen Einflus auf
viele Mitbürger haben. So muß auch ein je=
der die Pflichten eines klugen und sorgfältigen
Hausvaters für sich und die Seinigen jederzeit ge=
nau erfüllen. Nur die Absicht giebt allen unsern
Handlungen den ächten Werth, und diese muß
lediglich abzwecken, Gottes heiligen Willen in al=
lem treulich mit Eifer zu erfüllen. Gestatten
unsere profanen Berufs= und Hausgeschäfte Ne=
benstunden, so wird uns eben dieser Absichtseifer
antreiben, sie nicht mit Müßiggang noch andern
demselben gleichgeltenden Modekurzweiligkeiten zu
verschwenden, sondern als ächte Söhne der Weis=
heit zu unserer Geisteserbauung, zur Natur= und
Gotteskunde, und überhaupt zu unsern Verbrüde=
rungsarbeiten zu benutzen, um endlich aus Got=
tes Segensgnade, zur Kunst selbst zu gelangen.

Hieraus erwachsen ganz andere Früchte, mei=
ne Brüder! wir wollen sie den obengedachten, der
Weltklugen, entgegen halten.

J 2 Hier

(c) Ecclef. 7. v. 6.

Hier ist kein Neid, keine Eifersucht, noch
Verfolgung, noch Gram oder Sturz zu befürchten;
denn die Profanen, so lange wir unserer vorschrift=
lichen Ordnung genau nachleben, wissen nichts von
uns. Hingegen das frohe, ungestörte Vergnügen
des eigenen Bewußtseyns eines reinen und ruhigen
Gewissens in der Vereinigung mit dem Schöpfer
und der thätigen Liebe des Nächsten, ist die erste
Frucht davon. Dieser folget die untrügliche Weis=
heit in Erkänntnis der geschaffenen Natur und des
Schöpfers selbst. Hierauf kommt eine lange Reihe
glücklicher Lebenstage mit beständiger Gesundheit,
Ehre und Reichthümer sammt dem Vermögen,
die so unschuldige als süsse Wollust, welche nur
edle und erhabene Seelen, in der wirklichen Aus=
übung der wohlthätigen Menschenliebe, gegen den
dürftigen Nächsten mit Entzückung fühlen, alle au=
genblick zu schmücken. Dieses Vermögen bringet
uns der Besitz der Kunst. Wir alle sind zwar
dazu berufen, aber nur wenige auserwählt. Sind
wir auf der Waagschaale der göttlichen Weisheit
zu gering dazu erfunden, o! so grämet sich ein äch=
ter Sohn der Weisheit dennoch nicht, denn er
weiß, daß gute Arbeit herrliche Frucht gebe, die
Wurzel der Weisheit nimmer verwelken werde (b)
und die Urtheile Gottes in sich selbst schon gerecht=
fertiget sind, er bleibt mit anbetender Demuth des
Geistes

(b) Weish. 3. v. 15.

Geistes in dem heiligen Willen seines Schöpfers
versenket, und harret auf Gottes Wort in trostvol=
ler Erwartung der Glückseligkeiten einer frohen
Ewigkeit, welche uns in die himmlischen Hütten
versetzen wird, wo wir mit allen Auserwählten, in
Gott selbst, als unserm einigen Ziele und wahrem
Ruhepunkte, unaufhörlich wohnen und uns er=
freuen werden, denn „kein Aug hat es gesehen,
„kein Ohr hat es gehöret und in keines Menschen
„Herz ist es gestiegen,“ was Gott bereitet hat
denen, die ihn lieben, wissen wir aus dem Mun=
de eines Paulus, der nur bis in den Vorhof des
Himmels entzücket ward.

Meinen Gegenstand auszuführen, liebste Brü=
der! muß ich noch von der Kunst selbst ein und
anders erwehnen.

Die Finsternisse sind in den Naturreichen gros
und mannigfaltig, die Schriftsteller zeigen lange
schlüpfrige, unsichere und betrügliche Wege, kost=
bare, mühsame und ungewisse Mittel, das Leben
des Suchenden hat sehr enge, das Ziel der Kunst
hingegen überaus weite und unüberschauliche Gren=
zen, ist die einhellige Klage aller Sophisten, wel=
che, aus gerechtem Verhängnisse der weisen Vor=
sicht, mit Blindheit geschlagen sind, weil ihre ver=
härteten Herzen Geitz, Hochmuth und Eigendün=
kel blendet, daß beyde Steine der Fülle, der

über=

übernatürliche ſowohl als natürliche, auf ſie fallen und ſie zerſchmettern müſſen.

Nicht ſo ſehr den kläglichen Tod unſers ge-
ſalbten Meiſters, des groſſen Hierams Arifs, als
den blinden Todesſchlummer ſo vieler Millionen
Mitmenſchen und die eigenen Irrthümer unſerer
profanen Lebzeit, ſollen wir betrauern, ja! mit
blutigen Zähren beweinen; hingegen die ewige Erbarmung nach Geiſteskraft unaufhörlich preiſen,
loben und danken für die unverdiente Gnadenwahl,
welche uns auf wunderbaren Wegen vom Pfuhle
des Verderbens auf den Felſen des Heils, in den
Schoos unſers heiligen Ordens geführet hat, wo
die eifernde Liebe oberer Brüder würdigen und
eifrigen Söhnen der Weisheit vorleuchtet, die
vielen Irrwege, Steine des Anſtoſſens, Klippen
und Abgründe aufkläret, welche denen Unwürdigen
zum Falle geleget ſind, und zur Kunſt und ihren
Zweck die kurze, bequeme königliche Bahn zeiget.
Dieſe ſchreibet uns die brüderliche Konkordanz
in unſerem nie genug zu rühmenden Ordensinſti-
tut ſogar buchſtäblich vor, ja! ſie belohnet noch
über das würdige und werkthätige Brüder mit ſo
deutlichen, auſſerordentlichen Bearbeitungsunter-
richten, daß ſie unmöglich irren noch fehlen können, wenn nur ihr innerer Geiſt nach dem Herzen Gottes gereiniget, ihr eigener Menſch hingegen

gen getödtet ist, d. i. wenn sie nur wahre Rosen=
kreutzer sind. Dem ungeachtet giebt es wenige
Kunstbesitzer, aber leider! desto mehrere, nicht so=
wohl Gottes = als Geldbegierige Judasbrüder, die
auf der Waagschaale der Prüfung zu gering er=
funden worden. Ich will ihnen nicht verbergen,
meine Brüder! daß ihnen noch harte und beschwer=
liche Prüfungen bevorstehen. Da diese aber die
Ehre und Furcht Gottes, das Wohl des Neben=
menschen und ihr eigen Bestes zum Grunde ha=
ben, so müssen sie Muth fassen und herzhaft seyn,
um sie mit Standhaftigkeit auszuhalten. Die ei=
gene Erfahrung wird sie einstens, so Gott will,
selbst belehren, wie nöthig uns die scharfsinnigste
Rücksicht zur Auswahl eines Kandidaten und lange
und derbe Prüfungen jüngerer Brüder sind. Viele
zeigen ein ungestümes Verlangen auf einmal gleich
alles zu wissen. Dies ist schon ein sehr böses Zei=
chen, giebt man sich, aus väterlicher Liebe, die
grosse Mühe, sie zu unterrichten, so werden ih=
nen Hören, Lesen, Lernen und Versuchen gleich
beschwerliche Arbeiten, sie finden tausend Ausflüch=
te, sich dem Unterrichte zu entziehen, und machen
sich somit fernerer Belustigungen unwürdig und
verlustig. Denn es ist zwar nicht ohne, daß der
Jünger sehr hartköpfig seyn müßte, welcher die
Kunst nicht in einem Tage! ja! in einer Stunde,

wenn

wenn nur der Meister will, erlernen könnte. Da
hingegen dieses eine vollkommene Känntnis der
Natur und aller chymischen Arbeiten, vor allem
aber ein Gott wohlgefälliges Herz, das die Ein-
stralungen der Weisheit nicht hemmet, von Seiten
des Lehrlings voraussetzet, wenn ihm der Meister
verständlich seyn soll, so muß der Unterricht von
allen natürlichen Dingen, vorzüglich aber von der
göttlichen Weisheit, nach ihren, im geschriebenen
Worte Gottes und in dem ganzen Schöpfungsbaue
begriffenen Lehren nothwendig vorausgehen, der
denen meisten viel zu eckelhaft, oder doch zu be-
schwerlich fällt. Sie sehnen sich gleich nach ferti-
gen Tinkturen, um ganze Goldklumpen tingiren
und verprassen zu können.

Andere hingegen sind etwas feiner. Sie kommen geschlichen in Schaafs- und Lammskleidern,
schmiegen und biegen sich, zeigen sich lehr- und
wißbegierig, willig und gehorsam, bis sie glauben,
alles erschnappt zu haben, was sie der Meister lehren kann. Denn wenden sie ihm den Rücken und
der Fuchs guckt ihnen auf allen Seiten heraus.
Wird ihnen vorgeprediget, so bleiben sie wie sie sind,
und verhärten in ihrer Bosheit. Denn, weit gefehlt, daß sich ein solcher Gesell an herrlichen Arzneyen begnügen wollte, ob er auch tausendmal be-
theuert hätte, daß er nur diese und sonst nichts vom

Orden

Orden zu erhalten verlange? Fehlet er auch selbst aus
eigener Ungeschicklichkeit, und findet nicht flugs, was
seinen Geiß, Gold = und Geldhunger schärfet, so wird
er desperat, und der Fuchs verwandelt sich in einen
reissenden Wolf. Wie gut ist es, daß diese Mieth=
linge vom allerinnersten unsers Heiligthums nichts
wissen können. Hätten dergleichen Leute zuvor be=
dacht, daß bey uns nichts erlaufen, auch nichts erschli=
chen, sondern alles mit Langmuth, Gedult, Mühe
und aufrichtigen Arbeiten, durch die Gnade Gottes
errungen werden müsse, so würden sie weggeblieben
seyn, und dieses wäre ihnen auch weit nützlicher ge=
wesen, wenigstens würden sie keine so erschreckliche
Rechenschaft erwarten. Unser Magister Alamanus
spricht: Das Unglück wird vom Hause des Undank=
baren nicht weichen, und wird er nicht hier ge=
straft, so wird dort die Strafe desto härter seyn
und ewig dauern. Eben so redet Gottes Wort un=
ter vielen andern Stellen, Weish. 16. v. 29. daß
die Hofnung des Undankbaren wie Eis, so im Win=
ter gefroren ist, zerschmelzen und wie unnütz Was=
ser zerfliessen wird. Prov. aber, Kap. 20. v. 25.
29. stehet geschrieben: Es ist dem Menschen zum
Falle, die Heiligen verschlingen, und folgens die
Gelübde widerrufen.

Es giebt auch heimliche Zweifler unter denen
jüngern Brüdern. Diese zweifeln an der Kunst,
weil sie von der Heiligkeit des Ordens keinen Begrif

haben.

haben. Sie wissen weder I . . . noch) B . . . und
wollen Zeichen und Wunder sehen. Da aber der
Orden auf zwey heilige Grundsäulen, nemlich auf
das Licht der Gnade und das Licht der Natur gebauet ist, wie ist an seiner Heiligkeit zu zweifeln?
und kann er diesen Zweiflern wohl anders, als sein
göttlicher Baumeister antworten? „Das böse und
„ ehebrecherische Geschlecht suchet ein Zeichen, aber
„ es wird ihm kein Zeichen gegeben werden, denn
„ das Zeichen Jonas des Propheten.“ Und er ver-
lies sie. (e) Aus ihren Früchten (spricht sein göttlicher Mund an einem andern Orte „ müsset ihr sie
„ erkennen,“ darum, (lehret sein Knecht Paulus)
prüfet alles und das Gute behaltet. Wie könnten
wir Prüfungen vernachläßigen, welche die beständige
Erfahrung so nothwendig machet und der göttliche
Baumeister selbst gebeut? Ja! er warnet uns sehr
nachdrücklich: „ihr sollet das Heilige denen Hunden
„ nicht geben, noch) eure Perlen für die Säue wer-
„ fen, damit sie dieselben nicht etwa mit ihren Füs-
„ sen zertreten und sich wenden und euch zerreis-
„ sen.“ (f) Ich könnte ihnen mehrere Gattungen
von Afterbrüdern anführen und hierüber noch sehr
vieles beybringen, allein, sie können es noch nicht
tragen. Aber was sie bereits vernommen, wird ihnen zweifels ohne begreiflich genug gemacht haben,
wie nöthig ihnen zur Stunde noch), lange und derbe
Prüfun-

(e) Matth. 16. v. 4.   (f) Matth. 7. v. 6.

Prüfungen sind, die sie wider ihr eignes Verderbnis bewahren müssen. Sie werden aber nie genug bewahret seyn, so lang sie nicht die vollkommene Selbstverläugnung über ihren eigenen Menschen werden ersieget haben. Und da diese die Selbsterkänntnis voraussetzet, so sollen meine Reden für die nächsten Versammlungen eine ausführliche Lehre, vom inneren Menschen, zum Gegenstande haben, damit es ihnen zu einem so wichtigen Geschäfte an keiner nöthigen Känntnis gebrechen möge. Nachdem aber der Mensch ein Geschöpf ist, welches durch die Vernunft, von dem ganzen Thierreiche, wesentlich unterschieden ist; hingegen mit allen erschaffenen, sowohl himmlischen als verworfenen Geistern, eben durch die Vernunft, wesentlich übereinkommt, so erfodert die richtige Lehrordnung, daß in nächstkünftiger Versammlung von der ersten Pflicht eines jeden vernünftigen Geschöpfes vorläufig gehandelt werde, zumalen sie die Lehre, vom Wesen vernünftiger Geister, noch nicht ertragen können.

Uebrigens werden die künftigen Lehren, vom inneren Menschen, unter andern aufklären, wie richtig es sey, daß wir ohne die Selbstverläugnung kein Gott wohlgefälliges Gebet verrichten, ohne diesem aber, die zur Selbstverläugnung nothwendige Gnade von oben herab nicht erlangen können, obschon dieser Satz einen Zirkelschlus in sich zu fassen scheint.

Nun

Nun aber, liebſte Brüder! laſſen ſie uns zur
Eingangs gedachten Rechenſchaft, ſo nach zur Verle-
ſung aller oberbrüderlichen Erläſſe, welche von letzte-
rer Hauptverſammlung an — eingelaufen ſind, und
zur Unterſuchung, ob und wie ſie richtig befolget worden, endlich zur Verbrennung aller Papiere, vom
ganzen Jahre, und denn zum Lobe Gottes ordnungs-
mäßig ſchreiten. A. d. g. u. ſ. w. u. ſ. ſo erinnern
ſie ſich aber ſtets, daß wer heilige Lehre heilig behält,
auch heilig behalten werde, und wer ſich gerne weiſen
läßt im Guten, der Weisheit Anfang habe.

H. H. H.   Hannan.

‒ ‒ ‒ ‒ ‒ Sapiens, ſibi qui imperioſus,

Quem neque pauperies, neque mors, neque vin-

cula terrent:

Reſponſare cupidinibus, contemnere honores

Fortis, et in ſe ipſo totus, teres atque rotundus,

Externi ne quid valeat per laeve morari :

In quem manca ruit ſemper fortuna.

Horat.

Anrede

Anrede

an

die versammleten Brüder,

von

der ersten Pflicht

eines jeden vernünftigen Geschöpfes.

Gott schauet vom Himmel herab auf die Menschenkinder, damit er sehe, ob jemand verständig wäre und Gott suchet. Pf. 52. v. 3.

Sechstes Stück.

Von dir zeugt alles, Quell des Lebens,
Doch sucht der Freygeist dich vergebens,
Und denket trotzig: Gott ist nicht!
Und denkt (o Frechheit seiner Stirne!)
Und denket dies mit dem Gehirne,
Das ihm dies denkend widerspricht.
Die Zunge selbst, mit der ers waget,
Und ausspricht, was er frech gedacht,
Beweißt in dem, da sie es saget,
Wie blind er sich mit Vorsatz macht.

Gellert.

Hejonagogerus. sc.

I. Aufgabe.

Zur Einleitung in die Theosophie und Moral gehörig.

Welches ist die erste Pflicht eines jeden vernünftigen Geschöpfes?

Antwort:

Die Erkänntnis Gottes.

Alle Menschen sind eitel, in welchem die Erkänntnis Gottes nicht ist, und welche aus den sichtbaren guten Dingen den, der da ist, nicht

nicht haben erkennen können, haben auch die
Werke nicht in acht genommen, noch daraus
verstanden, wer der Meister sey. Weish. 13. v. 1.

Hochehrwürdiger, Hocherlauchter und lieber Bruder Director!

Jch danke für die Ehre und das in mich ge-
setzte Vertrauen, eine so wichtige, schöne
und nützliche Aufgabe nach meinen sehr wenigen
Geisteskräften erörtern zu dürfen. Sie aber,

Allerseits liebe und werthgeschätzte Brüder!

bitte ich um Geduld und Nachsicht, so etwa meine
Entwürfe für die Hoheit dieser Aufgabe zu niedrig
und die systematischen Beweisgründe, so ich aus-
führen werde, ihrer viel stärkeren Erkänntnis ge-
mäß, zu schwach seyn sollten.

Im vesten Vertrauen auf Gott, halte ich
mich an die Regel, zu welcher mich mein ange-
lobter Gehorsam pflichtschuldigster maßen verbindet, in der tröstlichen Hofnung aber, daß mich
der Geist der Wahrheit leiten, und von seinem Hei-
ligthume keine Lügen sagen lassen wird, schreite ich
zur Einleitung des Beweises, daß die erste Pflicht
eines

eines jeden vernünftigen Geschöpfes die Erkännt=
nis Gottes sey.

Daß ein Geschöpf seinen Schöpfer noth=
wendig voraussetze, ist ein mathematisch erwiese=
ner Satz, denn ohne diesem läßt sich jenes nicht
denken. Und daß alles, was sichtbar — und noch
weit mehr, was (ausser Gott) unsichtbar ist,
erschaffen sey, brauche ich ihnen nicht erst zu er=
weisen, weil ein Thor, der noch an dieser Wahr=
heit zweifeln kann, viel zu blind ist, den Eintritt
bey uns zu finden. Ja! es wird keinem vernünf=
tigen Manne jemals beyfallen, daß ein mit gesun=
dem Verstande begabter Mensch daran zweifeln
könne, (*) denn aus der Grösse und Schönheit
der Geschöpfe kann man leicht den Schöpfer er=
kennen, Weish. 13. v. 5. weil die Himmel sei=
ne Herrlichkeit erzählen und das Firmament das
Werk seiner Hände verkündiget. Ein Tag redet
dies Wort zum andern heraus, und eine Nacht
giebt es der andern zu erkennen. Es sind keine
Sprachen noch Zungen, darinn man ihre Stim=
me nicht höre. Ihr Schall ist in der ganzen
Welt

(*) Ipsisque in homi-
nibus, nulla gens est, neque tam immansueta, ne-
que tam fera, quae non,
etiamsi ignoret, qualem
habere Deum deceat, ta-
men habendum et co-
lendum sciat. M. T. Cic.
Lib. I. de Legibus. Cap. 8.

K

Welt ausgegangen und ihre Worte bis zum En=
de des Erdbodens. Pf. 18. v. 1 bis 5. Das
kleinſte Sonnenſtäubgen, wie die erſtaunenden
Gröſſen unzähliger Weltkörper, ſammt der unwan=
delbaren Ordnung der richtigen Bewegungen in
ihrer mannigfaltigen Laufbahn, zeugen vom Da=
ſeyn des Schöpfers. Und alles, was ſichtbar
und fühlbar iſt, ſtralet ins Auge und erthönet ins
Ohr des Menſchen von ſeiner unendlichen Voll=
kommenheit. Ungeübte in dieſer Schilderey= und
Sprachkunde der Natur, können in den Prophe=
ten, Pſalmen und letzten Kapitel des Hiobs die
treflichſten Gemälde von der Gröſſe und Weis=
heit ſeiner Werke finden, die alles, was die größ=
ten Geiſter unter den Profanen von je her geſagt
haben, weit übertreffen.

Dieſen Schöpfer nun nennen wir Gott,
und dieſer allerheiligſte Name begreift zugleich die
ewige Allmacht, Güte, Gerechtigkeit, Weis=
heit, ſammt allen jenen Eigenſchaften ſeiner un=
endlichen Vollkommenheit, die ihm weſentlich
ſind. Dieſes unendlich vollkommene Weſen
wirket nichts ohne Abſicht, und zwar ohne einer
ſolchen Abſicht, die ſeiner Weisheit angemeſſen
iſt, denn das Gegentheil würde eben die ihm
nothwendig weſentliche Vollkommenheit wider=
legen.

Nun

Nun aber, war vor der Schöpfung nichts,
auſſer Gott, denn was ewig Weſentliches, ſo
nicht Gott iſt, wiederſpricht ſich ſelbſt und läßt
ſich nicht denken. Daßer war auch nichts, ſo ihn
zur ſelben hätte bewegen können, als ſein eigner
Wille und Wohlgefallen, ſich durch die Schöpfung zu offenbaren. So könnte auch eben dieſer
Wille und Wohlgefallen in Gott keine andere
Abſicht zum Grunde haben, als ſich ſelbſt durch
ſeine Offenbarung in der Schöpfung zu verherrlichen, weil ſich keine andere Abſicht denken läßt,
die ſeiner unendlichen Weisheit angemeſſen wäre,
ja! weil ſich gar keine andere vernünftiger Weiſe
denken laſſen kann, indem vor der Schöpfung
nichts, gar nichts, auſſer Gott, war.

Gott hingegen — war, iſt und bleibt ſich
ſelbſt vollkommen bekannt, und bedarf keiner
Schöpfung, die ihm ſeine eigene Vollkommenheiten erſt beſchaulich machen oder verherrlichen könnte. Und da, auſſer ihm, nichts war, ſo ſeiner
Offenbarung zu bemerken fähig geweſen wäre, ſo
ſchuf er vernünftige Weſen, begabte ſie mit
Unſterblichkeit und Verſtand, in der Abſicht, die
Werke ſeiner Hände, die er für ſie bereits erſchaffen hatte, zu betrachten, zu verſtehen, zu bewundern und zu genieſſen, um die Allmacht, Weis-

heit,

heit, Güte und alle Vollkommenheiten ihres Werkmeisters zu erkennen, zu erwägen, und ihm in dieser Erkänntnis unaufhörlich zu dienen, zu preisen, anzubeten und Dank zu sagen, denn in dieser Absicht schuf er sie.

Wenn die Unerkenntlichkeit einer Wohlthat, die wir von Menschen empfangen, für eines der größten Laster gehalten wird, welche Bosheit, welche Verstockung muß es demnach nicht ob Seiten eines mit Vernunft begabten Geschöpfes seyn, welches seinem Schöpfer und Herrn, von dem es ist, und alles hat, was es hat und ist, hartnäckiger Weise verkennen will, ob es schon Gutes und Böses zu unterscheiden weiß, Furcht, Hofnung, Liebe, Abscheu, Verachtung, Hochschätzung und alle andere, aus der Unterscheidung des Guten und Bösen entspringende Triebe zu fühlen fähig ist? Würde Gott gerecht, würde er unendlich vollkommen, mit einem Worte, würde er Gott seyn können, wenn er für ein solches, seiner weisesten und gerechtesten Absicht widerstrebendes Ungeheuer, nicht eben so grosse Straffen bestimmt hätte, als unendlich gros jene Wohlthaten sind, die seine liebvolleste Güte für diejenigen zubereitet hat, welche seiner eben so heiligen als gerechten und unendlich weisen Absicht gemäs, auf seine

Werke

Werke Acht nehmen, um ihn im Geiste und in der Wahrheit zu suchen und seine Erkänntnis zu erlangen?

Ein Atheist! — ein Gottesverläugner! — welch ein Widerspruch in einem vernünftigen Geschö-pfe! — dieser kennet sich selbst nicht, indem er Gott mißkennet; und in seiner erschrecklichen Thorheit spricht: „Ich habe fünf Sinnen, und „ die mehresten vierfüßigen und andere Thiere, „ haben solche auch. Worinn bestehet also meine „ Vortreflichkeit und wo ist der hinlängliche Be-„ weis einer unsterblichen Seele? u. s. w.“ Der einzige Vorzug, den er sich selbst noch zugestehet, ist die Vernunft in der Einbildungskraft. Es wäre diese ganz allein schon genug zum Beweis seiner Vortreflichkeit, wenn er nur den rechten Gebrauch davon machen und solche nicht auch sei-nem blossen Ungefehr zueignen, oder sich dadurch selbst besser erkennen wollte.

Von der Unsterblichkeit der menschlichen See-le, wird bey einer andern Gelegenheit eine beson-dere Rede ausführlich handeln. Und gesetzt auch, sie wäre sterblich, (wie sie doch, ihrer Natur und Wesen nach, nicht anders, als unsterblich seyn kan,) was könnte wohl ein vernünftiges Geschöpf von der Pflicht gegen seinen Schöpfer entledigen,

K 3   welches

welches ihm sein Daseyn und alles schuldig ist, und die Fähigkeit hat, es zu erkennen?

Indessen wollen wir einigen Thieren das Hören, Sehen, Riechen, Fühlen und Schmecken nicht absprechen oder streitig machen, sondern diesen irrdischen, fleischlichen Sinnen nur fünf andere Geisteskräfte entgegen setzen, nemlich die Vernunft, das Denken, den Verstand, das Gedächtnis und den freyen Willen, so wird die Vortreflichkeit des Menschen sowohl, als auch der grosse Irrthum in der Geringschätzung desselben bald offenbar, die Gottesverläugnung aber zu schanden, und der Schöpfer aus denen Geschöpfen fühlbar und erkannt werden.

Welch glänzender Vorzug herrscht nicht über alle Thiere, nur in der menschlichen Zunge? Durch sie weißt du deine Gedanken auszudrücken, in andern Gemüthern Furcht, Hofnung, Liebe, Abscheu, Haß, Freundschaft, Unlust, Freude, Schrecken und alle Regungen, nach deinem Belieben zu erwecken.

O Zunge, was nur Geister fassen,

Kenst du den Sinn doch fühlen lassen,

Durch

Durch dich wird der Gedank ein Schall;

Durch süsse Töne kanst du siegen;

In einem Geist herrscht das Vergnügen,

Du sprichst: so herrscht es überall.

Geheimnis, daß kein Witz ergründet,

Wer hat auf deine Wunder acht,

Der dich nicht bald, vom Dank entzündet,

Zum Herold deines Schöpfers macht?

Gellert.

Wir nennen uns Menschen, und die Vernunft sagt uns, daß wir Menschen alles beherrschen, und die edelsten Wesen auf Erden sind.

Eben diese Vernunft macht uns sprachkündig, und durch Sprachen geben wir untereinander unsere Gesinnungen zu verstehen.

Der Verstand lehret uns das Gute vom Bösen unterscheiden, und machet, daß wir daran denken.

Das Gedächtnis aber behält das Vergangene, besitzet das Gegenwärtige und fasset das Zukünftige.

Hiezu kommt noch der freye Wille, welcher, leider! oft anstatt des Guten das Böse zu erwäh=

len

len pfleget, der aber, ungeachtet deſſen, dennoch
ein unfehlbarer Zeuge der Vortreflichkeit des Menſchen und des Daſeyns eines gerechten Gottes
iſt.

Nun wollen wir uns ſelbſt fragen und die
Vernunft antworten laſſen, ob dieſe fünf Geiſtes-
kräfte denen fünf fleiſchlichen Sinnen nicht vorzuziehen ſeyn? oder, ob zwiſchen einem geiſtlichen-
und leiblichen Gefühle kein Unterſcheid zu machen
ſey? Iſt das eine, ſo iſt auch das andere wahr.
Aber das alles beſitzet der Menſch allein vollkommen auf Erden, folglich iſt auch an ſeiner Vortreflichkeit gar nicht zu zweifeln.

Wozu dienet aber dieſe Vortreflichkeit in der
Erkänntnis des Guten und Böſen, wenn wir
ihr keinen Glauben beymeſſen? Heißt das nicht
aus Bosheit mit freyen Willen den Verſtand un-
terdrücken, und wider die Vernunft freventlich
ſündigen?

Wollen wir aber die Vernunft hören, ſo
wird ſie uns ſagen, daß nicht alles gut oder alles
böſe ſey, ſondern das Böſe und Gute, ſo wie
Licht und Finſternis vor unſern Augen ſey, daß
das Gute über das Böſe, ſo wie das Licht über
die Finſternis, oder (nach der Naturſprache) das

Wirkende

Wirkende über das Leidende zu herrſchen die
Macht habe, daß der natürliche Menſch öfters
übernatürliche Gegenſtände in ſeinen Seelenkräften empfinde, und welche nach geendigtem Streit,
Freude oder Leid, Herzhaftigkeit oder Zaghaftigkeit,
Haß oder Liebe, Friede oder Unruhe, Furchtſam-
keit oder Sicherheit, Wahrheit oder Lügen hervorzubringen pflegen.

Daß wir aber einige dieſer guten oder bös-
geiſtigen Ausgeburten anzunehmen oder zu ver-
werfen, und nach unſerm Willen zu lenken, die
freye Wahl haben, iſt zwar auch denen Freyden-
kern eine gleichgültige Wahrheit, dabey aber für
ihre Thorheit ein eben ſo undurchdringliches Geheimnis, das ſie verlachen, als die Gerechtigkeit
Gottes ſelbſt.

Ferner ſpricht die Vernunft, iſt nicht Todt
und Leben eine gewaltige Zeugſchaft des abgewiche-
nen oder gegenwärtigen Geiſtes in denen unvernünftigen Thieren? Iſt alſo ein greiflicher Leib
und unſichtbarer Lebensgeiſt ſogar in dieſen unvernünftigen Kreaturen, ſo muß ja der Vortreflichkeit des Menſchen noch was mehrers, nemlich
eine vernünftige, ewig denkende Seele zugeſtan-
den werden.

Wo hat wohl jemalen ein unvernünftiges Thier von allen jenen unzähligen und größtentheils bewundernswürdigen Künsten und Wissenschaften nur die geringste erfinden, oder aber, nur erlernen können, die der Menschen Witz, sowohl zur Nothdurft und Bequemlichkeit des Lebens, als sich zur Lust und Vergnügen ersonnen hat? Wo sind denn jene Vortreflichkeiten in unvernünftigen Thieren, die sie dem Menschen an die Seite setzen könnten? Das Vieh selbst, wenn es reden könnte, würde bey aller seiner Unvernunft doch nicht so tumm seyn, dem Menschen seinen Vorzug abzustreiten, ja vielmehr sehen wir, daß es ihn fürchtet, und auch ohne Sprache, als seinen Herrn erkennet. Nur der Freydenker ist fähig, sich bis zur Reihe des unvernünftigen Viehes hinunter zu setzen, wo nicht gar grössere Vorzüglichkeiten im Thiere als in sich selbst, zu entdecken. Wohl eine gerechte Strafe des ewig Unerforschlichen für den frechen Stolz und Eigendünkel, womit der Freygeist seine Vernunft über Geheimnisse, die uns Gott zu glauben, nicht aber zu erforschen befohlen hat, ja, über den unerforschlichen Schöpfer selbst zur Richterinn aufwirft. Gott widerstehet den Hoffärtigen, sagt sein heiliges Wort, und wer die Gottheit ausforschen will, wird von der Majestät unterdrücket. Daher

her folgt der Sturz des Freydenkers, daß, nach¬
dem er sich mit seiner so sehr beschränkten Ver¬
nunft über den unumschränkten Gott und seine
heilige Geheimnisse freventlich gewaget hat, er sich
selbst bis unter das Vieh, aus gerechtem Ver¬
hängnisse, herab sehen müsse.

Der vorzüglichste Instinkt des Elephanten
weiß nichts von der Zeit und Ewigkeit, aber der
Mensch, und dieses Wissen mag auch ein Beweis
seiner ewig denkenden Seele seyn.

Moses und die Propheten, als ewig denken¬
de Seelen, haben von der Zeit und Ewigkeit zu
uns gesprochen, und aus dem, was sie zu uns
gesprochen, ist zu schliessen, daß ihnen selbes von
einem viel höhern Wesen als sie selbst waren, ge¬
offenbart seyn müsse.

Selbst die Kunst= und Naturerfahrung, so
nur dem Menschen allein eigen ist, lehret uns,
daß nichts von sich selbst, sondern alles durch die
schaffende Kraft des Geistes aller Geister geur¬
ständet sey.

Gleichwie aber die Vernunft, wegen ihrer
übernatürlichen Begriffe, dem natürlichen Ver¬
stande oder Menschen Witze weit vorzuziehen ist,
so

so muß auch jene mehr, als diese, Glauben
verdienen.

Denn Witz und Verstand sind Ausgeburten
der Vernunft, welche öfters durch den freyen Willen so sehr verdorben, daß sie der Mutter nicht
mehr ähnlich sehen, weil Witz und Verstand
mehr dem freyen Willen als der Vernunft folgen,
der freye Wille aber den natürlichen Verstand
mehr als die übernatürliche Vernunft liebet, den
natürlichen Verstand hingegen sehr oft die äusserlichen Sinnen betrügen.

Wenn wir nur das einzige bedenken wollen,
daß die natürliche Vernunft durch ihre fast göttlich-
geistige Wirkung in einem Augenblicke Himmel und
Erde zu durchwandeln die Kraft hat, der Verstand aber meistens an greiflichen Dingen und
irrdischen Gedanken zu künsteln pfleget, so ist die
Vorzüglichkeit der Vernunft schon erwiesen.

Diesen Beweis aber bestätigt die Vernunft-
lehre weiter, und heisset uns glauben, daß, weil
vermög der Natur- und Kunsterfahrung die unvernünftigen irrdischen Geister nur abweichen, aber
nicht sterben, um so mehr auch die vernünftig denkenden Seelen der Menschen unsterblich, und daß
solche

solche von einem eben unsterblichen und allerhöch=
sten Kraftwesen entstanden sind.

Dieses allmächtige Kraftwesen ist nun der
grosse Gott, dem wir die ganze Schöpfung zu=
gestehen, aus der Schöpfung aber zur Genug=
thuung unserer. ersten Pflicht, den Schöpfer selbst
erkennen, und ihn als den einigen wahren, allein
heiligen, ewigen, allmächtigen, gerechten und
barmherzigen Vater lieben, loben, preisen, fürch=
ten, verehren und anbeten, folglich auch alles das
glauben müssen, was uns sein, durch den Geist
der Wahrheit, geoffenbartes Wort zu glauben
vorhält oder befiehlt.

Dies geoffenbarte Wort ist nun die heilige
Schrift, die so viele übernatürliche Geheimnisse
in sich fasset, und worinnen durchgehends die Tu=
gend belohnet, das Laster bestrafet und der Glau=
be bestätigt wird.

Also, liebste Brüder! lasset uns in der
Schrift suchen, auf daß wir weise werden, und
durch unsere erste Pflicht, das ist, in der Er=
känntnis Gottes hiezu den Anfang machen, mit
dem, was wir beym Jesaias im 6. Kapitel und
3. Vers, von denen ersten vernünftigen Geschö=
pfen Gottes oder seinen heiligen Engeln lesen:
und

und sie riefen einer zum andern und sprachen: Heilig! Heilig! Heilig! ist der Herr, der Gott der Heerschaaren, die ganze Welt ist seiner Herrlichkeit voll. Dieser englische Lobgesang mag wohl der stattlichste Beweis von ihrer ächten Erkänntnis Gottes und auch unserer ersten Pflicht seyn, denn da die ganze Welt der Herrlichkeit des Herrn voll ist, so kann der Mensch nicht leer seyn, gleichwie der Herr beym Lukas im 17. Kapitel und 21. Vers selbst spricht: Sehet, das Reich Gottes ist inwendig in euch. Die also dieses Reich nicht erkennen und solches von sich stossen, diese wird auch Gott nicht erkennen, sondern sie alle, gleichwie den Satan mit seinem Anhange von sich verstossen, so wie in der Epistel Judä im 6. Vers zu lesen: So hat er auch die Engel, welche ihr Fürstenthum nicht behalten, sondern ihre Behausung verlassen haben, dem Gerichte des grossen Tages zu ewigen Banden in der Dunkelheit vorbehalten.

Warum aber der Lucifer anstatt der schuldigsten Anbetung des grossen Gottes, sich nur selbst betrachtet, bewundert, geliebt, gelobt, auch durch das hoffärtige Gelüsten der Selbstherrschung seinen Ursprung vergessen, hiemit das einstralende Licht des Allmächtigen gehemmet und die Finsternisse

sterniße erwecket hat, daß also aus dem schönsten
Engel der abscheulichste Teufel geworden, ist die
Ursache, daß er als ein so sehr vortrefliches Ge:
schöpf weder sich selbst noch den Schöpfer er:
kennen, sondern in dieser verfluchten hoffartsvol:
len Miskennung freywillig verharren, und also in
dem allererschrecklichsten Feuereifer Gottes, mit
allen seinen Engeln, auf ewig hat zu Grunde ge:
hen wollen.

Hier sehen wir nun die Verschiedenheit de:
rer drey vernünftigen Geschöpfe, oder der eng:
lischen, menschlichen und teuflischen Vernunft.
Die erste oder letzte zu erwählen, stehet in unserm
freyen Willen, und mit jenem grossen Himmels:
fürsten ausrufen: Wer ist wie Gott? mit
dem geistigen Schwerd der Gerechtigkeit aber
auch zugleich das Böse vom Guten abzusondern,
und a. d. g. u. s. w. m. u. s. mit David in sei:
nem 75. Psalm anstimmen und sprechen:

Herr! Wer wird in deinem Tabernakel
wohnen? oder, wer wird ruhen auf deinem heili:
gen Berge?

Der ohne Makel einhergehet und wirket die
Gerechtigkeit.

Der

Der die Wahrheit redet in seinem Herzen, der keinen Betrug übet mit seiner Zunge, noch seinem Nächsten Böses thut und keine Schmach anrichtet wider seinen Nächsten.

Der den Boshaftigen für nichts hält in seinen Augen, aber ehret diejenigen, die den Herrn fürchten. Der seinem Nächsten einen Eid thut und betrüget ihn nicht.

Der sein Geld nicht auf Wucher legt, und über den Unschuldigen kein Geschenk annimmt. Wer dieses thut, der wird in Ewigkeit nicht beweget werden.

Und das wünsche ich allen Brüdern von ganzem Herzen durch drey mal drey zum seligen Ende, Amen! H. H. H.

Philortus.

Versamm-

Versammlungsrede

an

die Brüder

von

der Absicht eines jeden Na=
turforschers,

wie diese beschaffen seyn müsse,

um aus den Unternehmungen

sichern Nutzen

zu schöpfen.

Siebentes Stück.

Laß nicht blos Schall von Weisheit dich verführen;
Sey weiser, wags, dich selber zu studiren.
Du siehst erstaunt der Erde Wundern zu;
Rund um dich her ist grösser nichts, als du.
Wie rühmlich ists, das Buch der Welt zu lesen!
Geh weiter noch, schau tiefer in dein Wesen.

Zacharä.

Hesonagogerus Nugir sc:

I. Aufgabe.

Wie die Absicht eines Naturforschers beschaffen seyn müsse, um aus seinen Unternehmungen sichern Nutzen zu schöpfen?

Hochehrwürdiger, Hocherlauchter und lieber Bruder Director!

Werthgeschätzte liebe Brüder!

Jch erscheine bey heutiger feyerlichen Versammlung mit um so grössern Vergnügen, da mir von hohen Obern wegen aufgetragen worden, mei=

nen

nen werthgeſchätzten lieben Brüdern! eine ſehr
lehrreiche Frage zu erörtern, wie nemlich die Abſicht eines Naturforſchers beſchaffen ſeyn müſſe,
um aus ſeinen Unternehmungen ſichern Nutzen
zu ſchöpfen: Gleichwie aber dieſer Gegenſtand von
ſehr groſſer Wichtigkeit und einem ungemein wei-
ten Umfange iſt, auch meine Kräfte um ein
merkliches überſteiget; alſo muß ich zum voraus bitten, die hie und da etwa eingeſchlichene Fehler
gütig zu überſehen, und mit dem Willen mehr
als mit der That vorlieb zu nehmen. Ich ſchrei-
te demnach ohne weitere Umſchweife zur Sache
ſelbſt.

Was unter einem Naturforſcher zu verſtehen,
wird wohl keinem von uns unbekannt ſeyn, nemlich ein ſolcher, der das erſchaffene Ganze mit
allen ſeinen Theilen, ſowohl nach ihrer äuſſerlichen Geſtalt, als nach ihren wirkſamen unſichtbaren Eigenſchaften, ſorgfältig unterſuchet, um
aus dieſer Unterſuchung einen geiſtlichen und
leiblichen Nutzen zu ſchöpfen.

Die Unterſuchung ſelbſt, durch welche wir zu
dieſem Endzweck gelangen, wird die Naturkunde
genennet, und begreifet, wie bereits erwehnet, alle Geſchöpfe, - ſie haben Namen wie ſie wollen,
und ſowohl diejenigen, welche die Allmacht an der
groſſen und unermeslichen Bühne des Himmels
angehef-

angeheftet, um mit ihren heilsamen Einflüssen die
Natur und Kreatur in ihrem Wesen und wirken=
den Kraft zu erhalten, als auch diejenige, so die
drey Naturreiche, das animalische, vegetabilische
und mineralische ausmachen. Solches alles nun
hat der allerhöchste Baumeister der Welt, Gott
nemlich, der allervollkommenste Geist, welcher den
allerhöchsten Verstand, den allerfreysten Willen
und die allergrößte uneingeschränkte Macht besitzet,
das selbstständige, ewige, unverwesliche, unsterb=
liche, unendliche und einfachste Wesen, der all=
wissende, allmächtige, allerweiseste, gütigste und
gerechte Schöpfer und Werkmeister aller Dinge
aus dem Chaos, welches doch selbst aus der ewi=
gen unerschöpflichen Quelle göttlicher Allgnugsam=
keit herflos, durch das einzige Allmachtswort: Es
werde! hervortreten lassen, und zu unserer Un=
tersuchung, Bewunderung und Nutzen aufgestellet.

Diese Untersuchung, diese Naturforschung,
diese vor allen andern so herrliche und nützliche
Wissenschaft, ist von je her der Gegenstand der
Bemühung der berühmtesten und allergelehrtesten
Männer gewesen. Die Geschichte vieler Jahrtau=
sende lehren uns solches. Allein die wenigsten un=
ter besagten grossen Männern haben die Sache
recht angegriffen. Aristoteles, so ein vortreflicher
Weltweiser er auch war, hat doch, ehe er in un=

fern

fern Zirkel trat, mit seinen willkührlichen und auf
gerathewohl angenommenen Wortserklärungen und
spißfündigen Fragen, welche in der Zeitfolge von
seinen Nachfolgern, denen Schullehrern, mehr vermehret und verdunkelt als gemindert und erläutert
worden, viele Dunkelheiten über dieses Studium
ausgebreitet. Lucian, der spottende Lucian, in
dem artigen Gespräch, wo er die alten Weltweisen zum Verkauf öffentlich ausrufen lässet, hält
sich sehr beissend und scherzhaft über die Spißfindigkeiten des Aristoteles und seiner Lehrjünger auf,
indem er die Käufer ermahnet, sie sollten ja nicht
saumselig seyn, diesen grossen Naturkündiger zu erhandeln, zumal sie in kurzer Zeit von ihm lernen
würden: „Wie tief die Sonnenstralen in das Meer
„ dringen? Wie hoch eine Mücke ihr Leben brin-
„ gen könne? und endlich, was für eine Art von
„ Seele die Austern haben?" Indessen sind doch
nicht alle peripatetische Lehrsätze zu verachten, und
es finden sich in dem Mist der ungeheuern scholas-
stischen Physicken verschiedene recht herrliche Perlen, daß sie auch sogar in manchen Stücken die
Platonicker übertreffen. Denn obschon Plato in
seinem Timäus, in welchem er insbesondere von
der Natur handelt, sehr schöne Sachen hat, nichts
destoweniger haben seine Nachfolger, zumal die von
der alexandrischen Zunft eine Art von Enthusias-
mus

nus in die Weltweisheit eingeführet, wovon Hansch
(a) ausführlich handelt und viel Gutes sagt, zu=
gleich aber den Fehler begeht, daß er dasjenige,
was denen jüngern Schülern dieses grossen Man=
nes mit Recht beyzumessen, ihm selbst zuschreibet,
auch alles das, was nicht mit denen physikalischen
Meynungen des Leibnitz übereinstimmet, für
Schwärmerey gehalten wissen will.

Obbemeldte jüngere Akademie, einige wenige
ausgenommen, war eine Vergatterung philosophi=
scher Schwenkmacher, welche dem Pöbel die lä=
cherlichsten Dinge vormachten, Leute aber von ge=
sunder Vernunft nicht überreden konnten. (b) Sie
liessen sich überhaupt sehr angelegen seyn, ihre wun=
derliche Hirngespinnste dem Hermes, Zoroaster, Or=
pheus und andern grossen Männern des Alterthums
unterzuschieben, in welcher Sache Proklus in sei=
ner Auslegung über den Timäus vor allen glück=
lich gewesen. (c) Ueberhaupt waren sie in der Na=
turlehre und andern Theilen der Weltweisheit gros=
se Schwätzer, wie fast alle Griechen. Wir wol=
len zum Beweis dessen, die Worte eines sehr ge=
lehrten Engländers hersagen, welcher davon also

L 4   schrei=

(a) In Differt. de En=
thufiasmo Platonis, so zu
Leipzig 1776. in 4. ans Licht
getreten.

(b) S. Jac. Bruckers Fra=
gen aus der philosophischen Hi=
storie, Theil I. S. 43.

(c) S. Jac. Bruckers Fra=
gen aus der philosophischen Hi=
storie, Theil I. S. 43.

schreibet: „Die natürliche Weltweisheit, welche
„ wir von den Griechen überkommen haben, kann
„ vor nichts anders, als für die Kindheit gedach=
„ ter Wissenschaft gehalten werden, und hat eben
„ das an sich, was die jungen Knaben an sich ha=
„ ben, daß sie nemlich fertig zum Plaudern, zum
„ Erzeugen aber ungeschickt und unzeitig seyn.‟
(b) Man siehet hieraus, daß jener memphitische
Priester oder Meister dieser egyptischen Loge ganz
recht gehabt, da er dem Solon zugerufen: O So=
lon, Solon! ihr Griechen seyd allezeit Kinder,
und keiner unter euch ist zu einem reifen Alter
gekommen. (c)

Unter allen alten Secten, hat sich aber keine
so weit von der Wahrheit entfernet, als die ato=
mistischen Träumer Empedokles, Epikur, Demokrit
und seine Nachfolger, die Korpuskularphysiker,
und ich muß erstaunen, daß deren Weltweisheit in
einem Zeitalter, wie das unsere ist, so vielen Bey=
fall gefunden hat. Zwar ist es wahr, daß sich
Epikur

(b) *Naturalis Philoso-
phia,* quam a Græcis acce-
pimus pueritia quædam
scientiæ censetur, atque
habet id quod puerorum
est, ut ad garriendum
prompta sit, ad generan-
dum inhabilis et immatu-
ra, ap. Fr. *Bacon. de Verulam* in Tr. de augment.
scientiar.

(c) Vid. *Stanlej.* Hist.
Philos. in vit. Solonis. C.
VIII. Fol. 47. a. edit. O-
lear. in 4.

Epikur mit groſſem Fleiß auf die Unterſuchung der
Natur gelegt habe, allein, ſeine Abſicht war nicht,
daß er die Menſchen durch die nähere Känntnis
derſelben zu dem Schöpfer führte, wie die Mitglie‐
der unſerer geſegneten Verbrüderung von je her be‐
fliſſen geweſen, ſondern vielmehr, daß er die Furcht
Gottes, als eine höchſtverdrüsliche Sache aus den
Herzen der Menſchen ausrotten und ſolche als eine
unbequeme Laſt von ihren Schultern abnehmen
möchte. (f) Es wäre zu wünſchen, daß viele pro‐
fane Gelehrte, die in das Lehrgebäude des Epikurs
ſo unſinnig verliebt, dieſes beherzigten. NB.

Wenn dem alſo, möchte ihnen mancher, in
ſein Syſtem verliebter profaner Gelehrter ſagen:
wo läſſet ſich denn das wahre Lehrgebäude dieſer ſo
herrlichen und unentbehrlichen Wiſſenſchaft antref‐
fen? Die Antwort auf dieſe Frage iſt für ſie, lie‐
be Brüder! gleich fertig. Nirgend anders als in
unſern Tempel der Weisheit iſt es von je her zu
finden geweſen, und wird noch daſelbſt gefunden.
Unſere egyptiſchen Vorfahrer empfiengen es von den

L 5   Patriar‐

___

(f) EPICVRVS, cur
tantum temporis et otii
in naturæ rerum contem‐
platione conſumeret, hac
una ſe ſe incitatum eſſe
ratione profitetur, quo
neceſſariis, et naturalibus
rerum originibus patefactis,
cum ſemetipſum, tum
alios, *metu* DEI, quo ce‐
teroquin vehementer af‐
fligi et excruciari poſſent
homines, expediret et li‐
beraret. CVDW. *Syſt. in‐
tellect.* Cap. V. Sect. I. §.
46. pag. 806.

Patriarchen und ihren Kindern. Von ihnen hohl-
ten es die reisenden Griechen. Sie liessen sich in
die geheimen Klüfte führen, daselbst einweihen, und
schöpften allda den Verstand der Obelisken und anderer hieroglyphischer Denkmäler, auf welchem die
Grundsätze dieser unvergleichlichen Känntnisse ver-
zeichnet waren, und also ausgerüstet, kehrten selbe
in ihr Vaterland zurück und brachten ihre erlernte
Weltweisheit auf ihre Nation. Allein, es bliebe
leider! besagtes Volk nicht allezeit in der Reinigkeit ihrer empfangenen Lehrsätze beharrend, sondern
sie besudelten selbige mit sehr vielen willkührlichen Zusätzen, und also verunstaltet, pflanzte sie sich bey
andern Völkerschaften des bewohnten Erdenkreises
fort. Nur blos diejenigen, die solchen unserm
Bunde einverleibet waren, genossen unsers geheimen Unterrichts, und auf diese Art bliebe die Weltweisheit rein und unverfälscht in unserm erlauchten
Orden, und so befindet sie sich noch eben so rein
in unsern Versammlungen, bis auf die heutige
Stunde. Unsere Grundsätze werden durch die
Wahrheit erleuchtet, durch die Offenbarung unter-
stützet, und durch eine Erfahrung von vielen Jahr-
tausenden bevestiget. Moses ist und bleibt noch
jederzeit unser Hauptlehrer.

Dieser vom Geist des Herrn getriebene Weltweise, hat uns in dem ersten Hauptstück seines
Buchs

Buchs der Schöpfung eine prächtige Beschreibung dieses grossen, und alle Begriffe weit übersteigenden Werkes gemacht, da er uns sagt: daß Gott am Anfang Himmel und Erde erschaffen, daß der Stoff dazu erst wüste und leer gewesen, daß Gott diesen vermischten Klumpen, als die Grundlage aller Geschöpfe, in sechs Schöpfungsperioden, die um des bessern Begrifs willen, Tage genennt werden, durch besagtes kräftige Allmachtswort gebildet und ans Licht gebracht.

Den ersten Schöpfungstag, sprach Gott: es werde Licht!
Den zweyten ward der Bau des Himmels zugericht;
Der dritte gab der Welt, Gras, Bäume, Laub und Kraut;
Den vierten ward hierauf das Firmament gebaut;
Der fünfte hat den Fisch und Vogelfang gebracht;
Den sechsten ward das Vieh und auch der Mensch gemacht.

Diese weitläuftige, und in ihrem Umkreise den Augen menschlicher Vernunft unermeßliche Werke, übersahe der Allmächtige mit einem einzigen Blick seiner göttlichen Allwissenheit, und fand in dem grenzenlosen Abgrund seiner selbstständigen ewigen Weisheit, daß alles und jedes vollkommen gut, und den göttlichen Absichten aufs genaueste angemessen war. Besagtes Gute in allen Geschöpfen zu entdecken, ist die erste Absicht eines Naturforschers, und durch diese Untersuchung wird er auch fähig gemacht, die weisen Absichten des allmächtigen Baumeisters zu erkennen.

Besagte

Besagte göttlichen Absichten bestehen nun
hauptsächlich darinn, daß durch die Werke der Schöpfung seine Allmacht, unendliche Grösse, Majestät,
Güte und Liebe offenbaret werden möchten. Und
gewiß! werthgeschätzte Brüder! diese herrliche Absicht des Allmächtigen hat sich auf eine bewunderns-
würdige Weise gezeiget. Man betrachte nur mit
einem geläuterten Auge die entsetzliche Grösse der
Sonnen, Mondes und anderer Gestirne mehr, ja
unsers Erdenballes selbst; ihre fast unermeßliche
Entfernung eines von dem andern, die erstaunende
Geschwindigkeit, Ordnung und Genauigkeit, mit
welchen sie sich in denen von der Allmacht gesetzten
Grenzen ihrer Laufbahn fortwelzen, und daß alle
diese verschiedene ungeheure Körper, in einer höchst
dünnen und flüssigen Luft aufgehängt, und nach
denen in der Schöpfung eingepflanzten Gesetzen der
Bewegung, und durch den stets währenden Druck
gegen den Mittelpunkt, sich erhalten: Ponderibus
librata suis, wie es Ovid gar zierlich ausdrückt.
Es bleibet demnach bey dem Ausspruch des gekrönten Propheten, welcher im 18. Psalm andächtig
und voller Verwunderung ausruft: Die Himmel
erzehlen die Herrlichkeit Gottes, und das Firmament verkündiget die Werke seiner Hände.

Mein Vorhaben und die Kürze der Zeit, leidet nicht, mich in besondere Betrachtungen über
diese

diese grossen Weltkörper, deren Eigenschaften, ins
nerlichen Wesenheit und Nutzen einzulassen; eben
so wenig als ich mich zu dem animalischen, vegetabilischen und mineralischen Reiche, und deren
verschiedenen Theilen, begeben darf; denn alles dieses wird uns künftig in der Naturlehre, Stück
vor Stück, auf das deutlichste erkläret werden.
Daher muß nur bey denen Absichten selbst stehen
bleiben, welche, wie oben erwähnt, keine andere
ab Seiten Gottes sind, als daß man in den Werken der Schöpfung, als in einem Spiegel des
allmächtigen Baumeisters der Welt, unsichtbare
Vollkommenheiten erblicke.

Nun konnte aber diese göttliche Absicht nicht
erreichet werden, es sey denn, daß ein Gegenstand
vorhanden, auf welchem erwähnte göttliche Vollkommenheiten gleichsam zurückstralen könnten, und
welcher mit Verstand und Willen begabt, damit
er durch jene, die Vortreflichkeit der Werke Gottes und seine eigene Würde einzusehen, durch
diese aber zur Ehrfurcht, Liebe und Dankbarkeit
gegen einen so allmächtigen, gütigen und allweisen
Schöpfer angeflammt zu werden, vermögend wäre.
Solcher Gegenstand ist der Mensch, das Ziel und
Ende der ganzen Schöpfung, welcher die Hierar-
chie derer in Lucifer gefallenen unzähligen geistigen Wesenheiten wieder ergänzen sollte.

Sehen

Sehen sie hieraus, werthefte liebe Brüder! die Würdigkeit dieses Gegenstandes, welche so gros ist, daß es scheint, es habe die göttliche Allmacht und Weisheit, bey der Bildung desselben gleichsam einen Stillstand gemacht, um mit sich selbst über diesen wichtigen Punkt zu berathschlagen. Daher sagt die Schrift, daß der in seiner Wesenheit einige Gott, zu seiner dreyfachen Persönlichkeit also gesprochen habe: Lasset uns, (NB. in der vielfachen Zahl,) Lasset uns Menschen machen, ein Bild das uns gleich sey. Er bauete daher sein letztes und vollkommenstes Meisterstück, aus einem Auszug des allerreinesten und tinkturalischen Theils der Erden, blies ihm einen lebendigen Athem ein, und begabte ihn mit einer unsterblichen vernünftigen Seele. Er koncentrirte in ihm alle obere und untere Schöpfungskräfte, und machte ihn zu einem so vortreflichen Wesen, welches denen Engeln fast gleich kommt. Deswegen ruft David abermals aus, und sagt uns, daß ihn der Schöpfer nur ein wenig geringer gemacht habe, denn die Engel. Im 8. Psalm: daß er alle Dinge unter seine Füße geworfen, die Schaafe und Ochsen alle zusammen, dazu auch das Vieh auf dem Felde, die Vögel des Himmels und die Fische des Meeres, so die Wege des Meeres durchwandeln, wie daselbst zu lesen. Ja er hat ihn sogar zu einem Herrn

Herrn der ersten Materie gemacht, daß er durch
den rechten Gebrauch derselben gleichsam ein Schöpfer im Kleinen werden kann, welches in unserer
Schule der Weisheit eine gar bekannte Sache ist.
Mit einem Wort! Alles, was der allerhöchste Baumeister der Welt gemacht, ja, alles was er gut
gemacht hat, (Genes. 1.) ist alles nur um des
einzigen Menschen willen gemacht, und zu seinem
Gebrauch und Nutzen geschaffen und bestimmet.

Welch unbegreifliche, welch erstaunende Vor-
züge sind dieses nicht? Sollten solche uns nicht
kräftig aufmuntern, auch die zweyte Absicht eines
fleißigen und werkthätigen Naturforschers zu erreichen, welche in der Erkänntnis unser selbst bestehet. „Sogar die alten Heiden, Griechen, Rö-
„ mer und mehrere Völker, hielten dieses Nosce
„ te oder erkenne dich selbst! für das höchste und
„ nothwendigste Studium, und geboten solches ih-
„ ren Schülern vor allen andern zu treiben und
„ zu beobachten, schrieben dasselbe, um es nicht zu
„ vergessen, über ihre Thüren an, — dieweil nun
„ im Menschen, nach dem Nosce te, die Wesen-
„ heit der ganzen Natur und Kreatur beschlossen
„ lieget, vermöge seiner prima materia: So ist
„ aus demselben, als aus einem koncentrirten We-
„ sen und vollkommenen Buch, in der Enge bey-
„ sammen zu sehen und zu begreifen, was in der
„ grossen

„ grosfen Welt, bey der Generation der drey Nat
„ turreiche, offenbaret worden. Daher wird der
„ Menfch auch in diefem Verftande billig die klei-
„ ne Welt genennet, weil alles im Kleinen bey
„ ihm zufammen begriffen ift, was fich in der
„ grosfen Welt durchs Fiat ausgebreitet und offen-
„ baret hat. — Hier zeiget fich derjenige geheime
„ Spiegel, worinn die Natur und Kreatur in ih-
„ rer Blöffe frey und offenbar zu fehen und zu er-
„ kennen ift.“ Sind Worte eines der größten
heutiger Naturforfcher. (g) Ein anderer Gelehrter
(h) redet ebenfalls fehr fchön von diefer Sache,
daher ich deffen Worte hier beyzufügen kein Bedenken trage. Sie lauten alfo: „Der Menfch ift
„ ein Mikrokosmus, d. i. kleine Welt, eine Q. E.
der

(g) Johann Gottfr. Ju-
gel in der Vorrede feiner unvergleichlichen Generalphyfick
diefer fichtbaren Welt. Diefer
Autor NB. hat es in der Naturlehre, befonders vom Steinreiche, fehr hoch gebracht, und
ziemlich nahe ans Centrum ge-
fchoffen. Ein Beweis, daß er
ob der, andern Profanen, fo fehr
verhaßten Schreibart unferer
weifen Meifter keinen Eckel
hätte, wohl aber nach ihrer An-
weifung der Natur felbft fleißig
nachgefpüret habe. Man läßt
ihm daher fein Recht wiederfahren. Denn es hat feine Richtigkeit, daß er fich im Fache der
Metallurgie über alle profanen

Lehrer und Bergwerksverftändi-
ge weit hinaufgefchwungen habe. Aber unfere jungen Brüder würden fich demohngeach-
tet fehr betrogen finden, wenn
fie feine Werke vor ein adoptir-
tes Schulbuch anfehen. Seine allgemeinen Grundfätze find
zwar ächt, und nach denen unfe-
rigen abgemeffen. Allein die
Schlüffe, welche er davon auf
befondere Abfätze gezogen hat,
find nicht allezeit richtig. Nur
fchade, daß fich diefer fonft vortrefliche Mann mit feiner Zer-
ftörung des Goldes bey uns lä-
cherlich gemacht hat!

(h) Andr. Tenzelin in der
Vorrede feiner Werke.

„ der groſſen, und ein Compendium aller Kreatu‑
„ ren. Er iſt das fünfte Weſen des ganzen Welt‑
„ gebäudes. Ja er iſt der Mittelpunkt, in wel‑
„ chem alle Kreiſe und Kugeln ihre Stralen er‑
„ gieſſen, er iſt die kleine Welt, ein kurzer Be‑
„ grif und Zuſammenfaſſung der ganzen Natur,
„ das Wunder der Welt, der Erde, der Philoſo‑
„ phie, oder natürlichen Weisheit und der Stern‑
„ kunſt. Sein Limbus oder erſte Materie, wird
„ der Stein der Weiſen genennet.‟

Durch erwehnte herrliche Erkenntnis, werden
wir auch ſchlieslich zu der dritten und letzten Haupt‑
abſicht geführet, die ein Naturforſcher haben ſoll,
wenn er in ſeinen Unternehmungen einen ſichern
Nutzen zu ſchöpfen begehret, nemlich daß er dar‑
aus das Daſeyn, die unermesliche Gröſſe, All‑
macht, Majeſtät, Güte und Liebe unſers anbe‑
tungswürdigſten Schöpfers erkenne, und zur Ehr‑
furcht, Liebe und Dankbarkeit gegen demſelben
entzündet werde.

Die Natur ſelbſt ermuntert uns dazu, ſie
ſagt uns, daß auch nicht das geringſte Hälmlein
zu finden, welches nicht von dem Daſeyn eines
allmächtigen Schöpfers zeugete. Die Natur iſt
gleichſam eine herrlichgeſetzte Symphonie, welche
kräftig in die Seele dringet. Und obſchon einige
uns alſo ſcheinende Unvollkommenheiten in der
M Welt

Welt anzutreffen, so sind es doch göttliche Absichten, und eben darum gehören sie zu der besten
Welt. „Die unvergleichliche auf einander folgen-
„ de Ordnung der Dinge, hat Gott, als das
„ schönste Werk in gebundener Rede oder den
„ vortreflichen Gesang, durch gewisse einander
„ entgegenstehende Dinge herrlich gemacht. Gleich-
„ wie die einander entgegengesetzten Gründe, die
„ Schönheit einer Rede ausmachen; also wird
„ in der wunderswürdigen Beredsamkeit der Wer-
„ ke Gottes, die Schönheit der Welt angetrof-
„ fen, sagt ein grosser Augustinus.“ Er erkennt
allerdings, daß, gleichwie in der Tonkunst die geschickte Anwendung der Consonanzen und Disso-
nanzen, den allerschönsten Wohlklang hervorbringet, also entstehe in unserer göttlichen Schöpfung,
durch die Vermischung des Guten und Bösen,
jene so herrliche Symphonie, welche auch sogar
einen heidnischen Cicero gezwungen hat, also zu
reden: Quis est, qui complet aures meas tantus,
et tam dulcis sonus? Was ist dieses für ein grosser und süsser Schall, der meine Ohren erfüllet?

Diesen klugen Heiden müssen wir es nach-
machen. Wir müssen Gott niemals von der
Schöpfung trennen, noch in der Naturlehre den
vornehmsten Hauptzweck, d. i. das Absehen auf
die verborgene Gottheit vergessen, wie einige leicht-
sinnige

sinnige Naturlehrer gethan haben, denn sie ist die Stimme Gottes, nach der gesunden Lehre der Platoniker. Nicht ein bloser leerer Schall, sondern ein höchstwirksamer aus dem unerschöpflichen Schatzkasten göttlichen Ueberflusses ausgehender und alles durchdringender Athem. Lasset uns diesen Weg eingehen, werthgeschätzte liebe Brüder! und damit den Anfang, das Mittel und das Ende unserer Unternehmungen in der Naturkunde machen, so werden wir die von mir hier gepriesene dreyfache Absicht erreichen, welche ist die Erkänntnis 1) der Schöpfung und ihrer bewundernswürdigen Werke. 2) Unser selbst, als eines kurzen Begrifs und Mittelpunkts der ganzen Natur und Kreatur, und endlich 3) des allmächtigen, allweisen, allerhöchsten, allgütigsten und freygebigsten Baumeisters der Welt.

Damit nun derselbe unser Vorhaben segne, und seine Weisheit mit uns sey, so wollen wir ihn inbrünstig darum anflehen und sprechen:

Lobet den Herrn alle seine Werke, sie müssen ihn preisen und rühmen ewiglich.

Ihr

Ihr Knechte Gottes lobet, preiſet und rüh=
met den Herrn ewiglich: H! H! H! dem allmäch=
tigen, gerechten und barmherzigen Schöpfer Him=
mels und der Erden ewiglich. Amen! Amen!
Amen!

Verbum Electri.

Oui! c'eſt un Dieu caché, que le Dieu qu'il faut

croire;

Mais tout caché qu' il eſt, pour réléver ſa gloire,

Quels temoins éclatans dévant moi raſſamblés:

Ecoutez cieux et mers, et vous terre parlez! *Racine.*

Verſamm=

Versammlungsrede

an

die Brüder

von

den Eigenschaften,

die ein Bruder besitzen muß,

um aus seiner praktischen Naturforschung

keinen Schaden, sondern Nutzen gewärtigen zu können.

Achtes Stück.

Der Weisen höchstes Gut, so alles über-
wieget,

Ist der Betrachtungslust, die ihren Geist ver-
gnüget;

Der wohl vergoltne Fleis der Wahrheit nachzu-
denken,

Kann ihnen gröffers Heil, als Stand und Reichthum schenken.

Sie lockt kein Eigennuz, warum? sie suchen
nur

Des Nächsten wahres Wohl, die Känntnis der
Natur.

Hagedorn.

ich zog sie sir, nun folge ihr.

Mejonagogerus Nugir. sc:

II. Aufgabe.

Magno et excellenti ingenio Viri, cum se do-
ctrinae penitus dedisfent, quid quid laborum pote-
rat impendi, contemptis omnibus et publicis et
privatis actionibus, ad inquirendae veritatis studium
contulerunt : Existimantes, multo esse praeclarius,
divinarum humanarumque rerum investigare ac
scire rationem, quam opibus aut honoribus accu-
mulandis in haerere. *Lactantius.*

　　　Hochehr-

Hochehrwürdiger, Hocherlauchter lieber Bruder Creyß-Director!

Werthgeschätzte liebe Brüder!

Jn meiner, auf Befehl hoher Obern, gehaltenen erſten Rede, habe die Aufgabe: Wie muß die Abſicht eines Naturforſchers beſchaffen ſeyn, um aus ſeinen Unternehmungen ſichern Nutzen zu ſchöpfen? alſo beantwortet: Er muß durch die Erkänntnis der groſſen und kleinen Welt Gott erkennen und lieben lernen. Da ich zum zweytenmal in gegenwärtiger anſehnlichen Verſammlung auftrete, ſoll ich auf ebenmäßigen Befehl die Frage erörtern: welche Eigenſchaften muß ein Bruder beſitzen, um aus ſeiner praktiſchen Naturforſchung keinen Schaden, ſondern Nutzen gewärtigen zu können? Die Beantwortung derſelben werde ich folgendermaßen zergliedern.

Ein wahrer und nach dem Maasſtabe unſerer brüderlichen Konkordanz abgemeſſener praktiſcher Naturforſcher muß ſeyn: 1.) Gottesfürchtig und ein Liebhaber der Weisheit, 2.) Wißbegierig, 3.) fleißig,

3.) fleißig, 4.) ſtandhaft, 5.) nicht flatterhaft, 6.)
nicht eigenſinnig, 7.) nicht leichtgläubig, 8.) ein
Feind der Sophiſten und ihrer Recepten, 9.) muß
er die im praktiſchen Grade vorgeſchriebene Radi=
kalmenſtrua nach ihrer Materie ſowohl als nach
ihren wirkenden Eigenſchaften zu kennen und zu
verfertigen ſich eifrigſt angelegen ſeyn laſſen. Die=
ſem ſetzen ſie bey und ſchlagen nach, was Geber,
unſer königlicher Meiſter und Bruder in den er=
ſten Kapiteln ſeiner Summa für eine Vollkom=
menheit der Werkzeuge unſerer fünf Sinnen und
der Eigenſchaften unſers Geiſtes fodert.

Glauben ſie nicht, werthgeſchätzte liebe Brü=
der! daß ich alle dieſe Punkte ausdehnen und ihre
Gedult misbrauchen werde? Vielmehr will ich mich
aller Kürze befleiſſen, da ich ohnehin geſonnen,
wenn Gott Leben, Geſundheit und Gnade dazu
verleihet, einige nützliche Vorübungen zum Be=
huf der drey erſten Klaſſen in kurzen doch deutli=
chen Reden vorzutragen. Ich fange demnach ohne
weitern Umſchweif an.

1.) Die Furcht Gottes iſt der Weisheit An=
fang, ſpricht der gekrönte Prophet Pſalm 110. v.
10. Wer wird wohl an der Wahrheit dieſes Aus=
ſpruchs zweifeln können, wenn er erwäget, daß
dieſes ein David, ein vom heiligen Geiſte getriebe=
ner David geſprochen hat? Redet aber wohl ſein

königs

königlicher Sohn Salomon anders? keineswegs! Er versichert uns vielmehr, es sey ganz unmöglich, daß in eine boshafte und im Wust der Laster sich herumwälzende Seele, die reine und keusche Weisheit ihren Wohnsitz aufschlagen könne. (a) Was ist die wahre hermetische Scheidekunst? frage ich sie. Werthgeschätzte liebe Brüder! sie ist, antworte ich: „eine naturgemäße Absonderung „ des Reinen von dem Unreinen, des Segens von „ jenem Fluche, der durch die Uebertretung un„ sers ersten Stammvaters sich über die ganze „ Kreatur verbreitet hat, und welcher die rechte „ und innerliche Naturkräfte derer Geschöpfe un„ ter den vielfachen, aus dem nach dem Fall und „ wegen der Erbsünde zurückgehaltenen uranfäng„ lichen Segen des allmächtigen Baumeisters der „ Welt, entstandenen Hefen und unter den Ban„ den der Gerinnung eingekerkert und gefangen „ hält.“ Sie werden mir gar gern eingestehen, daß diese Hinwegnehmung der angeerbten, giftigen, dunklen Unreinigkeiten und diese Scheidung des Lichtes von der Finsternis die schwerste Sache von der ganzen Welt sey, denn es kann solche nicht durch gemeine Handgriffe, noch durch ein ungestümmes gewaltsames Umwühlen in den Körpern, dergleichen sich die Sophisten und herumirrende Laboranten

(a) Weish. 1. v. 4.

koranten in ihren rauchenden Mördergruben be:
dienen, geschehen, diese Mühe ist vergeblich, son:
dern es muß suaviter et cum magno ingenio:
Lieblich und mit grossem Verstand, wie uns des:
sen unser uralter egyptischer Brudermeister Her:
mes wahrhaft und ohne Lügen versichert, nicht
minder in dem Geist der Verbrüderung, d. i. im
Stande der Gnaden verrichtet werden. Glauben
sie aber wohl, daß ein epikurisches in einem ewi:
gen Kriege mit der Gottheit verwickeltes, in de:
nen Finsternissen verblendenden Leidenschaften her:
umtappendes, und selbst unter dem Fluche der ewi:
gen Weisheit liegendes Schwein, dieses ins Werk
zu setzen vermöge? Ich sehe, ja ich sehe es schon
im voraus, sie werden mir alle mit Nein! ant:
worten, denn wir haben in diesem wichtigen Ge:
schäfte mit lauter reinem Licht = und Feuertheilchen
zu thun, deren Glanz und himmlischen Schein,
ein in denen Kothlachen der Sünden und Laster
herumzappelndes Ungeheuer unmöglich vertragen
kann. Erinnern sie sich, liebe und werthgeschätz:
te Brüder! daß sie, sogleich als sie auf die erste
Stufe des Einganges zum Tempel der schönen
Natur gestellet waren, gefragt wurden: Wo die
Weisheit ihren Sitz habe? und sie sehr weislich
antworteten: Im Mittelpunkt des Lichts. Die:
ser Mittelpunkt des Lichts ist Gott, und in der

Vereini:

Vereinigung eines Sohnes der Weisheit mit demselben beruhet der unfehlbar glückliche, gleichwie in der Abweichung von diesem selbstständigen überhimmlischen Lichtscentrum, der nicht minder unglückliche Ausgang aller seiner Bemühungen. Erhellet demnach von selbst, wie wir uns zu verhalten haben, wenn wir anders in unsern Unternehmungen glücklich seyn und das aufgesteckte Ziel erreichen wollen. Von dieser Wahrheit sind nicht nur die kluge Heiden unter allen Völkern überzeugt gewesen, sondern auch bey der gesammten Schaar christlich hermetischer Weltweisen, ist selbige ausser allen Zweifel gesetzet. Wir wollen erstere vorbeygehen, und allein dasjenige tief in unsere Herzen prägen, was uns unser vorlängst vermoderter Bruder Alanus aus seiner düstern Grabeshöle zurufet: Sohn! setze dein Herz mehr zu Gott, als zu der Kunst. Lasset uns also, liebe und werthgeschätzte Brüder! Gott fürchten, lasset uns die Weisheit lieben, „weil mit ihr nichts „zu vergleichen, weder Reichthum noch das lieb„lichste Gewürz, weil sie allen Schätzen weit „vorgehet, weil sie eines herrlichen Adels, ihr „Wesen bey Gott ist, und der Herr aller Dinge „sie lieb hat.“ Nach dem Ebenmaas ihrer Handleitung, lasset uns

2.) unsere

2.) unsere Wißbegierde einrichten. Nicht alle
Art derselben ist lobenswürdig. Gott hat einem
jeden sein Pfund von Wissenschaft verliehen. Sol=
ches mit unerlaubten Wucher oder ungedultiger
Neugier in Dingen, die uns zu wissen nicht ge=
biehren, vermehren wollen, ist sträflich:

Die höchste Weisheit ist: nicht alles wissen wollen;
Weil Gott vorher bestimmt, wie viel wir wissen sollen.

Triller.

Diejenige Wißbegierde allein, welche in einer stil=
len und Gottgefälligen Gelassenheit ungehindert
fortschreitet, zieret einen ächten Mitverwandten un=
serer geheiligten Verbrüderung, und diese ist es auch,
die uns unsere, durch die Weisheit geleitete hohe
Obere, so nachdrücklich anempfehlen, und auf wel=
che wir

3.) allen unsern Fleis wenden müssen. Es
ist aber nothwendig, daß dieser unser Fleis un=
ausgesetzt und unverdrossen fortdauere. Viele fan=
gen sehr hitzig an und wollen alles übers Knie
abbrechen. Sie gleichen einigen ungeübten Pfer=
den beym Wettrennen, welche, indem sie die er=
sten seyn wollen, auf einmal alle ihre Kräfte er=
schöpfen, und daher nothwendiger Weise, durch all=
zuheftiges Bemühen ermüdet, zurück bleiben müß=
sen. Dahero soll ein ächter Naturforscher

4.) stand=

4.) ſtandhaft ſeyn. Vir prudens quidquid incepit, complere laborat, ſchreibt Dionyſius Cato: Ein vernünftiger Mann beſtrebet ſich dasjenige, was er angefangen hat, zu Ende zu bringen. Wählen ſie den Stoff, in welchem ſie arbeiten, mit Verſtand und Vorſicht. Laſſen ſie ihnen un- ter den mannigfaltigen Produckten des dreyfachen Naturreiches, nicht das erſte das beſte ſeyn, ſon- dern ſuchen das wirkliche beſte aus. Zerlegen und reinigen ſie ſolches nach der in unſerer Lehrſchule erlernten Theorie in ſeine Theile. Setzen ſie rein und rein zuſammen. Uebergeben ſie es der güti- gen Natur und erwarten mit Gedult ihrer geſeg- neten Mitwirkung. Hüten ſie ſich aber, liebe und werthgeſchätzte Brüder! daß ſie dieſe kluge Dienerinn des allerhöchſten Baumeiſters der Welt in ihrer Naturwirkung nicht ſtören. Patientia et ſummo otio eget opus noſtrum: zu unſerm Werk, (es ſey gros oder klein,) wird die höchſte Gedult und Muſſe erfodert. Daher wird auch

5.) kein flatterhafter oder ſich übereilender jemals was Nutzbares zur Welt bringen. Die Lateiner haben ein Sprüchwort, welches ſehr aus- drückend; es heißt: Canis fellinans, coecos parit catulos: Eine eilende Hündin bringet blinde Jun- ge zur Welt. Eben ſo ergehet es dergleichen phi- loſophiſchen Schmetterlingen, die, wenn ſie ein

Subjeckt

Subjeckt vor die Hand genommen, und es geräth
nicht gleich nach ihren Sinn, sofort auf ein zwey-
tes, drittes und viertes verfallen, in der Meynung, es werde doch einmal eines oder das andere eintreffen. Diese gleichen einigen heutigen Aerzten, welche, wenn eines ihrer vorgeschriebenen Recepte nicht alsobald helfen will, sogleich ein = oder
mehr andere verordnen, glaubend, es müsse doch
unter so vielen, einmal das rechte getroffen werden, wodurch sie aber die Natur dergestalt ver-
wirren, daß der arme Kranke den Geist aufgeben
muß. Eben so schädlich ist

6.) der Eigensinn. Es giebt Leute, die,
wenn sie auf eine Materie verfallen, dergestalt
hartnäckig darauf erpicht sind, daß sie, um alles
in der Welt, sich von ihrem gefaßten Vorurtheil
nicht abbringen lassen, bis sie mit ihren größter
Schaden erfahren, daß sie sich selbst hintergangen.
Stellen sie sich diesen Starrköpfen nicht gleich.
Bleiben sie auf das genauste bey denen in unsern
Schulen der Weisheit erlernten Grundsätzen. Selbige sind unfehlbar. Sie sind durch eine Erfahrung vieler Jahrhunderte, ja ich darf sagen Jahr-
tausende zu einer mathematischen Gewisheit gelanget. Sie sind überdem fruchtbar, und bahnen
uns den Weg, nähere noch nicht erfundene Wahrheiten zu entdecken. Daher empfehlen uns auch
unsere

unfere weifen Meifter alles auf das genaufte zu prüfen, und

7.) nicht leichtgläubig zu feyn. „Die Leicht-„ gläubigkeit ift eine Bereitwilligkeit, alles dasje-„ nige als Wahr anzunehmen was man höret „ oder liefet, ehe man noch unterfuchet hat, ob es „ gegründet oder nicht.“ Diefer Irrthum des Verftandes, entftehet mehrentheils aus dem Vor-urtheil des. Anfehens. (Praejudicio autoritatis.) Man macht den Schlus: Ein fo vornehmer Ge-lehrter als diefer oder jener ift, würde folche Din-ge nicht gefchrieben haben, wenn felbige fich nicht alfo verhielten. Diefer Schlus ift falfch. Wir haben ganze Zünfte von Weltweifen gefehen, wel-che in der Naturlehre nichts als willkührliche Wortserklärungen zum Grund ihrer Phyfick ge-legt, und auf diefem fchwachen Grund eben fo fchwache Lehrfäße gebauet haben. Die meiften Peripateticker, fonderlich des mittlern Zeital-ters, waren von folchen Schroot und Korn, die-jenigen ausgenommen, die als rechtmäßige Zunft-genoffen unferer erlauchten Verbrüderung, die fchickliche Lehrfäße des Ariftoteles auf die hermeti-fche Naturforfchung anzuwenden gelernet hatten. Nicht beffer find die heutigen mechanifchen Natur-forfcher. Selbige finnen in ihren Studirkammern eine ungeheure Menge dockenhafter Hirngefpinnfte

aus,

aus, die aber, wenn sie auf die Waagschaale der Erfahrung gelegt worden, fast nichts wägen. Ein einziger Jugel hat sie in seiner Generalphysick, wie ein anderer Herkules alle zu Boden geschlagen. Wir müssen dahero nichts glauben, als was durch die Erfahrung bestätigt wird. Ich empfehle ihnen, liebe und werthgeschätzte Brüder! als ein Gegengift wider die ansteckende Krankheit der Leichtgläubigkeit in der Naturlehre, die Worte des gelehrten engländischen Reichskanzlers Baco von Verulam, welche also lauten: „Eben dasjeni-
„ ge, was in der Religion hauptsächlich erfodert
„ wird, daß nemlich der Glaube sich durch die
„ Werke thätig erzeige, solches wird gleichfalls in
„ der Wissenschaft natürlicher Dinge erfodert, in
„ welcher nicht weniger das Wissen aus den Wer-
„ ken erkannt werden muß. Denn es wird die
„ Wahrheit mehr durch das Zeugnis der Werke
„ als durch spitzfindige Schlusreden, ja wohl
„ unterweilen durch das blose äusserliche Anse-
„ hen selbst bestätiget.“ (b) Wohl bewafnet mit dieser Vorsicht, werden sie ebenfalls

8.) das

(b) Quod in religione verissime requiritur, ut fidem quis ex operibus monstret: Idem pariter in philosophia naturali competit, ut scientia similiter ex operibus monstretur. *Veritas autem per operum indicationem, magis quam ex argumentatione, aut etiam ex sensu et patesit et probatur.* Fr. Baco de V E R V L A M in cogitatis. T. III. oper. p. m. 48.

8.) das Korrosiv der Sophisten und ihrer Recepte nicht zu fürchten haben. Es ist mit grossem Vergnügen zu lesen, wie schön der chymische Graf von der Mark und Tervis diese Gesellen herum nimmt. Ohngeacht ihrer grossen Unwissenheit, da sie kaum zween Worte lateinisch aussprechen, ja nicht einmal ihre Muttersprache recht lesen können, unterstehen sich diese heillosen Bursche, ihren Bettelkram mit den herrlichsten Aufschriften zu zieren. Bald muß ein Trisononsin, bald der Doctor Theophrastes, (wie sie insgemein den Paracelsus nennen, bald wieder ein anderer berühmter Mann der Erfinder davon seyn. Bald sind diese ausgeputzte Lügen in der Mauer eines alten und öden Schlosses gefunden, bald aus einer berühmten Klosterbibliothek entwendet, bald aber bey einem Schatz entdecket worden. Ja, was das ärgste, so betheuern diese Lumpenkerls höchst gottloser Weise erwehnte Unwahrheiten bey dem allerheiligsten Namen Gottes, und bey Verpfändung ihrer Seele und Seligkeit, welches ein erschrecklicher Meyneid mit Recht genennet werden kann. Diese Spitzbuben sind es, liebe und werthgeschätzte Brüder! die wir ärger als die Pest zu fliehen und zu meiden verbunden sind. Wir müssen, Kraft unsers feyerlichen Gelübdes, solche überall auszurotten beflissen seyn, sie denen Obrig-

keiten

keiten in ihrer wahren Gestalt bekannt machen,
damit das leichtgläubige Publikum von diesem Geschmeis gesäubert werde. Nun will ich zwar nicht
hartnäckig behaupten, daß diese chymische Quack-
salber durchgehens vorsetzliche Betrüger seyn, denn
es sind nicht wenige unter ihnen, die so einfältig,
daß sie glauben, ein altes halbvermodertes Perga-
ment, dessen Abschrift sie ungefähr erhaschet, könne nichts anders als Wahrheiten in sich halten,
und sey denen, ihnen so unverständigen philosophischen hermetischen Schriften weit vorzuziehen. Da
sie nun, entweder aus Mangel des nöthigen Gel-
des oder der gehörigen Manipulirung keinen Ver-
such zu machen vermögend, ob diese ihre eingebildete Geheimnisse gegründet, oder nicht gegründet?
so wollen sie sich davon mit fremden Kosten unterrichten. Zu dem Ende breiten sie die Vortreflichkeit ersagter Arbeiten überall aus, und wenn
sie jemand gefunden haben, der an ihren ausge-
worfenen Angel anzubeissen Lust bezeiget, so machen sie es eben wie jene herumschwärmende Wahr-
sager, Zeichendeuter und Teufelsbanner bey dem
alten Dichter Emaus, sie versprechen diesen leichtgläubigen unerschöpfliche Reichthümer, da sie doch
gleich darauf gezwungen sind, selbige um ein geringes Allmosen anzugehen:

N 2 Quibus

Quibus divitias pollicentur, ab his Drachman
petunt.

Gesittete Obrigkeiten sollen erwehnte Sudler
eben so wenig als die vorsetzlichen Betrüger in ihren Ringmauern leiden, indem sie sowohl ihnen
selbst, als dem gemeinen Wesen schädlich sind.
Nur müssen sich Gerechtigkeitliebende Regenten
wohl fürsehen, daß sie wahre Naturforscher nicht
mit obigem Geschmeis in eine Klasse setzen. Einige unfehlbare Kennzeichen, an welchen man beyde kennen kann, werden sie für allen Irrthum in
diesem Stücke sicher stellen. Die Sophisten sind
Prahler und Grossprecher, rühmen sich bey aller
Gelegenheit einer besondern Känntnis in der höhern Scheidekunst; dahingegen die Söhne der
Weisheit niemalen, als nur unter sich selbst, und
in Geheim, von dergleichen Vorwürfen offenherzig
reden, und im Fall es der Wohlstand nicht erlaubet, alle, auch von solchen die ihre Mitgenossen
nicht sind, an sie ergangene Fragen unbeantwor-
tet zu lassen, so thun sie dieses doch mit einer so-
thanen Behutsamkeit und Bescheidenheit, daß
man sie zu keiner Zeit als Schüler, oder noch weniger als Meister der Kunst, wird ansehen können.
Die Sophisten machen ihre grundlosen Proben
mit grossen Getöse, stürmen auf die unschuldige
Natur mit Wehr und Waffen los, ängstigen dieselbe

selbe mit so gewaltigem Feuer, daß dadurch ganze Städte und Dörfer in Staub und Asche geleget werden könnten. Die Söhne der Weisheit machen ihre Untersuchungen in aller Stille, ohne ganze Fuder Kohlen zu zernichten, denn sie wissen einen genauen Unterscheid unter dem materialischen Feuer des Holzes und der Kohlen, (c) und dem Feuer der Natur, welches nicht durchs Schmelzfeuer, sondern durch eine ganz gelinde Anreitzung seiner anerschaffenen Naturkraft, aus der Vermögenheit in die Wirksamkeit gebracht werden muß, zu machen. Und daher thun ihre Arbeiten niemals Schaden, man kann sicher dafür schlafen, und darf kecklich trauen, daß durch sie nimmermehr eine Feuersbrunst verursachet werde, sondern sie befördern vielmehr durch ihre lobenswürdige Beschäftigungen die seltensten Känntnisse, bahnen den Weg zur Vollkommenheit in den Wissenschaf-

N 3 ten,

(c) Hiemit will nicht soviel gesagt seyn, als ob ein wahrer Weltweiser sich ganz und gar keines Feuers, auch selbst in der Vorarbeit gebrauchen dürfe, nein! denn da muß man sich sonderlich bey hartverschlossenen Körpern eines, auch unterweilen ziemlich starken Feuers bedienen, weil man da noch gleichsam der Natur feind, siehe das Büchlein: Amor Proximi, S. 126.

Doch ist solches niemals dem zernichtenden Mordfeuer der Sophisten zu vergleichen. In der Nacharbeit aber, wenn die Zufälligkeiten weggerdumet und die Elemente rein geschieden und bereits in lauter Lilien und Rosen verkehret, muß man sich eines andern Feuers bedienen, bey welchem dieselbe gebraten werden müssen, ansonst sie gar leicht ihrer angeschaffenen Fruchtbarkeit gänzlich beraubet werden können.

ten, und werden eben dadurch, wie andere, durch
ihre preiswürdige Eigenschaften, gemeinnützige Mit=
glieder des Staats. Die Sophisten treiben mit
ihrer veralteten Contrebandewaare, einen in den
Augen Gottes und der geheiligten Verbrüderung
sehr verhaßten Handel, und lassen sich ihre unäch=
te Schmiererenen theuer bezahlen; die wahren
Söhne der Weisheit nehmen von niemand Geld,
vielmehr hüten sie sich sorgfältig vor einen derglei=
chen verbotenen Schleichhandel, und werden sich
zu keiner Zeit eine so strafbare philosophische Si=
monie zu Schulden kommen lassen. Sollte es
aber ja geschehen, (welches doch der allmächtige
Baumeister der Welt gnädigst abwenden wolle,)
daß ein oder anderer, aus der Art geschlagener Af=
terbruder, sich in diesem Stück gröblich versündig=
te, so übergeben unsere hochweifeste oberste Vor=
steher, einen so verruchten Brecher des Sigills
der Verschwiegenheit, der rächenden Hand Gottes,
welches das größte Unglück ist, daß einem Sterb=
lichen widerfahren kann. Denn es fehlet nie=
mals, daß ein solcher nicht sollte die Schwere die=
ser göttlichen Rachhand, entweder durch einen
schnellen Tod, oder durch eine langwierige Auszeh=
rung, bisweilen aber durch anderes Unglück und
Widerwärtigkeiten in seinen häuslichen Umstän=
den empfinden, die ihn sogar vor der profanen
Welt

Welt zum Scheusal machen müſſen. Doch genug
hievon. Sie werden alſo, liebe und werthgeſchätzte Brüder! dieſe Afterhermeticker eben ſo ſehr
verabſcheuen, wie wir alle, Kraft unſerer Pflicht
verbunden ſind; einen nicht kleinen Antrieb hiezu
werden ſie bekommen, und in ihrem guten Vor-
ſatz beveſtiget werden, wenn ſie die Vortreflichkeit
unſerer phyſikaliſchen Grundſätze und der darauf
gebauten Arbeiten nach ihrer äuſſerlichen und innerlichen Beſchaffenheit werden unterſucht haben.
Der Grad in welchem ſie ſtehen, giebt ihnen dazu die ſchönſte Gelegenheit an die Hand. In ſel-
bigen werden

9.) vier Menſtrua radicalia gelehret, welche
von ganz beſonderer Wichtigkeit ſind. Sie öfnen
in der That die erſte Thür des prächtigen Naturtempels, und es geſchiehet nicht ohne groſſe Urſach, daß unſere hochweiſe Obere ſelbige ihren praktiſchen Lehrjüngern vorzüglich empfehlen. Betrachten ſie ſelbſt, liebe und werthgeſchätzte Brüder!
mit mir

A. das Menſtruum radicale minerale. Beſtehet ſolches nicht aus dem Vitriol? Was iſt aber
dieſer? Iſt er nicht ein mineraliſches Salz, welches mit einem dergleichen Schwefel geſättigt, der
dem Schwefel des Goldes vollkommen gleich we-

N 4 ſentlich

fentlich) ift. Welling (d) erkläret deſſen Weſen=
heit durch eine kabbaliſtiſch=chymiſche Beſchreibung.
Er ſagt: „der wahre Charackter deſſelben ſey ein
„ Zirkel mit zween Durchſchnitten, und einen her=
„ abhangenden halben Zirkel ($\oplus \hspace{-0.3em} \leftharpoonup$) anzuzeigen,
„ daß, wenn dieſer Charackter zerlegt würde, alle
„ Metalle, d. i. alle irrdiſche Theile in demſelben
„ enthalten.‟ Mit dieſen ſtimmet Baſilius Va=
lentinus (e) auf das genaueſte überein, denn er
behauptet mit den weiſen Meiſtern, „daß dieſes
„ ein ſo vornehmes Mineral ſey, dem keines in
„ der Welt gleich komme: Zudem der Vitriol de=
„ nen Metallen vor allen andern befreundet und
„ am nächſten verwandt; wie denn aus allen Me=
„ tallen, ja aus dem Golde ſelbſt, vitrioliſche
„ Chryſtallen können gemacht werden — in wel=
„ chem Vitriol denn nachmals alle drey Princi=
„ pien, als ☿, ♄, und ⊖ unter einen Him=
„ mel befunden, und mit leichter Mühe ein jedes
„ beſonders daraus erlangt werden könne.‟ An=
dere hermetiſche Sophen nennen ihn die Blume
der Erden. Sie wollen, man ſoll das innerſte
deſſelben durch eine naturgemäße Reinigung und
Zerlegung unterſuchen, ſo würde man einen Stein
finden, aus dem eine wahre Arzney auf Menſchen
und

(d) P. II. C. I. §. 7.   (e) Chym. Werke, Hamb.
p. 167.   740. 8. S. 738.

und Metalle zu verfertigen: Vifitabis Interiora Terrae Rectificando, Invenies Occultum Lapidem Veram Medicinam, in welchen Worten die Anfangsbuchsta= ben eines jeden derselben zusammen gesetzet, das VITRIOLVM anzeigen. Ob ich nun schon weiß, daß hier hauptsächlich von dem ⊕-ʒ der Weisen die Rede ist, so ist gleichwohl sehr bedenklich, daß eben dieser ⊕-ʒ der Weisen, ohne den eingreifen= den Geist des, dem ⊕-ʒ so nahe verwandten ♆ls, als des rechten Goldmachers im mineralischen Rei= che (f) nicht können sichtbar gemacht werden. Wenn nun dieser Vitriol, als die erste metallische Wesenheit, welche die Natur in der Erde durch des Sulphurs Macht wirket, auf die in unserer Schule der Weisheit hergebrachte Art, d. i. ohne Zerstörung seiner gebenedeyten Grüne oder wech= selnden Kraft gereiniget werden, so werden ohne allen Zweifel, gesammte fremdartige Theile davon geschieden, und die reine solarische Metallkörper gebührende Eigenschaft heraus gewendet werden. Wird nun dieses also geneigte metallische ⊖ fer= ner durch die Kunst in ein feuriges Naß verkeh= ret, in welchem alle dessen Theile in einem anati= schen Gleichgewicht unzerstörlich schwebend befind= lich; was muß solches nicht für ein eingreifendes

N 5 Auflöse=

(f) E. L. D. K. Tri= und Leipz. 771. 8. S. 3. umphwagen des Vitriols. Frf.

Auflösemittel seyn? Sollte wohl für dessen Falken=
klauen das unüberwindliche Gold bestehen können?
Nein, gewiß nicht! dieses versichern uns unsere
weisen Meister, und die können uns nichts als
Wahrheit sagen, wie wir davon durch die Erfah=
rung überzeugt werden. Denn wir können mit=
telst dieses herrlichen Nasses den ganzen Körper
des Goldes dermaßen unwiederbringlich aufschlief=
sen, daß es nach unsern Belieben entweder flüch=
tig mit übersteigen, oder aber in einen fixen tink=
turalischen Körper verwandelt werden kann, der
gar leicht durch das vegetabilische Reich, als das
Mittelding zwischen dem mineralischen und ani=
malischen, in ein trinkbares ☉ zu erhöhen, dessen
Kräfte in der Arzneykunst kaum auszusprechen.

Nicht nur aber das Gold allein, sondern
auch alle rothe metallische und mineralische
Schwefel, können durch diesen Weg in die herr=
lichste medicinalische Oele und Tinkturen gebracht
werden. Nun sind aber diese Schwefel nach dem
eigenen Geständnis der Herrn Aerzte nicht nur
Anodyna oder schmerzstillend, sondern auch Seda-
tiva, oder solche, die nach unserer Art zu reden,
den erzürnten Archäus oder Lebensgeist zu besänf=
tigen, und ihn zu denen, zum Leben und Gesund=
seyn so unentbehrlichen Naturverrichtungen, wie=
der geschickt zu machen vermögend sind.

Dem

Dem Eisen insbesondere wird eine sonderbare
Kraft, in Heilung der Milzkrankheiten, zugeschrie=
ben, daher findet man in denen heutigen pharma=
ceutischen Werkstätten: Limaturam Martis, Crocum
adstringentem und aperitivum, ingleichen eine so=
genannte Ram ♂tis. Allein, was wollen diese
theils ganze, theils halbrohe Metalle mit ihrer
geringen Heilkraft, gegen die, durch unsere natur=
gemäße Zubereitung völlig umgekehrte und ganz
und gar auf dem Gipfel der höchsten Vollkom=
menheit versetzte, metallische und mineralische Schwe=
fel sagen; denn jene verrichten ihr geringes Ver=
mögen nur in denen ersten Wegen, (primis Viis)
gehen aber nicht unmittelbar zu dem Sitz der
Krankheiten wie die unsrige, welche, weil sie zart,
eingreifend und durchdringend gemacht, gänzlich
vom Fluch befreyet und in lauter zusammen ge=
pumptete Lichtskörper verwandelt worden, mithin
wahre Arzneyen seyn müssen, (9) so nehmen sie
auch jederzeit ihre Richtung dahin, wohin sie
Kraft ihrer specifiquen Eigenschaft, ihre Wirkung
auszuüben von Gott und der Natur geordnet sind.

Eben dieses muß man von dem Kupfer be=
haupten, welches einige, als eines der heilsamsten
metalli=

(9) Die wahre Medicin des Leibes ist nichts, als das reine Licht der Natur. Amor Proximi. Frft. und Leipzig. 1746. 8. S. 74.

metallifd)en Arzneyen anpreifen. (b) Das durch
unfer Menftruum radicale minerale umgekehrte
Kupfer, ift ein herrliches Heilmittel in vielerley
Gebrechen. Der Weltweife durchs Feuer, unfer
hochwürdiger Bruder von Helmont, pflegte es nur
fein phtlofophifches Gewürz zu nennen, und
fchriebe ihm eine ganz unfehlbare Kraft zu, wegen
feiner güldifchen Tinktur für den Stein zu präfer-
viren. (i) Dahingegen die gemeinen Zubereitungen deffelben billiger maßen nichts anders, als
Mordmittel zu nennen find. Denn fo lange die
aus einem Metalle oder Mineral verfertigten Me-
dicamente noch Brechen verurfachen, fo find und
bleiben fie korrofiv, ätzend und dem menfchlichen
Leibe ein fchädliches Gift, eben wie das Queckfil-
ber, fo lange es noch in feiner laufenden Geftalt
zurückgebracht werden kann, welches aber unfer
philofophifches Waffer auf immer verhindert.

Das Antimonium oder Spiesglas hat zu allen Zeiten, und zwar mit allem Recht, viele Liebhaber gefunden, welches die Zubereitungen zeigen,
deren man fich in denen Officinen bedienet, darunter einige nicht zu verachten, zumal, wenn fie
fleißig und nach der Vorfchrift des Bafilius Va-
lenti-

(h) Poleman hat in feinen
Traktat, von dem Schwefel
der Weifen, der zu Frankfurt
und Leipzig 1747. 8. die Preffe
verlaffen hat, folches gar fchön

gezeiget, und verdienet diefes
Werkgen gelefen zu werden.

(i) Poleman l. c. Cap.
VIII. S. 65.

lentinus, Alexanders von Suchten, und anderer
grossen Scheidekünstler mehr verfertiget worden.
Ich erinnere mich von verschiedenen alten und
jungen Medicinern gehöret zu haben, daß, wenn
sie wüßten, aus diesem Mineral ein süsses Oel
zu bereiten, sie sich zu ihrer vollkommenen Glückseligkeit nichts mehrerers wünschen wollten. Dieses Wunsches, dieses Glückes könnten sie gar
leicht, eben so wie wir, gewähret werden, wenn
sie mit wahrem Eifer und Andacht, ihre Hände zu
dem allmächtigen Schöpfer und Baumeister der
Welt erhüben, ihn in wahrer Gottesfurcht und
Menschenliebe, auch reiner Absicht, anfleheten, damit er ihnen einen Freund zusende, der ihnen den
Weg zum Tempel der Weisheit zeige, und den
Zugang dazu eröfnen möge. Zu nicht geringer
Beförderung ihres Glücks möchte dienen, wenn
sie diese ihre Begierde, so oft sich nur die Gelegenheit dazu ereignete, öffentlich, und zwar vornemlich in grosser Gesellschaft zu erkennen geben,
damit, wenn vielleicht ein oder anderes Mitglied
aus unserer unsichtbaren Verbrüderung zugegen,
es dadurch angelocket werde, sich ihnen zu offenbaren, und sie ihres sehnlichen Wunsches theilhaftig zu machen. Sollten sie diesen ihren Endzweck
erreichen, würden sie gar bald gewahr werden,
wie unverantwortlich sie durch die von Jugend
auf

auf eingesogene mechanische Lehrsäße, die besser
von denen in Stahl und Messing arbeitenden Uhr-
machern, als gewissenhaften Aerzten genüßet werden können, getäuschet und hintergangen worden.
Solches haben verschiedene Arzneyverständige eingesehen, und deßwegen nicht nur eine Verbesse-
rung der ganzen Arzneykunst gewünschet, sondern
sich auch eifrigst bemühet, eine wahre Erkänntnis
unserer wurzelhaften Auflösewasser zu erlangen. Und
es ist auch nicht unmöglich, daß geschickte Naturforscher und geübte Chymicker, sogar ohne unsere
besondere Handleitung, nemlich durchs Gebet,
fleißiges Lesen unserer im Druck liegenden, so viel
Gewissen und Vorsicht erlaubet, ganz deutlichen
Schriften und unausgesetzter Handarbeit, zu dem
Besiß derselben gelangen können; allein! was für
lange Zeit, Wachen, Nachsinnen, oftmaliges Fehlen, Schweis und Mühe gehöret nicht dazu, bis
unter tausenden einer auf die rechte Spur kommt;
dahingegen in unserer Schule der Weisheit, ein
Wißbegieriger und werkthätiger Lehrjünger, in sehr
kurzer Zeit und mit unfehlbarer Gewisheit diesen
Schaß entdecken und erheben kann.

Aber wieder auf das Antimonium zu kommen, so ist sein solarischer Sulphur von unglaub-
licher Kraft, in Absicht auf die menschliche Gesundheit. Und ob er zwar noch einige Unvollkommenheiten,

menheiten, z. B. eine überflüffige Wäßrigkeit in
der Gerinnung an fich gezogen, welche verhindert,
daß er dem ♁ des ☉ des in feiner erhöhten Tu=
gend nicht völlig gleich kommen kann, fo werden
doch diefe Unvollkommenheiten durch die Auflö=
fung in unferm dreyfach flüffigen Merkur ein=
wärts, deffen Vollkommenheiten aber auswärts
und in lauter Uebervollkommenheiten verkehret.
Wenn er nun ferner durch unfere naturgemäße
Ausfüffungen unferer animalifchen Natur Homo=
gen gemacht worden, fo erhält man ganz gewiß
jenes erwünfchte füffe Oel, oder auch nach deffen
philofophifcher Eintrocknung, eine gewiffe Art des
fo beruffenen Lapidis Ignis, welcher auf dem Tri=
umphwagen des Bafilius Valentinus, die erfte
Stelle nach dem Aftro Solis einzunehmen gewür=
digt worden.

Es fchwatzen zwar die Herren Profeffores
Pharmaciä ein langes und breites von der Ver=
füffung metallifcher und mineralifcher Dinge, ge=
brauchen fich auch der nemlichen Mittel, doch
nicht in gehöriger Ordnung wie wir, weil aber
ihre erften Auflöfungen, in Ermanglung der wah=
ren Menftruorum Radicalium nicht konkordanzmäßig,
fo können auch ihre Ausfüffungsmittel nicht bis
zum Mittelpunkt der Gefchöpfe dringen, fondern
fchweben auf der Oberfläche herum, und fchaffen
nichts

nichts nußbares. Weßwegen einige gewissenhafte Aerzte nicht unrecht behauptet haben, es sey viel sicherer und weniger gefährlich, Arzneymittel aus dem Pflanzenreiche zu gebrauchen, als solche chymische, dergleichen die mehresten sind, die man zu unsern Zeiten denen Kranken zu reichen pflegt, so gros immer die Prahlerey seyn mag, mit welcher man einige derselben bis in den Himmel erhebet, als z. B. den in Kornbrandewein aufgelößten ☿ ♁tum, ingleichen die Störkische Zubereitungen der cicuta oder des Schirlings u. s. w.

Wohlan denn, liebe und werthgeschätzte Brüder! untersuchen sie dieses wunderbare Subjeckt, den Vitriol nemlich, mit größtem Bedacht, so werden sie sehr wohl bereitet zur Verfertigung dieses Menstruums schreiten können, wozu ihnen Glück, Heil, Segen und Gedeyen von Oben herab anwünsche, mich aber zum zweyten begebe, welches ist

B. Menstruum radicale animale. Obgleich der Urin, aus welchem dieses verfertiget wird, von den Zergliederern, „als ein überflüssiges Gewässer, „ welches vom Geblüt durch die Tubulos gesondert, durch die Harngänge in der Blase ge„ sammlet, und von dannen, wenn die Natur „ dazu antreibet, wieder weggelassen werden muß‟
- beschrie-

beſchrieben, (f) mithin als ein Auswurf der Na=
tur betrachtet wird. Nichts deſtoweniger iſt un=
ſtreitig, daß in ſolchem eine unbeſchreibliche Men=
ge des flüchtigen merkurialiſchen Naturſalzes ent=
halten. Wir müſſen den Menſchen nicht anders
als einen Univerſalmagneten anſehen, welcher be=
ſtändig durch das bemerkliche Athemholen, an al=
len den Theilen ſeines ganzen magnetiſchen Kör=
pers aber unbemerklich, dieſes balſamiſche ⊖, die=
ſe in der Luft befindliche Lebensſpeiſe, an ſich zie=
het. Und obſchon ſolche durch den Kreislauf, in
denen, von der Natur hiezu beſtimmten Gefäſſen,
eine dem Thierreich eigene Natur an ſich nimmt,
ſo behält ſie dennoch einen beträchtlichen Theil
ihrer Univerſalkräfte. Mit dieſem Menſtruum
kann man nicht nur alle Theile der Thiere, ſon=
dern auch alle Gattungen der Mumien in die
vortrefflichſten Quinteſſenzen verwandeln, und was
dergleichen harnhafte Auflöſewaſſer in Verſüſſung
der metalliſchen Arzneyen, um ſolche der menſchli=
chen Natur annemlich zu machen, vermögen, ſol=
ches wird ihnen die ſchöne Leiter der Verſüſſung
bey unſerm würdigen Homerus deutlich zeigen.

C. Menſtruum radicale vegetabile. Dieſes be=
ſtehet aus dreyen, von einer Mutter entſproſſenen,
im

(f) D. J. J. Weyrs Schatzkammer, im Wort Urina.

O

im innersten gleichwesentlichen Theilen. Der
Weingeist ist nichts anders, als der merkurialische
☿ des Weins. Er ist das Mittelding, welches
das Gold trinkbar und zu einer Medicin auf
menschliche Körper macht. Der Essig kann mit
Recht, als das wahre und vornehmste Saure des
Pflanzenreichs und als das Mittel angesehen wer:
den, welches die entfernten flüchtigen Theile des
Weingeistes, und die veste alkalinische des Wein-
steins, mit einander verbindet. Was dieses Aci:
dum endlich in Aussüssung der metallischen Schwe:
fel für Kräfte habe, solches hat uns Basilius
Valentinus vor mehr denn zweyhundert Jahren
gesagt, und unser oben angezogener Bruder Homerus beschreibet es weitläuftig. Endlich kommt
der Tarter, als das ⊖ des Weins. Solches ist
ein rechter feuerbeständiger Salamander, und ist
einer der vornehmsten Schlüssel zur Kunst. (¹)
Und „obgleich dieses ⊖ aus dem vegetabilischen
„ Reich herstammet, so hat doch der Archæus na-
„ turæ, dieses vegetabile denen Mineralien mit
„ sonderlicher Verwandtschaft verknüpfet, und ihm
„ eine wunderbare Eigenschaft mitgetheilet, denn
„ es mit dem Sale metallorum eine sonderbare
„ Sympathiam hat, dannenhero diese Salien ganz
„ magnetisch gegen einander sich verhalten, weil
der

(1) Theophrast. Paracelsus im Wünschbütlein. S. 33. u. f.

„ der Saame der Metalle in dieſer vegetabiliſchen
„ Erde ernähret und wider ſeine Feinde beſchützet
„ wird.“ (m) Was auch in dieſem Salze für ein
gewaltiges Feuer ſtecket, werden ſie, liebe und
werthgeſchätzte Brüder! erkennen lernen, wenn
ſie den Monteſnyders fleißig leſen werden, deſſen
Worte ich ſo eben hergeſetzt. Wer nun dieſes feu=
rige Salz mit gleich weſentlichen flüchtigen Din=
gen aus ſeinen Mittelpunkt erheben, und in ein
ſolches Naß verwandeln kann, in welchem ☉, ♄
und ☿ auch flüchtig vereinigt ſind, der wird ja
wohl ohne allen Zweifel ein ſehr feuriges Auflöſe=
mittel haben, mit welchem er nicht nur aus allen
Kräutern, Wurzeln u. d. gl. vegetabiliſchen Stü=
cken den rechten heilſamen Lebensbalſam ausziehen,
und ſolchen in ein vollkommenes fünftes Weſen
verwandeln kann, in welchem Farbe, Geruch, Ge=
ſchmack nicht verändert, und die ganze heilende
Kraft vollkommen koncentrirt iſt, ſondern er wird
auch ſelbſt auf die Mineralien und Metallen, nicht
weniger in Reifmachung und Verbeſſerung der
Weine durch ihren eigenen ☿, ♄ und ☉ mehr
zu leiſten vermögend ſeyn, als die Unwiſſenden
glauben. Endlich erſcheinet

D. das Menſtruum radicale Univerſale. Sol=
ches beſtehet aus zweien Subjeckten, die ihres Glei=

D 2   chen

(m) Monteſnyders allgemeine Medicin. p. m. 16.

chen in der ganzen Natur und Kreatur nicht haben. „Die Sphäre des Niters ist aus der gan-
„ zen Welt, hat den Strahl des obern und un-
„ tern Feuers, bestehet aus flüchtigen und vesten
„ alkalischen Theilen, und ist ein Wundersalz der
„ Natur." (n) Wegen des Ueberflusses seines
bey sich führenden Salzes Schamajim, des wahren Natursalzes und flüchtigen zarten Geistes,
„ist es auch dem ☿ gänzlich zu vergleichen, in-
„ wendig heiß, auswendig kalt," wie uns dessen
Basilius Valentinus und die Erfahrung versichert.
„Dieses herrliche Salz ist noch rein und pur von
„ der Natur, ja so zu sagen, der Balsam der
„ Natur, das Leben aller Dinge, der Monarch
„ und Beherrscher der ganzen Welt. Er herr-
„ schet von Mitternacht bis gegen Orient. Er
„ ist die Gebährmutter alles, was worden ist und
„ werden wird. Er ist aller Dinge Tod und Le-
„ ben." (o) Das Kochsalz, als das andere
Stück, aus welchem unser Auflösewasser bestehet,
ist nicht weniger betrachtenswürdig, und voll ätherischen Lichtfeuers. Ja, es ist aller Dinge Leben, denn wenn solches nicht wäre, könnte in der
Natur nichts bestehen, sondern es würde alles in
die Fäulung gehen, dieser Salzbalsam aber verursachet, daß die Geschöpfe in ihren Bestandtheilen
unver-

(n) Welling P. I. C.   (o) Theophrast. Wünsch-
2. §. 29. p. 89.   hütlein. S. 39.

unverrückt erhalten werden, so lange derselbe nicht
in ihnen durch äusserliche Zufälle zerrüttet wird.
Im Mittelpunkt seines Lichtes ist der Sitz der
Weisheit, und es ist jenes himmlische Salz,
aus welchem das gemeine Salz seinen Ursprung
nimmt, und welcher eben wie der ☽ und sein
ätherischer Geist, der Mitwirker unsers feurigen
Wassers und wässerigen Feuers ist, über welchen
kein grösseres Geheimnis in der hermetischen Welt=
weisheit zu finden. Wenn nun dieses unser dop=
peltes Salz, auf eben die Art und Weise, wie
die obenstehende, aus seinem Mittelpunkt erhoben,
und in einen Mercurium triplicatum verwandelt
worden, so erhält man ein solches Auflösewasser,
mit welchem man alle weisse Metallen in medici=
nalische Oele und trinkbare Tinkturen, die ohn=
fehlbare Wunder in den allergefährlichsten Krank=
heiten verrichten, verwandeln kann. Ein durch
dasselbe wiedergebornes Silber wird alle Arten der
Wassersucht, alle Hirnkrankheiten, sie haben Na=
men wie sie immer wollen, ja die Raserey selbst
vollkommen heilen, das verfallene Gedächtnis
wunderbarlich stärken, und sogar die, bis auf die
höchste Stufe gestiegene Epilepsie, aus dem Grun=
de zu heben, gleichwie das auf ebenmäßige Art
zubereitete Zinn, alle Gattungen der Muttergel=
brechen.

Nicht

Nicht nur aber obangeführte Tugenden und Eigenschaften allein, besitzen unsere vortreflichen Menstrua radicalia, sondern sie haben auch noch überdem die Kraft, alles Gift in den heilsamsten Gegengift zu verkehren. Das Arsenick wird durch das Menstruum radicale minerale der weißen Astrorum in eine Panacée wider den Krebs, Noli me tangere, und andere dergleichen scheusliche Gebrechen, ja wider die Pest und gesammte ansteckende Krankheiten verändert. Gleichwie das laufende Quecksilber, oder dessen korrosiver Sublimat dadurch zu einem überfixen Präcipitat gemacht wird, welcher das rechte Corallinum des Paracelsus ist, und das Podagra in kurzer Zeit völlig ausrottet.

Mit dem Menstruo radicali Vegetabili kann man das Opium, eben wie die Cicutam, oder den Schirling, aller seiner Schädlichkeit auf einmal dergestalt berauben, daß sie alle diejenige gefährlichen Zufälle, die sie zu verursachen pflegten, als sie noch mit ihrer giftigen Unart beflecket waren, mit Strumpf und Stiel auszurotten vermögend werden. Die schwarze Niesewurzel, (Helleborus niger,) wird dadurch zu einer wunderbaren Medicin in Milzbeschwerungen, Melancholie, Raserey, Schlag, Schwindel u. d. gl. Von dieser herrlichen Wurzel ist bekannt, daß durch deren recht=

mäßigen

mäßigen Gebrauch, die natürlichen Kräfte des
Menschen dermaßen vermehret und gestärket wer=
den, daß derselbe gleichsam in den Stand der
Jugend wieder verschet wird. Hievon ist die gan=
ze Naturgeschichte angefüllet. Und obschon einige
Profanen an der Zuverläßigkeit, der in selbiger
angeführten Beyspiele, zweifeln wollen. So
wissen wir doch in unsern Lehrschulen der Weis=
heit, daß dieselben nichts weniger als unglaublich
sind. Denn es haben, nach unsern in der Natur
vestgegründeten Lehrsätzen, „alle giftige Sachen
„ einen Balsam bey sich, so zu des Menschen
„ Leib bequem, und das in ein Arkanum redi=
„ girte Gift, ist nach seiner wahren philosophi=
„ schen Reinigung kein Gift mehr, sondern eine
„ vortrefliche Arzney.“ NB. (p) Wir wollen also
diesen Redeabschnitt und unsere belehrende Vorle=
sung selbst mit den Worten eines neuern Schrift=
stellers beschliessen, die folgendermaßen lauten:
„ Wer das fixe Salzfeuer aus dem *Centro* der
„ Salien erheben kann, der hat kein geringes
„ erhalten.“ (q) Nun ist zwar hier vornemlich
die Rede von der wunderbaren Scheidung der

D 4   Elemen=

(p) Oswald. Crollii.
Basilica chym. Frf. am M.
1646. in 4. in der Erinne=
rungsvorrede. §. III. S. 51.
und 53.

(q) S. das Geheimniß der
Verwesung und Verbrennung
aller Dinge. Frf. a. M. 1759.
8. S. 86.

Elemente, die in einem weit höhern Grad gehöret, und durch welche die Thür zu noch grössern Geheimnissen eröfnet wird. Indessen lässet sich solches nicht minder auf unsere wurzelhafte Auflösewasser gar füglich anwenden.

Sehen sie demnach, liebe und werthgeschätzte Brüder! mit was für einem grossen Geschenk die Gütigkeit unserer hohen Obern, uns, auch schon in den ersten Graden, zu erfreuen gewürdiget hat. Lassen sie uns diesen milden Gutthätern, durch lebenslänglichen Gehorsam, Treue, Liebe, brüderliche Rechtschaffenheit, Eifer und Werkthätigkeit, den verbindlichsten Dank abstatten. Vor allen aber bitten sie in erhöheter Geisteskraft, aus innersten Grund ihres Herzens andächtig, daß GOtt und seine Weisheit mit uns sey, und wie wir hier wahre Söhne der Weisheit, in jener glückseligen Ewigkeit aber, Auserwählte Gottes werden mögen. Amen!

Verbum Electri.

Versammlungsrede

an

die Brüder

von der

Hermetischen Weltweisheit,

ihrem

Alterthum, Vortreflichkeit

und

Nutzen.

Neuntes Stück.

Q 5

O del divin' Ermete

Emoli figlj, a cui *l'Arte paterna*

Fà che Natura appar fenza alcun velo,

Voi fol, fol voi fapete,

Come mai fabricò la terra, e'l Cielo

Dall' indiftinto Chaos la mano eterna.

La grande opera voftra

Chiaramente vi moftra,

Che Dio nel modo iftesfo, ond' è produtto

Il Fifico Elisfir, compofe 'l tutto.

Lux obnubilata fuapté natura refulgens

Canto. I.

Agonagogerus: sculp:

Rede

Von der hermetischen Weltweisheit, ihrem Alter-
thume, Vortreflichkeit und Nutzen.

Aber muthwillig wollen sie dieses nicht wiß-
sen, daß der Himmel vorzeiten auch war, und
die Erde, die aus dem Wasser herfürkommen
war, und im Wasser bestunde, durch das Wort
Gottes. 2. Petri 3. v. 5. 6. 7.

Werth-

Werthgeſchätzte liebe Brüder!

Die hermetiſche Weltweisheit, von welcher ich in gegenwärtiger Verſammlung zu reden entſchloſſen bin, hat ihren Namen von dem zweyten Hermes, einem Abkömmlinge des Kanaans, welcher kurze Jahre nach der Sündfluth gelebt, bey dem erſten König in Egypten Menes, der ein Sohn Chus, des Sohns Cham, mithin ein Urenkel des Noä war, die Stelle eines Rathgebers bekleidet, und unter allen damals lebenden patriarchaliſchen Nachkommen einer der Gelehrteſten, wo nicht der allergelehrteſte, wenigſtens in der Naturkunde, der damit verknüpften Scheide- und Arzneykunſt, und andern Theilen der Weltweisheit, geweſen. Die wahre Bedeutung ſeines Namens, zeiget dieſes unwiderſprechlich an, denn die egyptiſche oder phöniciſche Benennung Thoyt, Thot, oder Taart, will eben, wie deſſen arabiſcher Name, Adris, und der griechiſche Hermes, nichts anders ſagen, als ein Lehrer der verborgenen und geheimen Wiſſenſchaften.

Der Urſprung beſagter Weltweisheit, ſchreibet ſich unmittelbar von Adam und den Patriarchen, ſeinen Nachkommen, her, und in dieſer Schule hatte ſie auch unſer Thot, oder Hermes, erlernet. Deſſen giebt uns einen überzeugenden
Beweis

Beweis, die smaragdinische Tafel, welche so ge=
nau mit der Naturlehre der alten Urväter überein=
stimmet, daß nichts gleichers seyn kann. Da aber
selbige das einzige ächte Stück, daß wir aus sei=
ner gelehrten Werkstatt haben, aber dabey ziem=
lich kurz, ohngeacht es in seinem kleinen Raume
einen sehr grossen Schaß, und zwar die ganze
Summe philosophischer Gelahrheit in sich fasset;
so müssen wir die göttliche heilige Schrift zu
Hülfe nehmen, und hauptsächlich zu dem ersten
Hauptstück des Buches der Schöpfung uns ver=
fügen, als woselbst wir einen zwar kurzen, doch
deutlichen und hinlänglichen Begrif dieser Welt=
weisheit antreffen werden, welcher um so richtiger
und verehrungswürdig ist, weil er seinen Ursprung
aus der Schule der selbstständigen Weisheit her=
leitet, auch ein unumstößlicher Beweis ihres Al=
terthums ist.

Nun wollen zwar die mehresten heutigen lü=
sternen Naturforscher nicht zugeben, daß man
in philosophischen Gegenständen bey der heiligen
Schrift sich Raths erholen solle, unter dem wich=
tigen Vorwand, die Absicht des heiligen Geistes
gienge nicht dahin, uns zu Naturkündigern, son=
dern zu Kindern Gottes zu machen. Allein, und
ob zwar dieses einen vernünftigen Grund zu ha=
ben scheinet, so ist nicht weniger ganz unstreitig,

und

und das Gegentheil zu behaupten würde eine
Gotteslästerung seyn, daß nemlich, gesetzt! es wäre
die Hauptabsicht des heiligen Geistes nicht dahin
gegangen, (wie es auch der Wahrheit gemäs ist,)
uns zu Weltweisen zu machen, der göttliche Philosoph Moses uns unmöglich mit einer Unwahrheit habe hintergehen können. Einige profane Gelehrte haben dieses eingesehen, und deswegen davor gehalten: „daß derjenige, welcher eine reine
„ und nicht geschminkte Abbildung der gegründe
„ ten und wahren Weltweisheit zu sehen verlan
„ ge, der müsse zu der heiligen Schrift gehen,
„ und sie in selbiger zu finden, sich angelegen seyn
„ lassen.‟ (a) Hierzu kommt noch der Beytritt
unserer weisen Meister, welche die wahre Känntnis der Natur haben, die besagtes Lehrgebäude als
das älteste, reineste und sicherste in unserer Schule der Weisheit, von je an, zum Grund ihrer Uebungen gelegt haben, und so breitete sich die Wißsenschaft, durch die Mühe und Unterweisung unserer damaligen Mitverwandten, in der Stille auf
alle Völker des bewohnten Erdbodens aus. Die
Phönicier und Celten waren diejenigen, welche bis
in Illyrien, Sicilien, Sardinien, die balearischen
Inseln,

(a) Qui puram et non
fucatam veræ et genuinæ
Philosophiæ imaginem intueri cupit, is in ipsis sacris litteris eam contempletur, necesse est, *Buddeus* de Philosoph. Ebræor.
§. 53. (m) p. m. 398.

Inseln, Gallien und Grosbritannien durchdrun=
gen, und diese Völker unterrichteten. Dasjenige,
was ihnen entwischet, wurde durch die Griechen,
die nichts anders als metamorphofirte Phönicier
waren, (b) ausgefüllet. Ja sogar die entferntes=
sten Theile des mitternächtlichen Europa waren
davon nicht ausgeschlossen. Einige halten dafür,
der griechische Prinz Ulyffes von Ithaka, welcher
auf seinen Reisen in diese Länder verschlagen wor=
den, habe die Bewohner derselben in den Wissen=
schaften unterrichtet, (c) ihnen den Eingang zum
Tempel der Weisheit gezeiget, und sey zur Dank=
barkeit von ihnen, unter dem Namen Orbin oder
Odin, der Zahl der Götter einverleibet worden.

Bey welchem letztern Buch aber, ohngeach=
tet der grossen Gelahrtheit, so in selbigem herr=
schet, vieles zu erinnern wäre, welches der Verfaf=
ser aus Mangel geheimer Känntniffe, und durch die
unter denen profanen Gelehrten herrschenden Vor=
urtheilen hingerissen, nicht eingesehen haben mag.

Wir

(b) Voyez *Larrey*. Hi-
ftoire des fept fages part.
I. pag. 359. et Suiv.
    (c) Vid. *Ioan. Rami* U-
lysfes et Othinus, unus et
idem, f. Difquifit. Hiftor.
et Geographica, qua ex
collatis inter fe Odysfea
Homeri, et Edda Iflandi-
ca Homerizante, Othini
fraudes deteguntur, ac de-
tracta larva in lucem pro-
trahitur Ulysfes. Hafniæ
1702. 8.

Wir müssen aber nun auch sehen, worinn denn eigentlich der Hauptgrund dieses Systems beruhe, und ob die göttliche Offenbarung mit selben übereinstimme? Diese sagt uns, (Genes. 1. v. 1.) daß die Welt einen Anfang gehabt, ja sie nennet uns sogar denjenigen, dem sie diesen ihren Ursprung zu danken gehabt, nemlich Gott, den allmächtigen Schöpfer Himmels und der Erden. Eben dieses glaubten auch die alten Egyptier, als die ersten Lehrjünger des Hermes, und unterscheideten sich hierinn von dem Aristoteles und denen meisten griechischen Weltweisen. Ersterer glaubte, die Welt sey von Ewigkeit her, in eben der Gestalt, Ordnung und Zierde, in der wir sie erblicken, mit allen ihren darauf befindlichen sichtbaren und unsichtbaren Geschöpfen bestanden, mithin Gott gleich ewig. Letztere kommen alle darinnen überein, daß der Stoff, aus welchem solche entstanden, zwar Gott gleich ewig, sintemal es unmöglich sey, daß aus Nichts, Etwas entstehen könne. (b) Liessen aber gleichwohl aus Höflichkeit dem Schöpfer die Ehre, daß er diese anfänglich verwirrte, unter einander gelegene Materie, in eine solche Ordnung gebracht, in welcher sie dermalen stehet. Ganz anders dachten die Egyptier und
der

(b) Gassendus ap. *Wolff.* nichæos. p. m. 21.
de Manichæismo ante Ma-

der Hermes. Sie glaubten einen allmächtigen
Baumeiſter, ſo wie ſie es von ihren Vätern den
Patriarchen gelernet hatten. Man darf nur die
Worte der ſmaragdenen Tafel beherzigen, woſelbſt
es heißt: Omnes res fuerunt ab initio meditatione
unius, d. i. „Alle Dinge waren vom Anfang,
„ durch den ſchaffenden Begrif eines Einzigen;‟
welches hoffentlich deutlich und hinlänglich genug
iſt, die jüngeren Platonicker zu widerlegen, die
den Leuten weiß machten, ihre Meynung von
der Präexiſtenz der Materie, ſey aus egyptiſchen
Quellen geſchöpfet worden.

Dieſes ſchaffende Weſen, nennten beſagte
Egyptier Emempht oder Hemphta, und ſchrieben
ihm alle diejenige Eigenſchaften zu, die dem all:
mächtigen Baumeiſter der Welt, in dem patriar:
chaliſchen Geſetz der Natur zugeſchrieben werden.
Die Phönicier nennten Gott Adad und Jao.
Erſters will eben ſoviel ſagen, als der Einige,
letzters aber iſt das hebräiſche Wort Jehovah,
oder ewig Barmherzige. Die uralten Perſer be:
namten ihn Oromatzes, oder Orimaſda, d. i. das
ſelbſtſtändige göttliche Feuer und Licht.

Mein Vorhaben, und die Kürze der Zeit,
leidet nicht dieſes alles weitläuftiger auszuführen,
doch muß unumgänglich hier anmerken, daß un:
ter allen älten Weltweiſen derjenigen Völker,

P   welche

welche die Griechen Barbaren nennen, kein einziger angetroffen werde, der ein Gottesverläugner,
oder sogenannter Atheist gewesen wäre; da hingegen
bey den Griechen, deren nicht wenige zu finden
waren. Die Ursach mag wohl diese seyn, daß
jene länger bey der patriarchalischen Lehre, und der
hermetischen Naturkunde, die so geschickt ist, die
Menschen zu Gott zu führen, geblieben; diese
aber, wegen ihrer gar zu lebhaften Einbildungskraft und Hang zu dichterischen Erfindungen, solche eher, als jene, mit vielerley Nebendingen und
Zusätzen besudelt und verwirret haben, durch welche Verwirrungen es endlich dahin gediehen, daß
viele unter ihnen gar nichts mehr glaubten. Lucian, welchen einige, wiewohl mit nicht allzu wichtigen Gründen unter die Freydenker setzen, da er,
meiner Meynung nach), ein Mann war, der sich
sehr sinnreich über die Fratzereyen der griechischen
Götterlehre aufhielt, und deren Nichtigkeit eingesehen haben mag, lässet sich sehr artig vernehmen:
„daß, da es mit der heidnischen Religion, wie
„selbige zu seiner Zeit bey dem gemeinem Volk
„im Schwange gegangen, eine solche Beschaffen-
„heit habe, nichts destoweniger aber von demsel-
„ben für wahre und ernsthafte Dinge gehalten
„würden, so hätte man, um die Lächerlichkeiten
„derselben einzusehen, nichts anders nöthig, als
„eines

„ eines Demokrits und Heraklits, deren der erste=
„ re, die Narrheiten desselben belache, der andere
„ aber seine Unwissenheit beweine." Doch es ist
Zeit, daß wir uns zu dem Urstoff wenden, aus
welchen alle sichtbare Geschöpfe der drey Natur=
reiche ihren Ursprung genommen.

Dieser war anfangs nichts, als ein finsterer
unansehnlicher Klumpen, in welchem die flüchti=
gen und firen Bestandtheile und Urwesen der gan=
zen Natur und Kreatur, verwirrt untereinander
beschlossen lagen. Die Chaldäer nebst den Egy=
ptiern, als Erben patriarchalischer Weisheit, nenn=
ten diesen noch unreifen Inbegrif aller erschaffenen
Saamenskräfte *Athor*, oder die *Nacht*, die Kab=
baliften *Ensoph*, die Griechen und Römer aber
Hyle, Tartarus und *Chaos*, welche letztere Benen=
nung auch in unserer Schule der Weisheit am
meisten gebrauchet wird. *Aristophanes*, (e) *Dio=*
dor der Sicilianer, an dem Orte, wo er die Mey=
nung der Phönicier erzehlet, (f) und *Ovidius* (g)
beschreiben dieses *Chaos* so schön, daß man glau=
ben sollte, er habe solches aus der heiligen Schrift
genommen, wie auch vermuthlich. Der vorneh=
me Professor göttlicher Naturlehre *Moses*, wel=

P 2 cher

(e) Beym *Burnet* in
theor. tellur. S. L. I. C. 7.
p. 130.

(f) ap. *Burnet.* l. c.
L. II. C. 10. p. 136.
(g) Metamorph. L. I.
fab. I.

cher uns das glaubwürdigste Lehrgebäude dieser
Wissenschaft hinterlassen, stellet uns dieses Chaos
(Genes. 1. v. 2.) als einen finstern und leeren
Raum, als eine unergründliche Tiefe vor, sagt
uns aber zugleich, daß auf dem Wasser der Geist
Gottes geschwebet habe. Warum sagt er aber
auf dem Wasser? da er doch zuvor von der Erde auch geredet hatte. Er wollte nemlich dadurch
anzeigen, daß in diesem verwirrten Wesen alle
vier Elemente annoch unvertheilt eingeschlossen
und noch mit der Feuchte befangen gewesen,
gleichwie es in der Schöpfung der kleinen Welt
des philosophischen Steins ebenfals geschiehet, da
die wäßrige Feuchtigkeit anfänglich die Oberhand
hat, ehe die gebenedeyte wiedergeborne Erde sich
zu Tage giebt.

Woher hatte aber wohl dieses Wasser seinen
Ursprung? Ich will es mit den Worten unserer
weisen Meister sagen, weil doch keine bessern zu
finden. Hören sie solche mit Aufmerksamkeit an!
„ Die Allmacht, (sagen sie,) erweckte ein mäch-
„ tiges △ Feuer, aus diesem gieng ein unermeß-
„ sener Dampf, dieser löste sich auf und wurde
„ zu ▽ Wasser.“ Solches war nun jenes mit
Feuer gemischte Wasser, auf dem sich der maje-
stätisch schaffende Geist Gottes herab liesse; doch
nicht auf die Art, wie die erste Reaction geschehen

hen war, da die düstere, zitternde und traurige
Finsternis, wie sie der dritte Hermes gar artig
und konkordanzmäßig benamet, durch das, die
göttliche Allmacht überall begleitende Feuer vertrie=
ben werden mußte, (h) sondern durch ein sanftes
Sausen, welches gemeiniglich die Aeusserung ist,
mit welcher der Geist der Weisheit seine Gegen=
wart zu erkennen giebt. (i) Die Phönicier, wel=
che die wahre patriarchalische Weltweisheit durch
Erbrecht erhalten, beschreiben diese Einwirkung,
diesen ersten Liebeskuß des allerhöchsten Baumei=
sters der Welt in die Materie, unter dem Bilde
einer wirbelnden Luft, Similis aeris turbini, wie
Aristophanes am oben angezogenen Orte berich=
tet. Die jüngern Egyptier, nachdem sie bereits
ziemlich von der ersten erzväterlichen Einfalt ab=
gewichen waren, verglichen dieses Schweben des
heiligen Geistes über dem Wasser, dem Geschäft
einer Tauben, welche über ihren Eyern sitzet; da=
her nennten sie auch das Chaos das Ey des
Emempht, oder des höchsten Baumeisters der
Welt, gaben vor, er habe solches aus seinem

P 3

Munde

(h) Philaletha von der
Natur des Menschen. S. 189.

(i) Apostelgesch. 11. v. 1.
Es stehet zwar in der heiligen
Schrift, daß es ein starker
Wind gewesen, welcher die
Gegenwart des heiligen Gei=
stes angezeiget, aber im Grie=
chischen wird es durch ein Wort
ausgedruckt, welches oftermals
auch von dem Hauch oder
Athem eines Menschen ge=
braucht wird.

Munde ausgespien, (f) und aus diesem Ey die erschaffenen Gottheiten herfürgebracht.

Hieraus siehet man, 1.) daß die Egyptier niemals in den Irrthum der Griechen verfallen, die eine ewige, Gott gleiche Präexistenz der Materie geglaubt, denn sie sonst nicht hätten sagen können, daß das Emempht das Chaos aus seinem Munde ausgespien. Woraus denn 2.) der Beweis folgt, oder vielmehr denen jüngern Platonickern durch diesen Ausdruck nur Gelegenheit gegeben worden, zu behaupten, die Materie sey aus dem Wesen Gottes ausgegangen, und als ein abgerissener Theil desselben zu betrachten, welcher Irrthum bey denen Weigelianern und andern Schwärmern noch im Schwange gehet, in unsern Schulen aber durch die Experienz des grossen Naturwerks der Kunst widerleget wird. Was nun 3.) die Gottheiten anbelangt, die aus besagtem Ey oder Chaos hervorgebrochen, so waren es gewis keine andere, als die vier wirkende elementarische Eigenschaften, die drey Grundwesen der Geschöpfe Θ, ♁ und ☿, und die sieben himmlische und irrdische Planeten, welche diese ehemals ganz reine egyptisch-philosophische Brüder in spätern Zeiten vergötterten, ihre magisch-chymische
Bedeu-

Bedeutung aber unter dem Schleyer der Gedichte verhülleten, damit der wahre geheime Sinn derselben, vor den Augen der Profanen aufs beste verdeckt bleiben möchte.

Aber wieder auf unsern göttlichen Scheide-künstler oder Ruach Elohim zu kommen, so bewegte derselbe das „durch die erste Reaction in „Wasser aufgelößte Chaos aufs neue, vereinigte „die in selbigen eingeschlossene widerwärtige Ge-„schöpfe, und fügte sie also chaotisch ☿ zusam-„men, da dann abermals in sich selbst, d. i. „durch die Kraft, des in der Materie arbeiten-„den Geistes, eine neue Scheidung entstunde, „und sowohl die Luft △, als auch die ▽ „Erde sichtbar hervorgebracht, und nach denen „sechs Tagewerken die Schöpfung in sieben, als „durch die Zahl der Weisheit vollendet wurde.‟

Sehen sie also, liebe und werthgeschätzte Brüder! in dieser unserer wahren Naturlehre, nichts als die reine Sprache der Natur, „welche „die Stimme der Welt auf das getreulichste „nachspricht, und gleichsam durch das erschaffene „Ganze selbst in die Feder geflösset worden, und „welche nichts anders ist, als derselben Bild „und Wiederstrahlung, sintemal sie nichts von „den ihrigen hinzufüget, sondern nur antwortet

P 4   „und

„und wiederſchallet." (¹) Es iſt diejenige, wel=
che ihre Anfänge nicht mit allerley gerade und
krummlienigten, gleich und ungleichen, runden
oder viereckigten, glatten, höckrigten, hacken = an=
gel = wirbel = und ſchlangenförmigen, vieleckigten
kleinen Theilchen, und was dergleichen ſchöne Ra=
ritäten mehr ſind, ausſchmücket. (m) Welche nicht
mit Vernachläſſigung, der von dem Baum uns
reichlich dargebotenen Früchten, ſich in neugieriger,
aber meiſt unnützer Unterſuchung der Wurzel, und
mit Abmeſſung der Faſern, aus welchem ſolche zu=
ſammen geſetzt, beſchäftiget. (n) Welche ſich nicht
mit der Schaale und Figuren aufhält, den Kern
und das Weſen der Körper aber übergehet, und
die Zeit mit unnützen Grillen verdirbt. (o) Die
nicht mit Vergröſſerungsgläſern und Brillen allein
auf der Oberfläche der Körper herumklettert, und
die Geſchöpfe nur nach ihren äuſſerlichen Gewebe
betrachtet. (p) Sondern, die in wenigen von in=
nen,

(¹) Ea demum vera eſt
philoſophia, quæ mundi
voces fideliſſime reddit,
et veluti dictante mundo
conſcripta eſt; et nihil
aliud eſt, quam ejusdem
ſimulacrum et reflexio,
neque addit quidquam de
proprio, ſed tantum ite-
rat, et reſonat. *Verulam.*
de ſapientia Veter.

(m) I. D. MAIORIS
Genius errans. Kiliæ.1672.
in 4. Cap. IX.

(n) D. A. E. BERLI-
CHIS Aſſ. de Medicina
univerſali. C. 2.

(o) D. J. F. Henkels
Flor. Saturniz. in der Vor=
rede. Bl. 19.

(p) Amor Proximi. S.
6. u. f.

nen, den wahren Grund suchet, und aus diesem
wahren Grund alles, ja auch die weitläuftige Pe=
ripherie selbst erkennen lernet. (q) Dieses ist die
rechte fruchtbare Philosophie, die von Gott kömmt,
von ihm selbst, wie wir von unserm weisen Mei=
stern gehöret, dem Adam gelehret, durch mündliche
Fortpflanzung von den Erzvätern auf Noa gelan=
get, und durch seine Kinder und Enkel den
Egyptiern, Phöniciern, Chaldäern, Ethiopiern,
Indianern, ja selbst den Chinesern mitgetheilet
worden, und heutiges Tages bey den ächten her=
metischen Weltweisen, welches da sind, die geseg=
neten Mitglieder unserer geheiligten Verbrüderung,
aufbehalten wird. Aus diesem, was oben gesagt
worden, werden sie, liebe und werthgeschätzte
Brüder! unschwer, sowohl das Alterthum, als
auch die Vortreflichkeit dieser unserer hermetischen
Naturlehre einsehen lernen, daß mithin nichts
übrig, als noch den dritten Punkt, welcher den
Nutzen derselben betrift, zu betrachten.

Der Nutzen dieser Weltweisheit ist so groß,
daß selbst der Herr von Leibnitz, ob er schon ei=
ner der größten Beförderer der, heutiges Tages so
beliebten, mechanischen Naturlehre gewesen, dennoch
zugestehen muß, es sey unmöglich, daß die ächte
und nutzbringende Naturkunde, ohne die Hermetick

P 5 oder

(q) Amor Proximi. S. 6. u. f.

oder Scheidekunst, einen erwünschten Fortgang ha=
ben könne. (r) Es ist die Chymie ein unerschöpfli=
cher Brunn der Gnade Gottes, wie ein erfahrner
Arzt, (s) der Wahrheit gemäs, versichert. Auch
kann unmöglich einer den Namen eines Gelehrten
führen, wofern er kein Hermeticker ist. (t) Denn
„ ein solcher verstehet die eigentliche Beschaffenheit,
„ wie das centralische Feuer, so allenthalben ge=
„ fangen liegt, entdecket und zur Wirklichkeit fähig
„ gemacht werden soll, und wie das wirkende, wenn
„ es von seinem leidenden befreyet, in ein jedwedes
„ Compositum eingreifen, selbiges absondern, auf=
„ lösen, und sein innerstes aus = und abscheiden
„ möge.“ (u)

Dieses grosse Kunststück zu bewerkstelligen, müs=
sen wir uns niemals, weder von der Schöpfung, als
dem Bild und Muster, nach welchem wir unsere Ar=
beiten einrichten müssen, noch von den Grundlehren
der wahren hermetischen Weltweisheit entfernen.
„ Wir müssen das Chaos ☿ (des Makrokosmus
„ sowohl, als des Mikrokosmus) erkennen, auch die
„ vier Elemente wohl zu scheiden, die drey Principia
„ oder Anfänge, d. i. ☉, ♄ und ☿ herauszubrin=
„ gen, zu reinigen, und naturgemäs wieder zu verei=
„ nigen

(r) vid. Maupertuisiana.
(s) Oehme.
(t) *Nuysement* du sel des philosophiques gleich
im Anfange.
(u) Wasserstein. p. m. 18.

„ nigen lernen;“ — so werden wir alsdenn wahre Söhne der Weisheit genennt zu werden verdienen. Wir werden auch im Kleinen, die Schöpfung der Grossen, in Verfertigung unserer kleinen Welt nachzuahmen, auf der siebenten Stufe des herrlichen Naturpallasts zu stehen, und den Thron Salomons am nächsten zu seyn, würdig erfunden werden. Alsdenn wird uns die Lobeserhebung mit Recht gebühren, die uns ein neuer Schriftsteller (r) in folgenden Worten beyleget: „Von euch, o ihr in Wahrheit Glückselige,
„ die ihr die obern Wasser mit den untern mit der
„ Veste zu verbinden im Stande gewesen seyd, von
„ euch, die ihr die Geschicklichkeit erlangt habt, die
„ Erde mit Feuer zu waschen, und mit Wasser zu
„ verbrennen, hernach zu subliniren; von euch, sage
„ ich), wird alle Dunkelheit fliehen, und alle Arten
„ der Ehre und des Glücks werden euch auf Erden
„ begleiten. Ihr habt die nicht nässende obere Was-
„ ser gesehen, ihr habt das Licht mit euren Händen
„ behandelt, ihr habt gezeigt, daß ihr die Wissen-
„ schaft habt, die Luft zusammenzudrucken, ihr habt
„ die Erde zu nähren und sie in ☿, ☉, und gar in
„ ♄ zu erhöhen, vollkommen erlernet, ihr habt den
„ Mittelpunkt erkannt, und daraus die Lichtstrahlen
„ zu ziehen gewußt, und durch das Licht die Finster-
„ nis

(r) Das aus der Finsternis von sich selbst hervorbrechende Licht. Langensalz 1771. 8. Geß. 1. Kap. 3. S. 76. u. f.

„ nis zu zerstreuen, und neu Tageslicht zu sehen.
„ Euch ist der Merkur geboren, und der Mond be:
„ findet sich in euren Händen, er ist zum andernmal
„ geboren und in würdigern Stand gesetzet worden.
„ Ihr habt die Sonne in ihrer Röthe und den
„ Mond in seinen weissen Glanz bewundert, und
„ alle Sterne am Firmamente, mitten in der Fin:
„ sternis der Nacht betrachtet. Was soll ich noch
„ mehr sagen, ihr habt ein Chaos hervorgebracht,
„ und demselben eine Form gegeben, die ihr von
„ ihm selbst ausgezogen, und folglich ist die erste
„ Materie in euren Besitz gewesen, welche ihr mit
„ einer viel edlern Form, als die vorige war, verse:
„ hen, und ganz und gar in eine vollkommene Form
„ versetzet habt."

Diese Gnade verleihe uns die selbstständige ewi:
ge Weisheit, welche von Anbeginn unserer gesegne:
ten Stiftung bey und mit uns ist: Jesus Christus,
unser theuerster Erlöser und Seligmacher, welchem
sey Lob, Ehre, Kraft und Benedeyung in alle Ewig:
keit. Amen! Amen! Amen!

Verbum Electri.

Versamm•

Verſammlungsrede

an

die Brüder

von dem

groſſen Nichts,

aus welchem

die Welt

erſchaffen worden.

Zehntes Stück.

Era dal *Nulla* uſcito

Il tenebroſo Chaos, masſa difforme,

Al primo Suon d'onnipotente labbro :

Parea, che partorito

Il disordin' l'avesſe, anzi che fabbro

Stato ne fosſe un Dio; tanto era in forme,

Stavano in operoſe

In lui tutte le coſe,

Esenza Spirto diviſor, confuſo

Ogni elemento in lui ſtava racchiuſo,

Lux obnubilata etc.   Cant. I.

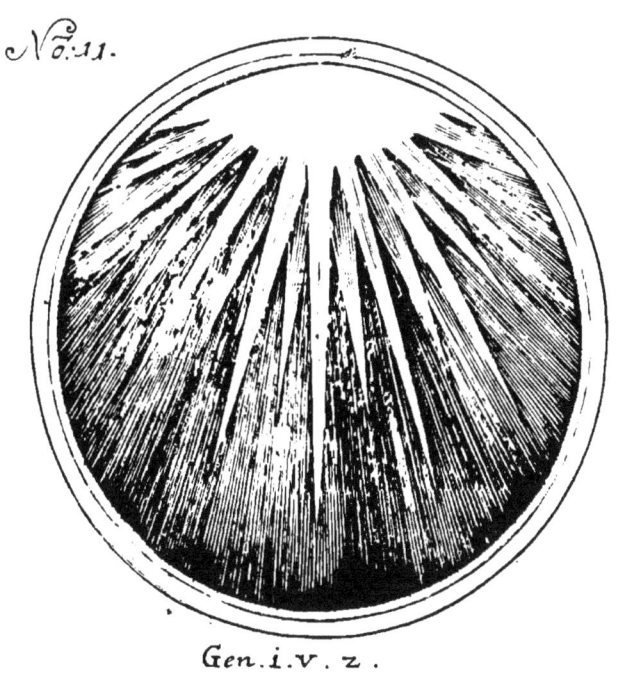

Gen. i. v. 2.

Rede

Von dem grossen Nichts, aus welchem die Welt
erschaffen worden.

Alles was er gewollt hat, das hat der Herr
gemacht im Himmel und auf Erden, im Meer
und in allen Abgründen. Psalm 134. v. 6.

Liebe und würdige Brüder!

Unser würdiger in Gott ruhender Bruder Homerus, hat gleich im ersten Redeabschnitt
des ersten Hauptstückes seiner güldenen Kette, dem
Chaos,

Chaos, oder der erſten Grundlage der Schöpfung eine ſolche Benennung gegeben, da er ſelbige ein Nichts benamet, daß ſich einige profane Ge= lehrte, ſowohl über ihn, als andere hermetiſche Weltweiſe, die ſich eben dieſes Ausdrucks bedienet, nicht wenig aufgehalten, und behaupten wollen, daß er mit beſagten Weltweiſen durch dieſen Aus= druck, ſich nicht nur einer Art von Profanität wi= der die göttliche heilige Schrift, ſondern auch wei= ter dahin verdächtig gemacht, als ob er mit eini= gen alten Heiden, die Präexiſtenz einer ewigen, von dem Baumeiſter der Welt unabhängigen Ma= terie, oder auch einen ſolchen Ausfluß derſelben aus dem göttlichen Weſen, da das abgeſonderte, von dem Stamme, von dem es ſeinen Urſprung nimmt, in nichts unterſchieden, ſondern nur als ein abgeriſſener Theil deſſelben angeſehen wird, mit einigen Kabbaliſten und platoniſirenden Chriſten glaubte. Wir wollen ſehen wer Recht hat.

Wenn von dem Urſprung des Stoffs, aus dem die Welt, d. i. das allgemeine Ganze erſchaf= fen worden, die Rede iſt, ſo müſſen wir allezeit die Meynungen, die ſowohl die Gottesgelehrten, als die Weltweiſen darüber hegen, wohl vonein= ander unterſcheiden. Erſtere ſuchen den Urſprung der Materie lediglich und allein in dem göttlichen Allmachtsſpruch: Es werde! und betrachten ſol=

che

che in dem Stand, in welchem sie war, ehe sel=
bige durch den schaffenden Willen Gottes sichtbar
gemacht wurde, nennen solche ein bloses Nichts,
ein Unwesen, aus welchem der allmächtige Gott
ein Etwas gemacht, ohne sich weiter zu beküm=
mern, auf was Weise dieses geschehen, beruhigen
sich hiemit, und unterwerfen ihre Vernunft dem
Gehorsam des Glaubens. Letztere, sonderlich die
heidnischen Weltweisen, hegten darüber vornemlich
dreyerley Meynungen. Die Aeltesten unter ihnen,
bey denen die patriarchalischen Satzungen noch
nicht in Vergessenheit gerathen waren, trugen kein
Bedenken, den Ursprung aller sichtbaren Dinge
lediglich und allein den schaffenden Willen des
allmächtigen Baumeisters der Welt zuzuschreiben,
ohne darüber zu klügeln, auf was Weise die Gott=
heit sich in Sichtbarmachung derselben verhalten.
Andere, und zwar neuere, von dem patriarchali=
schen Zeitalter weiter entfernte, glaubten, der
Stoff der Welt sey zwar der Zeit nach Gott
gleich, d. i. ohne Anfang, er sey aber durch die
göttliche Weisheit in diejenige wundernswürdige
Ordnung gebracht worden, in der sie stehet, und
schrieben mithin die Gesetze der Bewegung seiner
weisen Einrichtung zu. Dieses war die Meynung
des Plato, welche Proklus, Simplicius, und der
ganze Schwarm derjenigen, so man die jüngern

Q   Platoni=

Platonicker nennet, dahin erkläret, als habe er, wehnter Plato davor gehalten, „es sey die Welt „von aller Ewigkeit her, nichts anders, als die „Strahlen aus der Sonne, aus dem Wesen „Gottes ausgegangen." (a) Die dritten giengen endlich so weit, daß sie dem Stoffe sowohl, als die innerliche und äusserliche Einrichtung desselben, eine ewige Dauer beylegten, mithin gar keinen Schöpfer zuliessen, welches der nächste Weg zur völligen Gottesverläugnung ist. (b)

Weil die zweyte Meynung sowohl in der Kirche Gottes (c) als in der Weltweisheit sehr viel Verwirrungen angerichtet, so will ein wenig bey derselben stehen bleiben. Bereits in der ersten Kirche haben einige Väter, als Dionysius der Areopagit, Synesius u. a. aus allzugrossen Hang zu der platonischen Weltweisheit, sich nicht entse; hen, zuweilen solche Ausdrücke zu gebrauchen, wel▪ che sehr hart klingen, und ob man selbe schon gar wohl nach der Liebe erklären, und nach der Aehn; lichkeit des Glaubens auslegen kann und soll, so haben

---

(a) Laur. *Mosheim* ad Cudworthi Syſtem. intellectual. Cap. 5. §. 6. (u) p. 210.

(b) I. C. *Wolfii* Manichæism. ante Manichæos. p. m. 15.

(c) Vid. Laur. *Moshemii* Diſſ. de turbata per recentiores Platonicos Ecclefia, welche hinter der lateiſchen Ausgabe des cudwortiſchen Syſtematis ſtehet.

haben doch die Valentinianer und Gnosticker sich deren zu Beschönigung ihrer Irrthümer bedienet. Hingegen sind einige neuere Schwärmer nicht zu entschuldigen, indem sie zu weit hierinn gegangen, daß, indem sie den Satz vertheidigen wollen: Gott sey alles und erfülle alles mit seiner Allgegenwart, den Unterscheid zwischen Gott, der Natur und Kreatur völlig aufheben, somit in den Stoicismus und Spinozismus verfallen. (b) Denn es glaubten erstere, daß die Natur nichts anders sey, als ein gleichwesentliches, mit Gott vermischtes Ding; (c) Bened. Spinoza aber hielt davor: Gott sey die inwendig bleibende nicht vorübergehende Ursach aller Dinge, so nichts anders als der völlige Pantheismus ist.

Die Kabbalisten, welche sonst die allervortrefflichsten Begriffe von Gott und der Schöpfung gewähren, scheinen nach einiger Gelehrten Meynung, auch in diesem Irrthum verfallen zu seyn, (f) ob sich gleich der wahren Kabbalisten Meynung vollkommen entschuldigen lässet. Jedoch will ich mich dermalen mit dieser Entschuldigung eben so wenig, als mit Erzählung ihrer Lehrsätze, aufhalten.

Q 2   Unsere

(b) Rad. *Cudworthi* System. intellectual. Cap. IV. §. 17. p. 355.

(c) *Mosheim*, ad Cap. 3.

Cudworthi §. 27. p. 132.

(f) I. F. *Buddei* Lehrsätze von der Atheisterey und dem Aberglauben. Jena 1717. 8. Kap. 1. §. 6. S. 11.

Unsere chriſtlichen hermetiſchen Naturforſcher und Söhne der Weisheit, beſchäftigen ſich nicht damit, daß ſie dieſe verſchiedenen Lehrgebäude entweder zu vereinigen, zu erklären, oder zu widerlegen ſuchen. Sie bleiben vielmehr veſt und unbeweglich bey der göttlichen Offenbarung ſtehen. Sie glauben, daß Gott die Welt erſchaffen, ohne nachzugrübeln auf was Weiſe der Grundſtoff dazu hervorgebracht und ſichtbar gemacht worden. Sie wiſſen aus den rechtgläubigen Vätern der erſten Kirche, „daß der göttliche Geiſt zwar überall aus„gebreitet ſey und alles in ſich ſchlieſſe, doch „nicht alſo, daß Gott ſelbſt, als der unzerſtörlich „iſt, mit den groben und zerſtörlichen Elemen„ten vermiſcht ſeyn ſollte." (g) Wohl aber, daß der durch die ganze Schöpfung ausgedehnte Allgeiſt, als der Werkzeug Gottes zu denen ſtetswährenden, ſo mannigfaltigen als unzähligen Wirkungen der Natur in allen Dingen, wodurch alles geboren, erhalten und wieder zerſtöret wird, nichts wirke, es ſey denn, daß er durch den Geiſt Gottes angetrieben werde. Wer ſo denket, der iſt kein Spinoziſt oder Pantheiſt.

Sie

(g) Divinus quidem Spiritus eſt ubique diffuſus, eoque omnia continentur, non tamen ita, ut DEVS ipſe, qui eſt incorruptus, gravibus et corruptilibus elementis miſceatur. *Lactant.* de Vit. beat. L. VII. Cap. 3.

Sie betrachten daher, in ihrer geläuterten Weltweisheit, die Schöpfung nicht anders, als in demjenigen Stand, in welchem sie uns die, vom heiligen Geist geleitete Feder unsers hochwürdigsten israelitischen Bruders Moses beschreibet:
„ denn man muß in Erklärung dessen Schöpfungs:
„ geschichte, sich jederzeit zum Augenmerk neh:
„ men, daß er nicht von der Hervorbringung des
„ allerentferntesten Stoffs, oder von dem aller:
„ ersten Ursprunge des allgemeinen Ganzen über:
„ haupt handle, sondern blos unsere Welt, oder
„ unsern Erdball, und die uns näher angehende
„ Ausdehnung, mit denen darinn befindlichen Him:
„ melskörpern und deren Bildung aus ihrem
„ Chaos vorlege. — Daß mithin der Gegenstand
„ der mosaischen Schöpfungsgeschichte, das Chaos,
„ jener aufs höchste verwirrte irrdische Klumpen
„ derjenigen Dinge sey, die aus ihm hervorgezo:
„ gen werden, und wiederum in ihm, als ihren
„ Mittelpunkt zurückkehren, als wohin eigent:
„ lich die mosaische Weltbeschreibung ihr Absehen
„ habe." (b)

Q. 3   Was

(b) In explicanda cofmogonia Mofaica, illud primo notandum, non id agere MOSEM, ut primam materiæ productionem, atque universi mundi ortum defcriberet, fed mundi noftri, fcil. telluris noftræ, et cœli noftri e fuo *Chao* formationem. —
Subjectum

Was dieses Chaos bey den alten heidnischen
Völkern vor ein Ansehn gehabt, solches habe in
meiner Rede von der hermetischen Weltweisheit
angezeiget. Sie hatten dessen Känntnis theils
aus der patriarchalischen mündlichen Fortpflanzung,
theils aus der heiligen Schrift selbst geschöpfet,
doch selbige mit vielen dichterischen Umständen
und Zusätzen verwirret, welches man sonderlich
beym Hesiodus, Aristophanes und andern Grie=
chen wahrnimmt, als bey welchem die Theogonie,
oder Beschreibung vom Ursprung der Gottheiten,
und die Kosmogenie, oder die Erzählung vom Ur=
sprung der Welt, gleichgeltende Wörter waren.
Indessen sind ihre Beschreibungen des Chaos dem
Original ziemlich ähnlich, wie aus der des Ovi=
dius erhellet. Selbige ist sehr prächtig und beste=
het in folgenden Ausdrücken: „Ehe das weite
„Weltmeer, der dichte Erdball, und der alles
„bedeckende Himmel aus dem Schoose des unge=
„heuern düstern Abgrundes hervor brach, war
„über die Natur, ein ihre innere Theile verhül=
„lender Schleyer ausgebreitet. Diesen nennet
„man das Chaos, einen aus groben unausgear=
„beite=

Subjectum autem Gene-
seos Mosaicæ est *Chaos*, et
confusissimum et terrestre,
et quæ ex hoc *Chao* edu-
ctæ sunt, et ad illud tam-
quam centrum referrun-
tur; ea proprie spectant
ad mundum Mosaicum.
Burnet. theor. tellur. S.
Lib. II, Cap. 3. pag. 157.

„ beiteten Stoff bestehenden Klumpen, nichts an-
„ ders war ein solcher als ein lebloses Gewicht,
„ ein Zusammenfluß mit einander nicht verknüpf-
„ ter Saamenskräften. Es hatte der prächtig-
„ glänzende Titan der Welt sein wärmendes und
„ einfliessendes Licht noch nicht empfinden lassen;
„ die blasse Phoebe hatte ihr gehörntes Antliß
„ noch nicht verändert, die Erde war noch nicht
„ in der flüssigen Luft, an die von der Allmacht
„ zubereiteten Angeln, ihrer überall gleichdrücken-
„ den Schwere aufgehängt; Amphitrite hatte noch
„ nicht ihre weitreichende Arme um den Rand der
„ Erdkugel ausgespannet, überall war nichts als
„ dunkler, schattenreicher, verwirrter Stoff." (i)
Man wolle sich erinnern, was ich in obenangezo-
gener Rede von dem erschrecklichen Feuer gesprochen, welches die Allmacht erweckte, um diesem

Q 4

leblosen

(i) Ante mare et tellus et quod tegit omnia cœlum,
Unus erat toto naturæ vultus in orbe;
Quem dixere C H A O S rudis indigestaque moles,
Nec quidquam nisi pondus iners, congestaque eodem
Non bene junctarum discordia semina rerum.
Nullus adhuc mundo præbebat lumina *Titan*,
Nec nova crescendo reparabat cornua *Phœbe*;
Nec circumfuso pendebat in äere *tellus*
Ponderibus librata suis; nec brachia longo
Margine terrarum porrexerat *Amphitrite*:
Quaque erat & tellus, OVIDIVS metamorph. L. I. F. I.

lebloſen Klumpen ſein Daſeyn zu geben, und ihm ſo‑
dann aus dem Stand ſeiner Unwirkſamkeit zu ſetzen.

Beſagtes Chaos nun, in welchem der erſte
Stoff und die uranfänglichen Theile aller ſichtbaren
Geſchöpfe beſchloſſen lagen, nennen unſere herme‑
tiſchen Weltweiſen das groſſe Nichts, nicht als
wenn ſie unter dieſer Benennung ein ſolches Ens
verſtanden hätten, welches blos durch eine meta‑
phyſiſche Abſonderung begriffen werden könne, ſon‑
dern es wird ein Nichts in Anſehung unſers
Verſtandes genennet, (f) in der That aber iſt es
die erſte Materie aller Dinge, wie z. B. die
Schreibdinte, an und für ſich betrachtet im Din‑
tenfaſſe, was wirklich weſentliches, hingegen in
Rückſicht ihrer Beſtimmung noch nichts förmli‑
ches, ſondern ein Chaos iſt, aus welchem alle
Punkte, Striche, Buchſtaben, Sylben, Ziffern,
Wörterzahlen, Riſſe, Reden, Rechnungen ꝛc. ꝛc. ꝛc.
die nicht wirklich, ſondern nur der Möglichkeit
nach darinnen enthalten ſind, durch die ſchaffende
Hand eines geſchickten Schreibers und Zeichners
geſchrieben, gezeichnet oder formiret werden kön‑
nen. Ich gebe ihnen gefliſſentlich ein ſo materia‑
liſches Gleichnis, mit der Erinnerung, daß ein
jedes Gleichnis, etwas von dem verglichenen
Dingen, weſentlich unterſchiedenes an ſich habe;
damit ich ſie ſtufenweiß vorbereite, was von dem
Chaos

(f) Philaletha im Alterthum der Magie. S. 128.

Chaos, als einer an sich selbst sehr schwer begreiflichen Sache weiter vorkommen wird, einstweilen desto leichter zu begreifen, bis sie, aus Gottes Gnadenwahl, zu einer Stufe erhoben werden, wo sich ein wahres Bild des uranfänglichen Chaos selbst, und wie der Geist Gottes aus demselben alles geschieden hat, ihren Sinnen darstellen kann.

Diese erste Materie haben zwar Aristoteles und seine Nachfolger, die peripatetischen Scholastiker, gekannt, aber mit einer so kauderwelschen Worterklärung beschrieben, daß einem übel werden möchte. Sie nennen selbe eine Natur, die von aller zeugenden Kraft entblöset: Natura ab omni forma denudata. Da sie doch die Mutter aller Erzeugung in dem dreyfachen Reiche der Natur ist. Es ist leicht zu errathen, was sie mit diesem ihrem Gewäsche sagen wollen, nemlich, daß sie keinem derer drey Naturreiche angeeignet, dennoch aber die Fähigkeit habe, sich mit einem jeden derselben zu verbinden, mithin noch ganz allgemein sey. Indessen kann man doch nicht sagen, daß selbige ein solches Nichts, so lediglich durch eine idealische Absonderung müsse begriffen werden, so, wie gedachte Weltweisen sie zu einer andern Zeit beschreiben, „daß sie weder etwas körperli-
„ ches, noch unkörperliches, noch ein anders Et-

Q 5

„ was, durch welches das Ens beschränket wird,"
genennet werde: Neque quid, neque quantum, neque quidquam aliud dicitur, quibus ens determi-
natur, sondern daß sie ein Etwas sey in dem
Verstande, wie es von einem Ungenannten (¹)
genommen wird, wenn er schreibt: „der unver-
„ gleichliche gute und grosse Gott hat aus Nichts
„ Etwas erschaffen, dasselbe Etwas aber wurde
„ ein einiges Wesen, in welchem alle beyde, so-
„ wohl die himmlische als irdische Geschöpfe ent-
„ halten waren."

Obiges erläutert gar schön der Verfasser der
mikrokosmischen Vorspiele, (ᵐ) wenn er also
schreibt: „das im göttlichen Wesen makrokosmisch
„ gefaßte Nichts, ist kein Non ens, wie die tol-
„ le Welt träumet, sondern es ist die ewige Weis-
„ heit, oder das sprechende Wort Gottes selbst,
„ welches descendendo in der ewigen Natur zu
„ einem Etwas wird. Dieses Etwas ist der ewi-
„ gen Weisheit undeterminirte Universalmaterie,
„ zwar unsichtbar, aber doch wesentlich, sie ist ein
„ Mittelding zwischen Zeit und Ewigkeit, wodurch
„ die ewigen Essenzien in die Zeit und nach deren
„ Periode durch eben diesen Weg aus der Zeit wie-
„ derum in die Ewigkeit kehren. Dieses Etwas ist
„ die rechte göttliche Vermischung derer Essenzien,
„ da

(l) Beym Philaletha im Al-   (m) §. 34. S. 116. u. f.
terthum der Magie. S. 127.

„ da alle Kräften Himmels und der Erden beysam=
„ men sind, und ist die rechte Materia prima aller
„ Dinge, welche zur Hervorbringung und Vermeh=
„ rung aller Geschöpfe recht und bequem ist, woraus
„ auch vom Anfang alle Dinge nach der makrokos=
„ mischen Jdee durch die Weisheit formiret worden.
„ Also ist das Etwas der Weisheit Materie, und
„ die Weisheit selbst mit ihrem unendlichen Jdee, ist
„ die Form aller Geschöpfe.“ Nun kommt der
rechte Hauptpunkt, welcher wohl zu merken, daher
führet unser Verfasser folgendermaßen fort: (ʋ)
„ Wenn man nun das Etwas kennen lernet, so wird
„ man der Weisheit näher kommen, denn das Et=
„ was ist der Weisheit um einen ziemlichen Grad
„ näher als die grobe Ausgeburt, welche nichts an=
„ ders ist, als eine finstere Materie, die das mit dem
„ Licht der Weisheit angefüllte Etwas als eine
„ Materiam primam koncipiret und durchs FIAT
„ begreiflich macht, damit es der Philosophus
„ handthieren, und durch das grosse Licht der
„ Weisheit, erhöhen und tingiren könne.“

Wie dieses geschehen müsse, werden sie, liebe
und würdige Brüder! g. G. in einer besondern Rede
zu vernehmen haben. Sie werden in dieser Erkännt=
nis ein eben so grosses Vergnügen, eine eben so süsse
Beruhigung finden, als ehedem H. C. Agrippa fand.
Dieser, nachdem ihm die menschlichen Wissenschaften
müde

(ʋ) S. 117. u. f. §. 36.

müde gemacht, ruhete endlich in selbiger, d. i. in der Erkänntnis dieses Nichts, und erwählete zu seinem Leibspruch: Nihil scire, est felicissima Vita: dieses Nichts kennen, ist das glückseligste Leben. (o)

Zugleich müssen sie sich an das Geschwätz der Profanen nicht kehren, wenn sie einige hartscheinende Ausdrücke bey unsern hermetischen Weltweisen antreffen, denn sie werden dadurch eben so wenig zu Spinozisten oder Pantheisten, als man dessen, den grossen Hamburgischen Dichter Brockes beschuldigen kann, weil er in seinem irrdischen Vergnügen in Gott also singet:

Du seligs All, du wesentlichs Vergnügen,
Der ewgen Lust, unendlich ewges Meer!
Wer ist, der deiner Lieb' und Allmachts Größ' ergründet?
So daß, als was die Kreatur empfindet,
Kommt alles nur aus deinem Wesen her.

Dieses selige All, wolle uns aus dem unendlichen ewigen Meer seiner Allmacht, einige Tropfen himmlischer Erleuchtung zufliessen lassen, auf daß seine göttliche Weisheit mit und bey uns sey, mit uns arbeite, und uns auf dem Weg der Gerechtigkeit führe, damit wir nach seinem heiligen Willen und Wohlgefallen leben, und in der höchsten Weisheit, durch Jesum Christum selig werden. Amen! Amen! Amen!

Verbum Electri.

(o) Philaletha ebendas. S. 127.

Versamm-

Versammlungsrede

an

die Brüder

von der

Gleichwesenheit

des

Oberen und Unteren.

Eilftes Stück.

Und Gott sprach: es werde ein Firmament zwischen den Waffern, und scheide die Waffer von den Waffern. Und Gott machet das Firmament, und scheidet die Waffer so unter dem Firmament waren, von denen, die über dem Firmament waren. Und es geschahe also. Gen. 1. v. 6 und 7.

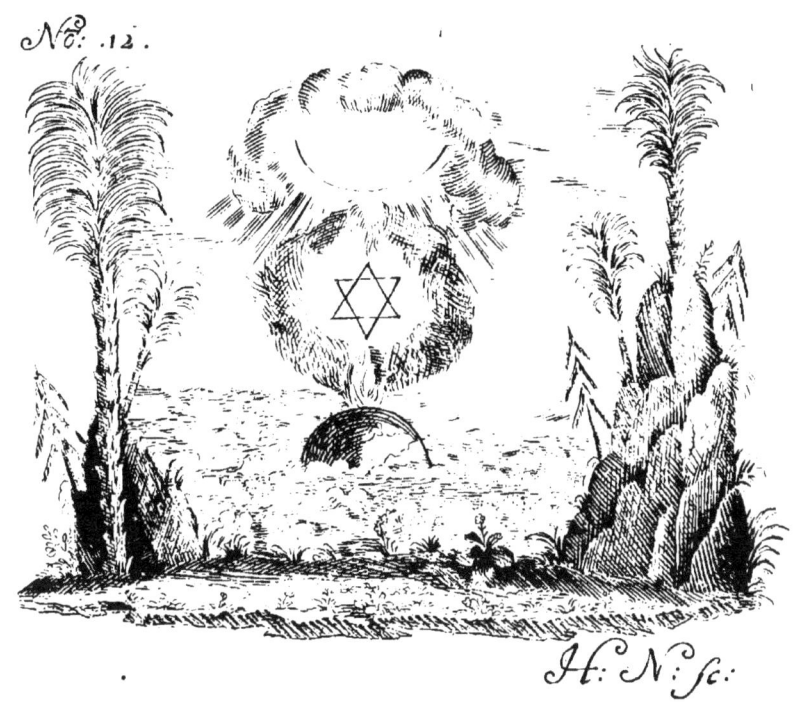

H: N: sc:

Rede

Von der Gleichwesenheit des Obern und Untern.

Am Anfang schuf Gott Himmel und Erden.
Genes. 1. v. 1.

Ehrwürdige liebe Brüder!

Da Dieselben vor kurzem diejenige Stufe des prächtigen Naturtempels erstiegen, auf welcher sie die Verhältnis des Obern mit dem Untern, und dieses mit jenem, auf das genaueste zu

unter=

unterſuchen haben, ſo rede ich ſie mit den Wor=
ten des dreymal groſſen Hermes, unſers weiland
vortreflichen egyptiſchen Brudermeiſters, an, wel=
cher in ſeiner ſmaragdiniſchen Tafel ſich folgen=
dermaßen verlauten läſſet: „Wahrhaftig, ohne Lü=
„gen, gewiß und auf das wahrhafteſte iſt es,
„daß das, ſo unten iſt, gleich dem Obern, und
„das, ſo oben iſt, gleich dem Untern.“ Hier
ſagt uns unſer ſorgfältiger Vater ein ſehr hohes
Geheimnis, welches er ohne Zweifel aus dem Un=
terricht ſeiner patriarchaliſchen Voreltern gelernet
hatte, als denen durch die erblichen und das na=
türliche Werk der Kunſt gar wohl bekannt war,
daß der allerhöchſte Baumeiſter der Welt, „am
„Anfang Himmel und Erde erſchaffen.“ (a) Es
ſoll demnach dieſe Wahrheit bey uns, als denen
ächten Razi=Hinuos, (b) d. i. Bewahrern der
geheimen Wiſſenſchaften. Heilig, und zu allen
Zeiten verehrungswürdig geſchätzet werden. Wir
haben hierinn unſere alten egyptiſchen Brüder zu
Vorgängern, welche uns ein ſehr nachahmens=
würdiges Beyſpiel in dieſem, wie in vielen an=
dern hinterlaſſen haben, denn ſie prägten ſolches
nicht nur tief in ihre Herzen, ſondern auch in
dem allerhärteſten Marmor, damit es zu keiner
Zeit bey den Nachkommen in Vergeſſenheit gera=
then

(a) Geneſ. 1. v. 1.   Hetrurier ihre weiſen Mei=
(b) So nannten die alten ſter.

then 'möchte. Ein dergleichen Denkmal, dessen
Barachias Abenefi gedenket, fande sich zu Mem=
phis, woselbst eine ihrer vornehmsten Logen war,
es enthielte den Inhalt eben dessen, was ich oben
aus der smaragdenen Tafel angeführet habe, fol=
gender maßen:

Himmel droben, Himmel drunten;

Sterne droben, Sterne drunten,

Das was oben, ist auch unten;

Wer das weiß, hat viel gefunden.

Lerne das, so wirst du werden

Reich und selig auf der Erden. (c)

Wir wollen daher diese wichtige Wahrheit in drey
Abschnitte theilen, und zeigen:

1.) Was das Obere?

2.) Was das Untere?

3.) Daß diese zwey Bestandtheile

sich auf das genaueste mit einander verbinden,
gleich

(c) ΟΥΡΑΝΟ ΑΝΩ, ΟΥΡΑΝΟ ΚΑΤΩ,
ΑΣΤΕΡΑ ΑΝΩ, ΑΣΤΕΡΑ ΚΛΤΩ,
ΠΑΝΩ ΑΝΩ, ΠΑΝ ΤΟΥΤΟ ΚΑΤΩ,
ΤΑΥΤΑ ΛΑΒΕ, ΚΑΙ ΕΥΤΥΧΕ.

R

gleich) wesentlich) seyn, und aus dieser Verbindung, die Erhaltung der sichtbaren Geschöpfe in allen drey Naturreichen seinen Ursprung habe.

I. Abschnitt.

Ich glaube nicht, ehrwürdige liebe Brüder! daß jemand ist, welcher, wenn er gefragt wird, was ist oben? nicht alsobald antworten sollte: der Himmel. So gewiß ich nun versichert bin, daß keine andere Antwort erfolgen werde, eben so gewiß bin ich versichert, daß sehr wenige seyn werden, welche diesen Himmel oder dieses Obere, nach seiner wahren Wesenheit kennen. Man kann es aber auf zweyerley Weise betrachten, einmal im allgemeinen, und zweytens im besondern Verstande.

Betrachten wir solches im allgemeinen Verstande, so ist es nichts anders, als das reine Licht, welches der allerhöchste Baumeister der Welt, am ersten Tage der Schöpfung aus dem finstern Chaos geschieden hatte, (b) da er sprach: Es werde Licht! dieser majestätische Ausdruck Gottes, welchen uns Moses aufgezeichnet hinterlassen, ist so prächtig, daß er sogar einen heidnischen Longinus gerühret hat, da er ihn als das Muster

(b) Genes. 1. v. 4.

Muſter deſjenigen anpreiſet, was man das Erhabene in der Schreibart nennet; (e) und dem iſt
in der That alſo. Es war beſagtes uranfängliche
Licht, ehe es noch zu einem Ausbruch kam, in
dem Schatzkaſten der ewigen Allmacht verborgen,
bis die ſchaffende Weisheit, der unendliche ewige
Geiſt einen Strahl ſeiner Allmacht von ſich ge-
hauchet, (f) als einen Beginn oder Anfang der
Leiblichwerdung, oder Offenbarung der göttlichen
Verborgenheiten, wie ſich die mikrokoſmiſchen
Vorſpiele (g) darüber ausdrücken und anmerken,
daß, „obſchon in ſolchem Hauchen keine Leiblich-
„ werdung, oder einige Finſternis zu finden, ſo
„ hätte ſich doch in mehrer Koncentration und
„ Auswicklung der göttlichen Kräfte, eine Finſter-
„ nis vermerken laſſen, wodurch das Licht ſchein-
„ bar werden möchte, welches auch der Verſtand
„ der Worte Moſis ſey, wenn er ſagt: (h) daß
„ Finſternis auf der Tiefe geweſen, und daß

R 2

„ durch

(e) Dionys. *Longinus*
de Sublimi ex Edit. Gr.
Lat. Zachar. *Pearce.* Lond.
1724. Imp. 4. Sect. IX,
20. p. 30. 31.
(f) Buch der Weish. 8.
v. 25. das Hauchen Gottes
iſt zweyfach. 1.) Im inner-
ſten der göttlichen Weſenheit,
(ad intra ſe) da es nichts
anders, als göttliches Weſen
iſt, und ſo erkläret die Got-
tesgelahrtheit den Ausgang
der göttlichen Perſonen in
der heiligen Dreyfaltigkeit.
2.) Auſſerhalb der göttlichen Weſenheit, (ad extra ſe)
und alsdenn iſt dieſes Hauchen nichts, als göttliches
Licht und Feuer, in welchem
nach vollbrachter Schöpfung,
das Leben und die Erhaltung
aller erſchaffenen Dinge beſtehet.   (g) S. 11.
(h) Geneſ. 1. v. 3.

„ durch ſolche Finſternis das Licht im göttlichen
„ Sprechen offenbar worden.‟

Dieſes Licht iſt auch der Urſprung der, aus
dem göttlichen Licht in ſelbiges eingefloſſenen X.
Quellgeiſtern oder Sephirot der Kabbaliſten, wel⸗
che ſie, ehrwürdige liebe Brüder! in ihrem neu⸗
erhaltenen Grad genauer werden kennen lernen,
als vorher.

Sollte nun ſolches Licht denen, noch in der
Finſternis verwickelten Geſchöpfen, zu ihrer Aus⸗
geburt und Vollkommenheit beförderlich ſeyn, ſo
mußte es ſich immer mehr und mehr ſtufenweiſe
verdicken. Wäre es immer Licht geblieben, ſo
hätte nichts entſtehen können, ſondern es wäre
vielmehr zuletzt von dem unendlichen göttlichen
Licht wieder verſchlungen worden, gleichwie es am
Ende der Dinge wieder verſchlungen, und alles
zum infiniten Licht werden muß. Zudem war
der Abſtand dieſes, alle erſchaffene Zartheit über⸗
treffenden Weſens, von der Materie zu weit entle⸗
gen, daß ſolche Zuſammenziehung unumgänglich
nöthig war, und ſo entſtunde aus ſelbiger das er⸗
ſte und vornehmſte Element, nemlich das Feuer,
aus welchem wiederum ſtufenweiſe die andern Ele⸗
mente entſprungen ſind. Wir wollen vernehmen,
wie ſich unſere weiſen Väter darüber ausdrücken.

Sie

Sie sagen uns: „Dieses Feuer sey das erste und
„ mächtigste Element, und seyn die übrigen drey
„ daraus entstanden, denn gleichwie kein △ ohne
„ △, und keine △ ohne ▽, also sey auch kein
„ ▽ ohne ▽." Ja sie sagen uns dieses nicht
blos allein, sondern sie erweisen uns auch, wie
eins aus dem andern entspringt, nicht scholastisch,
sondern practisch. Nur wollen sie sich, ehrwürdige liebe Brüder! hüten, daß, so lange wir
uns in diesen allerobersten Landschaften aufhalten,
sie das Auge ihres Verstandes von allen sinnlichen Begriffen absondern, bis wir unsere Reise
weiter zu der über unserm Erdball ausgespannten
Luft fortsetzen, da wir schon mit begreiflichen
Dingen zu thun bekommen werden.

Erwehntes uranfängliche Feuer, ist nun
nichts weniger als ein verzehrendes oder verder-
bendes Wesen, wie dasjenige, dessen wir uns zum
gemeinen Gebrauch im bürgerlichen Leben und in
unsern Vorarbeiten einiger besondern geheimen
Werke, in unserm allergrößten Naturgeheimniß-
sen aber gar nicht bedienen, sondern „es ist ein
„ feuchtes, stilles, durch alle Dinge der Welt
„ durchgehendes Feuer. Es ist der Natur Wa-
„ gen, darauf sie fähret, wann sie sich beweget.
„ — Die Decke und Schirm des Allmächtigen,
„ denn in was für einen Ort er sich begiebet,

„ da

„da begleitet ihn dieses Feuer." (i) Zoroaster,
der es aus der Schule Abrahams hatte, nennet
es das lebenbringende Feuer. (k) Parmenides
sagt ausdrücklich von ihm: „daß es in den aller-
„höchsten himmlischen Kreisen seinen Wohnsitz
„habe;" woraus klar zu ersehen, daß es kein
anders, als der alles belebende und mit seiner
Kraft erleuchtende Aether. Die Egyptier, welche
in den ältesten Zeiten gar wohl aus der patriarchalischen Ueberlieferung gelernet hatten, woher
dieser ätherische Licht- und Feuergeist, seinen
wahren Ursprung hatte, machten ihn in spätern Zeiten, da die meisten schon von der alten
patriarchalischen Lauterkeit abgewichen waren, zu
einer Gottheit unter dem Emempht, oder Hem-
pta, und betrachteten ihn, als eine sich in alle
Dinge, und alle Dinge in sich verwandelnde
Verständlichkeit oder Geist. (l) Wiewohl unsere
philosophischen Brüder, die weisen Meister in besagtem Lande, an dieser Ausschweifung niemals
einigen Antheil genommen, geschweige denn, daß
sie hätten die Sonne, als den Hauptsitz dieses
ätherischen Lebensgeistes, vor Gott halten sollen
wie der Pöbel; denn sie wußten gar wohl einen
Unter-

(i) Philaletha von der
Natur des Menschen. S.
188. u. f.

(k) Ζωηφόριον πῦρ.
(l) Philaletha Alterthum
der Magie. S. 82.

Unterschied zu machen, zwischen den erschaffenen
ätherischen und dem selbstständigen Licht und Feuer,
mit welchem der allmächtige Baumeister der Welt
verglichen, und von ihm im 103. Psalm gesagt
wird, daß er mit solchem, als mit einem Ge-
wand bekleidet.

Nachdem aber Gott die Wasser über dem
Firmament, in welchem die Saamenskräfte aller
Dinge verborgen lagen, und welches von denen
Weisen, die dessen geistige Kräfte wohl gekannt
haben, das Wasser aus Eden genannt wird, von
dem Wasser unter dem Firmament, als dem Ab-
fluß aus Pison, in welchem die natürlichen Ein-
flüsse der himmlischen Körper eingeschlossen, geschieden hatte, (m) vereinigte sich dieser Licht- und
Feuergeist mit besagtem obern Wasser, daraus
entstunde endlich dasjenige vortrefliche Wesen, welches der allgemeine Merkur in seiner ganz unge-
bundenen Wesenheit genannt wird, der aus lauter
Licht, dem wahren Agens der ganzen Physick,
und dem lebendigmachenden Feuer, als der alles
gebährenden Wärme, (τὸ Θερμον) des Hippo-
krates bestehet, und der alles ernährende Geist
der Natur ist. (n) „Dieser ist von den himmli-
R 4   „ schen

(m) Genes. 1. v. 7.
(n) Die Natur ist ein
flüchtiger Geist, der in den
Körpern sein Werk verrichtet.

„ ſchen Einflüſſen, ſo in dem ſyderiſchen zu, ei-
„ nem geiſtlichen Weſen geboren worden, reichlich
„ geſchwängert. — Er iſt in der Welt das aller-
„ einfacheſte Weſen, wiewohl die wahren Princi-
„ pia philoſophica aus dem ſyderiſchen ſchon in
„ ihm begriffen ſind, denn ſonſt könnte er ſich
„ nicht mit den irrdiſchen Körpern vermiſchen,
„ und ſich mit ihnen figiren und bey ihnen ver-
„ bleiben.“ (º) Er iſt die rechte Materia univer-
ſalis, von welcher Sendivogius, ein groſſer Welt-
weiſer, ſchreibet, daß ſie an allen Orten ſey, und
daß niemand ohne dieſelbe leben könne. Das
fünfte

tet. Sendivogius. Von dieſem wirkſamen Beweger der
ganzen Natur, wollen die
meiſten neuern Naturforſcher
nichts hören noch wiſſen, obgleich in der ganzen Weltweisheit kein einziger Grundſatz iſt, welcher die Ehre Gottes mehr verherrlicht, als dieſer. Indeſſen giebt es noch
heutiges Tages wackere Gelehrte, die an dem aben-
theuerlichen Wahn der an-
dern keinen Antheil nehmen.
Unter ſolchen iſt J. F. Hen-
kel, welcher ſich in ſeiner
Flora Saturnizante Cap. IV.
S. 184. u. f. darüber konkordanzmäßig alſo vernehmen
läſſet: die blos materiali-
ſche und mechaniſche Weisheit läſſet uns nicht allein
in der Naturlehre, ſondern
auch von Gott allerhand

Zweifelsknoten. Ja wahr-
haftig, wo wir nicht bey
aller unſerer Betrachtung,
in der gemeſſenen Regie-
rung eines dahinter ſtecken-
den erſchaffenen geiſtigen
Weſens, NB. und eines
hinter dieſem verborgenen
eigenmächtigen Schöpfers
endlich beruhen, ſo bleiben
wir ſowohl uns als an-
dern, zur Befriedigung des
Gemüths allemal etwas
ſchuldig, welches wir mit
der allermühſamſten Dar-
legung derer cauſarum ſe-
cundarum oder materiali-
ſchen Urſachen nimmermehr
abtragen werden.

(o) J. G. J. (Jugels)
von der Scheidung der Elemente aus dem erſten Chaos.
Berlin 1744. 8. S. 153.

fünfte Element und ein unzerſtörlicher Geiſt. (v)
Dieſer Geiſt iſt dem Menſchen, Thieren, Ge⸗
wächſen und Erzen, ja einem jeglichen Dinge die
unmittelbare Urſach der Zuſammenſetzung und
Vermehrung. (q) Der Schöpfer und Werkmeiſter
aller Dinge, der Anfang zu aller Ausgeburt ſo
aus dem groſſen IEHOVAH ausgehet und ge⸗
ſchaffen wird, als das rechte FIAT. (r) Das
alles in allem des Baſilius Valentinus, (ſ) aus
dem alle Dinge gemacht worden und aus ihm
ihren Urſprung nehmen, ja der Zeugevater desje⸗
nigen feurigen Waſſers und wäſſerigen Feuers, (t)
von welchem, als einem ſehr groſſen Geheimnis,
wir bereits in unſern Probjahren der untern Gra⸗
de gehöret haben, und das ehedem, unſern ſehr
ehrwürdigen Brüdern und Meiſtern, von Schein
des Lichts und des verlohrnen Wortes, bekannt

R 5

war,

(v) *Espagnet* in Enchi-
rid. Phyſ. reſtit. Can.

(q) Philaletha Anthropo-
ſoph. S. 210.

(r) Zoroaſters clav. art.
S. 3.

(ſ) In ſeinen chym. Wer⸗
ken. Hamb. 1740. 8. S. 228.

(t) *In Principio creavit*
ELOHIM. *cœlum.* Hoc
a natura et ſubſtantia ſua
hebr. appellationem pro-
priam habet SCHAMAIM,
quaſi ESCHVAMAIM
Ignis et *Aqua; ignis aqueus,*
vel *aqua ignea;* Gr. ΑΙΘΗΡ,
quaſi αἰδηρ ἐκ αἰδω
ardeo, et ἀηρ Spiritus,
Spiritus ardens; ein geiſtfeu⸗
riges Waſſer, ein wäſſeriger
Feuergeiſt, ein feuriges Geiſt⸗
waſſer, *latex æthereus.* H.
Kunrath Amphitheatr. Sa⸗
pient. æterna. p. 127.

war, gegenwärtig aber gänzlich verborgen ist, und
von welchem unten ein mehrers folgen wird,
wenn wir von dem Obern, in besonderm Verstande, handeln werden. Wir schreiten demnach
ohne weiters dazu.

Wenn wir also das Obere im besondern
Verstande betrachten, so kömmt zuförderst die
Luft in Erwegung. Wir müssen solche nicht an-
anders ansehen, als denjenigen Behalter, in welchem die wirkende Kraft eingeschlossen lieget, „das
„ durch in dem Untern hienieden alle Generation
„ und Erhaltung verrichtet wird. Denn in dieser
„ obern Luftregion hat der Geist und Erhalter
„ des Lebens seinen Sitz." (u) Sie ist das
Netz, darinn die Ausflüsse der Sonne, des Monden und anderer Gestirne gefangen werden. Der
Tummelplatz, in welchem der alles belebende allgemeine Merkur seine Unterhandlungen treibet,
und dieses sein immerwährendes Geschäft nicht
eher endigen wird, als bis alle Elemente durchs
Feuer gereinigt und figiret worden, und der Ru-
hetag angegangen seyn wird. (r) Daher entstunde auch die Meynung unsers Bruders Anaxago-
ras aus der Jonischen Loge, welcher konkordanzmäßig

mäßig behauptete, daß die Luft aller Dinge Grundlage in sich fasse, und aus selbiger alles gezeuget werde. Und hierinn hat er ganz nicht Unrecht, denn nach der schönen Beschreibung des Eugenius Philaletha, (v) ist selbige — „das zu= „sammenhaltende Band der zwey Welten und „eine Vermengung der äussersten Theile. Die „allgemeine Art der Natur, ihr Register, da „man alles, was sie jemals verrichtet, oder noch „zu thun willens ist, finden kann. Diese ist „der beyden Welten Versammlungsstelle, da die „Enden beyder Weltkugeln zusammen kommen, „und man kann sie mit Recht den Musterplatz „nennen. In ihr befinden sich unzählbare magi= „sche Gestalten u. f. w. — Sie ist ein Meer „derer unsichtbaren Dinge. Denn alle Empfin= „dungen in dem Schoose der Natur, wickeln „sich in dieses Spinngewebe ein, ehe sie sich „mit der Schaale belästigen." Da nun die Luft ein verdünnetes Wasser ist, so kann man leichtlich begreifen, warum die obere in der Luft gefangene Ausflüsse der himmlischen Körper, wenn sie sich zu den Kreaturen gesellen, selbige in ihren irrdischen Wohnungen zu erquicken, allezeit in Wassersgestalt erscheinen, (s) welches auch die
äusserste

(v) Von der Natur des Menschen. S. 187. u. f.

(s) Jugels vom Metall= saamen. §. 9. S. 18.

äusserste Auflösung ist, deren wir uns in unsern Naturarbeiten bedienen können. (a) Damit sie, aber zugleich einen Begrif bekommen mögen, was für Ausflüsse aus dem syderischen sich in das irrdische ergiessen, so wollen wir zum ersten von der Sonne und Mond, als denen zwey vornehm= sten Quellen dieser himmlischen Kräfte reden, letztlich aber auch der übrigen Gestirne kürzlich erwehnen.

Daß die göttliche Allmacht, den größten Theil jenes, ehemals über den unermeslichen Raum ausgebreiteten Licht und Feuers am vierten Schöpfungstage, zusammen gezogen, haben wir bereits oben aus göttlicher heiligen Schrift ge= höret. Deswegen wurde sie vom Heraklitus, der Brunn des himmlischen Lichts, vom Or= pheus, das Licht des Lebens und das Licht der Welt, das lebendigmachende Himmelsauge, welches aller Dinge Wärme, Licht und Leben einflösset, vom Paracelsus, der Hauch des Le= bens der Elementen, vom Plato und dem Zoro= aster, das himmlische und unüberwindliche Feuer genennet. Daß aber bemeldete Lobredner dersel= ben nicht Unrecht haben, erhellet aus ihrer Wir=

kung

(a) S. Cornel. Drebbels von Alkmaer, gründliche Auf= lösung. Frf. 1715. 8. S. 24. so ein recht güldenes Büch= lein genennet zu werden ver= dienet.

kung, und der durch sie verursachten Wärme, in
welcher das Leben einer jeden Kreatur ruhet, und
wodurch der Archäus besänftigt wird. (b) Ihre
Ausflüsse sind alle männlich, d. i. sulphurisch,
und verursachen die Hitze, das wirkende Bestand-
wesen in der ganzen Natur, gleichwie der Mond
die Kälte, als das leidende. Dieweil er den
Grund desjenigen Alkali in sich beschlossen hält,
aus dem sich die Magneten in denen Geschöpfen
bilden, mittelst welchen die himmlischen Ausflüsse
angezogen werden. Diese Ausflüsse ergiessen sich
nun vermittelst der Sonnenstrahlen in die Luft
und in das Wasser, durch welches letztere solche
der Erden zur Gebährung und Auskochung zugeführet werden.

Wenn ich oben gesagt, daß die Ausflüsse
der Sonnen ein Sulphur seyn, so verstehe ich
keinesweges darunter den mineralischen ♄ in seiner Substanz, wiewohl er eine Ausgeburt der
Sonnen, und mittelst seines inwohnenden himmlischen Geistes, das Feuer nach der Natur und
im mineralischen Reiche, der Zeugevater eben sowohl als der Zerstörer des solarischen Goldes und
aller Metallen ist. (c) Ich verstehe darunter
nichts

(b) Jugels Generalphy-
sick. §. 60. S. 23.
(c) Jugel, vom Metall-
saamen. §. 70. S. 164. Man
füge bey §. 4. S. 9. u. f. §.
59. S. 136.

nichts anders, als den sulphurischen Eindruck der
Wärme, als des ersten und wirkenden Princi=
piums, (d) durch welches alle untermondliche Ge=
schöpfe belebet werden. „Die ausgehende Feuer=
„ und Lichtesstrahlen (der Sonnen) sind lauter
„ spiritualische Tinkturen, wodurch alle untere,
„ im Winter gleichsam erstorbene, putreficirte
„ und durch die Putrefaction von den Fesseln des
„ Fluches einigermaßen solvirte Gewächse und
„ Kreaturen, im Frühling wieder belebet, tingiret
„ und zur Vermehrung geschickt gemacht werden.
„ Und wenn die untere Kreatur dem Fluch nicht
„ allzusehr exponirt wäre, und sich nach der na=
„ türlichen Putrefaction die finstern Kräfte bey
„ jeder Vermehrung nicht so häufig mit einmisch=
„ ten, und das Dominium bekämen, so sollte man
„ wohl sehen, was die Sonne vor Kinder in,
„ und auf der Erde zeugen würde. (e)

Gleichwie aber ein Mann allein nichts zeu=
gen kann, und alles Leben in der Natur, von der
Vereinigung derer weiblichen und männlichen
Anfänge, seinen Ursprung nimmt. (f) Also hat
auch der allerhöchste Baumeister der Welt, der
Sonnen einen weiblichen Körper zugeordnet feuch=
                                              ter

(d) Jugel, in der Gene= | spiele. §. 53. S. 39.
ralphysick. §. 29. S. 27. | (f) Philaletha, von der
(e) Mikrokosmische Vor= | Natur des Menschen. S. 201.

ter Natur, den Mond nemlich, in welchen sie
ihre männliche lichtfeurige Saamenskräfte einlaſ-
sen, der Mond selbige empfangen, und mit seinen feuchten Eigenschaften vereinigt, denen Geschöpfen, sowohl zu ihrer Leiblichwerdung, als denen
bereits in eine körperliche Gerinnung getretenen,
zur Erhaltung und Veredlung zuführen möge. (g)
Seine Ausflüſſe ſind weiblich, kalt und nitroſiſch,
daher man auch verſtehen wird, warum ich oben
geſagt, daß in selbigen das Alkali ſich befinde,
nemlich der Erde, die über unſern Häuptern
schwebet. Dieser also beschwängerte Mond, bringet alsdenn aus ſeinem Schoos ein sehr zartes
himmliſches Waſſer zum Vorschein, welches in
Vergleichung mit dem untermondlichen, solche nicht
nur, ſondern auch die Luft an Zartheit übertrift;
(h) durch welchen so höchſtſubtilen wäſſerigen
Ausfluß, auch unſere gröbere, dem Stoff der
Körper mehr angeeignete Waſſer selbſt, mit einer
bildenden und fruchtbarmachenden Kraft begabet
werden. (i)

Hieraus werden ſie, ehrwürdige liebe Brüder! ohnschwer abnehmen können, aus was
Grund-

(g) Fr. Merc von Hel-
mont, Paradoxaldiscurse. Am-
ſterd. 1693. 12. Theil 1. Kap.
11. §. 4. 5. 6. 7. S. 11.

(h) Ebendaſ. §. 25. S. 26.
(i) S. Fr. Merk von
Helmont, Paradoxaldiscurse.
§. 31. S. 28.

Grundanlagen dieses himmlische von der Sonne
und Mond geschwängerte Wasser, dem wir hier
so viele Tugenden beymessen, bestehe, nemlich aus
den zartesten ganz geistigen sulphurisch - nitrösen
Einflüssen, die durch das stufenweise Absteigen
immer leiblicher, und durch die bindende Gewalt
des Saturns, mehr oder weniger zusammen gezogen werden, da sich denn selbige dem wißbegierigen
Auge unter allerley Gestalt darstellen, als da sind
die Meteoren, der Thau, Regen, Reif, Schnee,
Schlossen, Sternschneußen u. d. gl. welche alle
mit sulphurisch - nitrosisch - geistigen Anfängen, als
dem rechten allgemeinen Stoff, aus dem alle
sichtbare Dinge bestehen, und von denen zu einer
andern Zeit mehr geredet werden wird, reichlich
versehen. (*) .

Eben diese Wirkung verrichten auch die übrigen Planeten, und nach ihrer Art die Firsterne,
welche alle ein sehr balsamisches Salz denen untermondlichen Geschöpfen zuführen. (¹) Dieses ist
das

(*) S. J. E. Jugels,
Experimentalchymie. Leipzig
1766. gr. 8. Anh. Kap. 11.
wo sonderlich §. 1. 2. 3. 13.
17. 22. 23. sehr wichtige
Wahrheiten gesagt worden.
Man füge bey, ebendesselben
Generalphysick dieser sichtbaren Welt. Bresl. 1764. 8.

so ein unvergleichliches Buch,
in welchem diese Wahrheit
aufs deutlichste erwiesen wird,
so daß ich es allen unsern
lieben Brüdern aufs beste,
was diesen Punkt angehet,
anempfehle.
(¹) S. Herm. Ficculd
chym. Schrift. S. 46.

das rechte Salz der Natur und der Weisen, die weise rare Taube der Diana, welche zu erhaschen, viel Weltweise getrachtet haben, das ist das edelste Gewürz, so Reichthum und Gesundheit verschaft. Dieses erlustiget unsern Lebenskönig mit himmlischen Strahlen. (m)

Solches Salz und flüchtigen Weltgeist, haben von je her diejenigen zu erlangen sich bemühet, die dessen grosse Tugenden gekannt haben, daher sie selbigen, mittelst gewisser Magneten, aus denen obern Regionen anzuziehen beflissen gewesen, die sie theils aus dem vegetabilischen, theils aus dem animalischen und mineralischen, theils aus allen dreyen zugleich hergenommen. Allein, es ist bey allen dergleichen zu merken, daß dieser durch selbe angezogene Geist nicht mehr rein, vielweniger recht allgemein, sondern sich auf besagte Anziehungsmittel dergestalt specificiret, daß er die Natur desjenigen Magneten an sich nimmt, von dem er angezogen worden, entweder vegetabilisch, animalisch oder mineralisch. Dieses zu vermeiden, bedienen sich unsere weisen Meister einer ganz einfachen Art, diesen philosophischen Nymphenfang anzustellen, um besagter schönen und liebenswürdigen Jung-

(l) L. G. von Knörr, S. 51. u. f. Nosce te. Leipzig 1714. 8.

S

Jungfrauen in ihrer angeſtammten jungfräulichen
Reinigkeit theilhaftig zu werden, welches ihnen,
ehrwürdige liebe Brüder! in dieſem Grad pra=
ctiſch gelehret worden, und wovon ich einem
jeden würdigen Bruder die herrlichen Früchte von
Herzen anwünſche.

II. Abſchnitt.

Da wir nun das Obere, ſo weit es zu un=
ſern Abſichten nöthig, betrachtet haben, ſo wollen
wir uns zu dem Untern wenden. Dieſes iſt der
Ort, wo unſer himmliſcher Merkur, als der rechte
Vulkanus in und auf der Erden alles ſchmiedet,
auch wieder zerſtöret und zernichtet. Gleichwie
nun in den obern Landſchaften alles lauter Licht
und lebendiges Feuer, nemlich das wirkende der
Natur die Oberhand hat; alſo herrſchet hier un=
ten die Finſternis und Kälte, als das leidende
derſelben. (n) In dieſem Reich liegen die Magne=
ten oder anziehenden Kräfte eingeſchloſſen, welche
den wahren philoſophiſchen flüchtigen Saturn, als
das Principium aller Koagulation, beſtändig an
ſich ziehen. Hier werden mir viele verdenken, daß
ich den, ſo oft von mir gerühmten balſamiſchen Le=
bensgeiſt, mit dem kalten und finſtern Saturn ver=
gleiche. Allein, ich bin nicht der erſte, der alſo
handelt.

(n) Jugels Generalphyſick. §. 29. 33. 34. S. 16. u. f.

handelt. Varro, ein berühmter römischer Welt=
weiser, war eben dieser Meynung. Er hielte da=
vor, Saturnus sey diejenige Wesenheit, welche
die verborgenen Saamensarten und Formen der
Dinge beständig aus sich selbst hervorbringe, und
solche hinwiederum in seinem Schoos zurück
nehme und in sich ziehe. (o) Da nun dieses das
immerwährende Geschäfte unsers belebenden Gei=
stes, oder Spiritus rectoris, wie ihn Oetinger (p)
gar artig nennet, und schöne Betrachtungen dar=
über gemacht hat, so kann man leicht einsehen,
daß die alten philosophischen Dichter, wenn sie
schreiben, daß der Saturn seine Kinder fräffe,
nichts anders darunter verstanden haben können,
als diesen Geist, welcher beständig die Gestalten=
der Dinge verändert und neue Modificationen der
selben hervorbringet, mithin die Materie, als der

S 2 weibliche

(o) s. AVGVSTI-
NVS de C. D. L. VII.
C. 10. Varronis de Satur-
no sententiam nobis expo-
suit quæ huc redit: Satur-
num illam esse naturam,
quæ continuo ex se occulta
rerum semina producat, atque rursus eadem in sinum
suum revocet atque recipiat.
Neque desunt, qui hoc
unum docere voluisse,
qui fabulam de Saturno

pueros suos devorante exco-
gitarunt, suspicantur, for-
mas rerum corporearum
semper destrui ac interire,
at fœmineas naturæ par-
tes, seu materiam semper
superstitem esse ac remane-
re. CVDWORTH Sy-
stem. intellect. ex Edit.
Mosbemii. p. 575.

(p) In der Philosophie
der Alten. Th. II.

weibliche Theil der Natur, nicht zernichtet, aber
wohl verändert werden kann. Man erinnere sich
zugleich, daß dieser Geist aus sulphurisch-nitrösen
Ausflüssen bestehe, und daß die Menge ächter
Naturforscher den ♄ Saturnus und dem Ogor-
gon (Δημιȣργον) den Erschaffer und Unter-
werkmeister der Natur genennet haben, und man
wird sich über diesen Ausdruck nicht mehr wundern. Allein, es ist Zeit weiter zu gehen.

Ich zweifle, daß jemand unter uns seyn
wird, dem die Abtheilung aller untermondlichen
Dinge in drey Reiche, nemlich dem animalischen,
vegetabilischen und mineralischen, unbekannt seyn
sollte. Einer jeden Kreatur dieser drey Reiche,
hat der allmächtige Baumeister der Natur einen
besondern Saamen verordnet, durch welchen sich
selbige fortpflanzen sollte, wie man im ersten Kapitel des Buchs der Schöpfung lieset, daß also
die hauptsächliche Wirkung dieses unsers allgemeinen Merkurs, nicht sowohl in der Hervorbringung
neuer Saamensarten, als vielmehr in derén Er-
weckung, Erhaltung, Stärkung und Belebung
bestehet, ohngeacht es seine gute Richtigkeit hat,
daß dieser Amtmann Gottes in dem Geschöpf,
wie ihn Marsillius Ficinus (9) benahmet, so viel
Seminalursachen in sich habe, so viel Ideen in
dem

_____

(9) Beym Oettinger, S. 100.

dem ewigen Wort sind, und daß uns die Weisheit selbst zurufe: die ganze Natur sey voller bildender Kräfte. (r) Hier liegt der Grund der sogenannten Generationis æquivocæ, von welcher bey anderer Gelegenheit zu reden seyn wird. Der Unterschied dieser drey Naturreiche bestehet nun hauptsächlich nicht in ihren Uranfängen, denn die sind in allen Geschöpfen einerley, sondern sie bestehet vielmehr in der besondern Erzeugung und Aneignung (adaptione) derselben, wie es die smaragdene Tafel erkläret. Die Erzeugung der Vegetabilien und Animalien geschiehet durch eine organische Struktur, der Metallen aber durch das Ansetzen und Verbindung solcher Theile, die einander in der Natur ähnlich und gleichwesentlich sind.

Wir wollen also bey dieser Ordnung verbleiben, und sagen: daß die Erzeugung der Pflanzen, mittelst eines specificirten Saamens geschiehet, in welchem das ganze Gewächs, sollte es auch der allergrößte Baum seyn, mit allen seinen Theilen, dem Vermögen nach, in ihren Saamen eingeschlossen ist. Solcher wird nun in die Erde, als seiner natürlichen Mutterstätte, geworfen, und durch das in selbiger vorhandene Leffas, so derjenige innerliche Saft der Erden ist, durch welchen

S 3   die

(r) Beym Oettinger. l. c. S. 23.

die Pflanzen ihren Wachsthum haben, in Fäu=
lung gebracht, wornach das Gewächs sich entwi=
ckelt, Wurzel fasset, und mittelst seines innerli=
chen Magnetens diesen Nahrungssaft immerwäh=
rend an sich ziehet, bis es durch den fortdauern=
den Kreislauf desselben, in denen von der Natur
verordneten Gefässen, zu derjenigen Grösse, mehr
oder mindern Festigkeit und Gestalt gelanget, zu
welcher es von der schöpfenden Weisheit, ihren
Absichten gemäs, bestimmt worden. Besagtes
Leffas ist ein salzig=öliger, aus dem Obern ent=
sprossener, in die Erde gelegter Saft, mithin uni=
versalischer Eigenschaft, so lang es noch kein In=
dividuum eines Specialreichs berühret hat; so bald
aber dieses geschiehet, wird es zur Natur des In=
dividuums, wie hier in den Gewächsen zu einer
vegetabilischen, specificiret und in solche verwandelt,
mithin die Verwandlungskunst, durch das grosse
Buch der Natur uns selbst vor Augen gelegt.

Der Urstoff dieses Erdsaftes ist das Luft ☉,
wodurch die Erdfläche durch die Meteoren be=
feuchtet, nachgehends durch heisse, lang anhalten=
de Sonnenstrahlen, samt demselben kalciniret,
und so mit das Luft=☉ in die Natur des gemei=
nen ♁es umgewendet und zu einem natürlichen
Magneten des Luft=☉ers gestaltet, samt demsel=
ben durch die meteorischen Feuchtigkeiten aufgelö=
set,

set, und zu einem nitrosischen Salzsaft wird, welcher die feinesten Erdfettigkeiten auflöset, und mit
denenselben, (wie die alkalinischen Salien in der
Lauge mit dem Unschlitt in die von beyden verschiedene Natur einer Seife) in einen besondern
Saft, der ein drittes Wesen ist, übertritt, welches das Leffas der Erden benahmet wird, und
allen Vegetabilischen zum Stoff und Nahrung
dienet. In diesem lieget der Grund desjenigen
fruchtbarmachenden Doppelsalzes, welches unser ehr-
würdiger Bruder Damerion in seiner vortreflichen
Abhandlung von den Meteoren, mit vollkommenen Recht, höchlich anpreiset. Zu wünschen wäre,
daß dieses Werkgen von unsern obern Brüdern
zum öffentlichen Druck bestimmet würde. Das
Wohl der Menschen, wenigstens jener Menschen,
die ihr eigenes Wohl wahrnehmen, müßte dabey
merklich gewinnen.

Es liegen auch noch andere grosse Kräfte in
der Verbindung und Flüchtigmachung dieser zwey
Salze, die ihnen, ehrwürdige Brüder! bereits in
denen unmittelbar vorhergehenden Graden gezeiget
worden, und wovon ich in einer besondern Rede
deutlich gehandelt habe.

Was nun den Unterschied der Gewächse, so-
wohl ihrer Gestalt als Kräfte, Geschmack und
Nutzen nach, betrift, so lässet sich dieses alles gar
S 4   leicht

leicht aus dem, was oben von der bildenden Kraft dieses von mir so oft erwehnten göttlichen Unterwerkmeisters, und aus den schönen Worten des Getnigers beurtheilen, welche in oft angeführter Schrift stehen und also lauten : „Warum „ müssen einige Gewächse zu einer grössern Höhe „ hinaufschiessen, andere aber am Boden kriechen? „ Wie nimmt jegliches Gewächs in Acht, daß es „ beständig hervorbringt einerley Leib, einerley Art „ von Blumen, Früchten, Saamen? Sollte es „ hier nicht seyn, λόγος σπερματικός, semi-„ nalis forma, Spiritus rector, natura plastica? „ Denn lieber, was für eine Raison kann man „ von wegen der Festsetzung des Wachsthums „ und Grösse der Gewächse aus mechanischen „ Principien, Sine præsidentia superioris agentis, „ geben?“ Wiewohl auch der innerliche Magnet der Geschöpfe hiebey mit in Betrachtung zu ziehen, denn „gleichwie ein jedes Sperma sich zusam„ men koaguliret und eine Matricem anfänglich in „ seiner Generation findet, nachdem bekommt es „ auch seinen Magneten, und behält selbigen in „ seiner Fortpflanzung.“ (6)

Dieser Magnet, dieses fixe unzerstörliche Salz, ist von solcher Unüberwindlichkeit, „ daß dessen Ver„ mögen, weder durch die Gewalt des einäschern„ den

_____

(6) Kunckel l. c. Th. I. Kap. IV. S. 36.

„ den Feuers verbrennen, noch durch die Kälte
„ des auflösenden Wassers ausgelöschet werden
„ kann, sondern unzerrüttet in dem Mittelpunkt
„ der Asche lieget, rein, hell wie ein Kryſtall,
„ leichtflüſſig nach ſeiner äuſſerſten und leßten Rei:
„ nigung. Dieſes iſt allein unſere klebrichte
„ Grundfeuchtigkeit, ja unſere Diana und die
„ Natur. In ihr lieget das unverweslidje Ver:
„ mögen der Pflanzen, durch welches ſie keimen
„ und hervorſproſſen können, gleich als wäre es ein
„ friſcher und zeitiger, von ſeinem Stamm abge:
„ brockter Saame." (t) Wenn man dieſes Salz
in eine gute Erde ſäet, ſo wird ein Gewächs ſei:
ner Art hervor wachſen, wiewohl es nicht bey al:
len, ohne einen beſondern Handgrif angeßet, wie
Beguinus (u) anmerket. In beſagter Unzerſtör:
lichkeit lieget auch der Grund der ſogenannten Pa:
lingeneſie oder Wiedererweckung der Pflanzen,

S 5   von

(t) In cineris centro latet *ſal* quoddam purisſimum, clarum ut Cryſtallus, facillimæ liquationis in ſuprema et ultima ejus purificatione, quod ſolum *unctuoſa materia* noſtra eſt, et *diana* et natura. In ea enim reſidet incorruptibilis virtus pullulandi, et germinandi vegetantium, ac esſet recens ac maturum quoddam ſemen, è trunco vegetantis excerptum. — Nec vi calcinantis ignis combuſta fuit illa virtus, nec aquæ ſolventis frigiditate extincta etc. P. I. *Fabri* Myrothec. Spaggr. p. m. III.
(u) Tyrotin. Chym. Cap. I.

von welcher I. FRANCI de FRANCKENAV. Tr. de Palingeneſia. Hal. in 4. welches J. C. Möhring ins Deutſche überſetzet und im Jahr 1716. in 4. ans Licht geſtellet hat, nachgeleſen werden kann.

Die Geſchöpfe des Thierreiches unterſcheiden ſich von denen des Pflanzenreiches, welche, wenn ſie nicht durch äuſſerliche Gewalt geſtöret, oder ausgeriſſen werden, bis zur völligen Verweſung beſtändig an einem Ort verbleiben, durch eine fortſchreitende Bewegung, und ſind mit einer empfindenden, wie jene mit einer vegetirenden Seele begabt. Ihre Fortpflanzung geſchiehet nach den Geſetzen ihres organiſchen Körperbaues, durch einen beſondern Saamen, welcher eine höchſtfeurige, geiſtige, mit denen himmliſchen Feuerskräften häufig geſchwängerte Feuchtigkeit iſt, die mittelſt der Zeugungswerkzeuge in ein beſonders Behältnis des weiblichen Leibes, ſo die Mutter heiſet, gebracht wird, in welchem weiblichen Gefäß, ſich eine der Weſenheit nach zwar gleiche, doch der Wirkung nach ungleiche Feuchtigkeit befindet, indem jene ganz feurig, ſchwefelhaft und ſolariſch, dieſe kalt, merkurialiſch, wäſſerig und lunariſch iſt, durch welcher beyder Feuchtigkeiten Vermiſchung ein drittes, nemlich eine lebendige Frucht gebildet wird. Dieſe verharret bis zu ihrer Auszeitigung in beſagter

sagter ihrer Mutterstätte, und bricht letztlich, nachdem sie zuvor durch die, in der Mutter befindlichen Säfte, die ihr gleichsam als durch eine Einstrahlung mitgetheilet werden, ernähret worden, an das Tagelicht hervor, um sich zu denjenigen Verrichtungen anzuschicken, zu denen sie von der schaffenden Weisheit vorher bestimmt worden. Ihre fernere Erhaltung, Wachsthum und Vollkommenheit, wird durch eben diesen Geist, welcher der rechte Elater oder Lebenskönig ist, und der durch die in alle Theile des lebendigen Geschöpfs ausgetheilte Magneten, und zwar im thierischen Reiche hauptsächlich durch das Athemholen angezogen wird, (r) bewerkstelliget. Welche Magneten aber, durch den rechtmäßigen Gebrauch der Speise und des Getränkes, im baulichen Stand und Wesen erhalten werden; und dieses dauert so lange fort, bis durch Alter, unordentliche Lebensart, Gemüthsbewegungen oder äusserliche Zufälle, gedachte Anziehungswerkzeuge dergestalt unbrauchbar gemacht werden, daß sie diese unentbehrliche Lebensspeise nicht mehr an sich ziehen können, alsdenn begiebt sich selbige zu ihren überhimmlischen Wohnungen wieder zurück, von wannen sie sich zu seiner Zeit auf neue herabsenket, andere Körper zu beleben. Dieses ist die rechte μετεμψύχωσις oder

(r) Jugels Generalphysic. §. 109. S. 35. u. f.

oder Seelenwanderung des Pythagoras, von welcher uns die meisten profanen Gelehrten einen sehr
verkehrten Begrif gegeben haben. (v) Sobald dieser Geist gewichen, höret das Thier zu leben auf,
die irrdisch zurückgebliebenen Theile desselben treten
in eine Fäulung, und treten wieder in denjenigen
Stoff zurück, von welchen sie genommen worden,
nemlich in Erde, Staub und Asche; wiewohl ihr
innerliches Salz unzerstörlich ist, so könnte ihre
Gestalt, ja bey einigen Thieren, als z. B. den
Krebsen, das ganze Thier mit allen seinen Theilen und lebendig nicht wieder erwecket werden, welches doch der hermetischen Kunst möglich, ein
Wunder der Natur, und auf keine Weise durch
die Korpuskularphysick erkläret werden kann.

Nun hat es zwar mit dem Menschen eine
andere Beschaffenheit, denn obschon derselbe, wie
andere thierische Geschöpfe geboren und erhalten
wird, lebt und stirbt, so ist doch nicht nur sein
Körperbau unendlich edler, als der übrigen Thiere
ihrer, indem er „nicht aus der gemeinen, elemen-
„ tarischen, groben, finstern und mit dem Schat-
„ ten des Todes bedeckten Erde, wie jener, son-
„ dern aus dem allerzärtesten tinkturalischen Aus-
„ zug derselben, nemlich den Staub Aphar-Min-
„ Ada-

(v) S. Wirdigs Medici-
nam Spirituum curiosum.   Cap. XXI. §. 8. p. m. III.
seq.

„ Adamah erschaffen, mithin nach Meynung ei=
„ niger unserer weisen Meister, die Gabe der Un=
„ sterblichkeit nicht aus purer Gnade allein, son=
„ dern auch aus einer natürlichen Folge seiner
„ Erschaffung, doch mit Beywirkung der aner=
„ schaffenen Erbgerechtigkeit, die ihrer Art nach,
„ über die ganze Kreatur, als einer aus dem gött=
„ lichen Lichte geflossenen Ausgeburt, verbreitet
„ worden, erhalten habe.“ (1) Solches mußte
also seyn, sollte anders der unsterbliche Geist dieses
vorzüglich herrlichen Geschöpfs, eine seiner Vor=
treflichkeit angemessene Wohnung haben, auf wel=
che er sich, nach seiner Auflösung und Verwesung
für

(1) Corpus A D A M I
non ex terra mundi ele-
mentari opaca, tenebrosa,
et operta mortis caligine,
quæ in principio Geneseos
hebr. *Arez* vocatur, fed
ex *Adamah*, (i. e. ex pul-
vere rubeo térræ Acade-
miæ,) fecundum id, *A-
phar - Min - Adamah*, ad
diſtinctionem prioris ex-
presſam, formatum fuerit,
et licet poſt hac in ſcrip-
tura terra Globi noſtri
terraquei opaca, etiam
ſæpius *Adamah* nomine-
tur, hoc autem tantum
legitur, Poſtquam A D A M
è Paradiſo, et ad terram
hanc tenebroſam expul-
ſus fuit, hinc immortali-
tas A D A M I ſ. ipſius in-
corruptibilitas corporea,
non ſolum, ut aliqui opi-
nantur, per gratiam, ſed
etiam per naturam, coo-
perante tamen, et ad id
diſponente gratia juſtitiæ
originalis, quæ ſuo modo
in totam creaturam, tam-
quam ex luce divina pro-
deuntem, redundavit, con-
ſtat. P H I L O T H E I de
Limitibus Schema univerſale totius creati. T. I.
pag. 29.

für die ganze Ewigkeit unzertrennlich figiren
könne. (ᵃ)

Da dem also, so muß ein jeder erkennen, daß
auch der Magnet desselben von einer weit stärkern
Anziehungskraft und Würdigkeit ist, „ja der rechte
„ Universalmagnet, wodurch er die obere Lebens:
„ und Erhaltungsspeise universaliter an sich ziehen
„ kann, dieweil dessen ganzer Körper auch aus
„ einer Universalmaterie erzeuget ist.‟ (ᵇ) Eben
wie nun sein mechanischer Körperbau und dessen
Magnet, von einer erhöheten Eigenschaft ist, also
ziehet er auch aus den obersten Kreisen durch die
Luft den allervortreflichsten Auszug dieses Ela:
ters oder Lebenskönigs an sich. Einer unserer
obersten magischen Brüder, dessen Schriften un:
gemein selten sind, redet von diesen allgemeinen
Merkur sehr schön, auf folgende Weise: „Die
„ Lichtstrahlen, welche überall durch den durch:
„ sichtigen Geist verbreitet und ausgegossen seyn,
„ waren zureichend, die vegetabilische Seele zu er:
„ erwecken und von der groben Erde in die zarte
„ geistige Luft zu erheben, damit solche um so
„ freyer

(a) Von der Unzerstörlich-
keit dieses Keims, aus welchem dereinst am jüngsten
Tage unsere verklärten Leiber
wieder hervor gehen sollen,
handelt gar unvergleichlich
das Büchlein: Essay sur la
Providence et Possibilité
physique de la Resurre-
ction, à la Haye 1716.
12. welches gelesen zu haben,
niemand gereuen wird.
(b) Jugels Generalphy-
sick. §. 111. S. 36.

„ freyer von der himmlischen Kraft gespeiset wer:
„ den könnte. Aber die Wirkungen dieses so weit
„ ausgedehnten Lichts, würden nicht zureichen, le:
„ bendige Geschöpfe auszugebähren. Deswegen
„ hat der Schöpfer nach seiner Güte gewollt,
„ daß diese ausgestreute Strahlen zusammen ge:
„ sammelt würden, damit ihre Wirkungen um so
„ kräftiger werden möchten, stärkere und lebhaf:
„ tere Kreaturen hervorzubringen. — Denn die
„ Handlungen der Geschöpfe des Thierreichs sind
„ wärmer und lebhafter, als jene des Pflanzen:
„ reichs, welches denn überzeugend aus ihrer Be:
„ wegung von einem Ort zum andern, und meh:
„ rern dergleichen Handlungen erhellet.‟ (c)
Man mache einen Schlus von dem kleinern zu
dem

(c) Radii lucidi ubique per Spiritum diaphanum expanſi atque perfuſi, ſufficiebant ad animam vegetabilium evocandam a terra opaca, in limpidiſſimum äris Spiritum, quo liberius nutriretur a cœleſti virtute. Sed tamen actiones lucis ita diſperſæ non ſufficerent, ad creaturas animales parturiendas. Quare voluit creator ex ſua bonitate, ut hi radii disperſi ſimul colligerentur, quo operationes eorum esſent fortiores, ad fortiorem et vivaciorem creaturam producendam. — Calidiores enim ſunt animalium effectus ac vivaciores, quam illi vegetabilium, quod quidem evidentiſſime demonſtratur ex eorum *mutatione de loco in locum*, et *hujusmodi aliis actionibus* apparet. *Rud.* OTREP de vita, morte et reſurrectione. Oppenhem. 1617. 4. L. I. C. 3. p. 14.

dem gröſſern, von den unvernünftigen Thieren zu dem Menſchen.

Der Siß dieſes Elaters oder Lebenskönigs, befindet ſich vorzüglich im Blute, wovon viele beſondere Stellen in göttlicher heiliger Schrift anzutreffen. Daher kam es, daß Gott der Herr ſeinem Volk Geneſ. 9. v. 4. und Levitic. 17. v. 11. Das Blut eſſen ſo hart verboten hatte. Am erſten Ort lautet das Verbot alſo: Eſſet das Fleiſch nicht in ſeinem Blut. Die andere Stelle giebt die Urſach davon mit folgenden Worten: Hüte dich allein, daß du kein Blut eſſeſt. Dann ihr Blut iſt für die Seele, und deswegen ſollſt du die Seele mit dem Fleiſch nicht eſſen, ſo aber unmöglich von etwas ganz einfachen, wie unſere unſterbliche Seele iſt, deren die Thiere mangeln, noch weniger von der mechaniſchen Bewegung des Körpers, ſondern von etwas dritten, von beyden unterſchiedenen, nemlich von dieſen wirkſamen Lebensgeiſt verſtanden werden kann. Dieſes war auch die Meynung der alten heidniſchen Weltweiſen, wie denn Homer in ſeiner Odyſſee das Blut, die Nahrung und Speiſe des Geiſtes, den Geiſt aber, das Gehäuſe der Seele ausdrücklich nennt. (b) Zudem verſichern alle myſti-

---

(b) IVSTATIVS in Diſſert. de anima brutorum. C. XIII. §. 168. p. 587.
Vita Homeri ap. *Ribov*, in

mystische Weltweise, daß in dem Blut etwas
göttliches und geistlich geheimes (Θεῖον καὶ μυϛι-
κόν τι) verborgen, deswegen auch der Satan, an
die von Gott Abweichende, begehre, daß sie sich
gegen ihm mit ihrem Blut verschreiben sollen. (t)
Ja, es scheinet, als wenn die Probe des Blu-
tens der Erschlagenen, in Gegenwart ihres Thä-
ters, deren man sich an einigen Orten in peinli-
chen Gerichten noch heutiges Tages bedienet, daher ihren Ursprung genommen habe.

Alle diese und dergleichen angeführte Schrift-
stellen und Ereignisse, zeigen nun klärlich an,
daß das Blut nicht blos etwas körperliches, so
lediglich durch das Steigen und Fallen, und durch
den Druck, nach den Gesetzen der Hebekunst in
den Adern seinen Umlauf nimmt, sondern der
sulphurische, balsamische Lebenssaft ist, der von
denen aus dem Obern erbornen Lebensgeistern in
stetem Fluß und Wirksamkeit erhalten wird.
Dieses lebendige Wesen in dem Blut, nennen
die hermetischen Weltweisen Evestrum, und schreiben ihm die besondern und gleichsam übernatürlichen Wirkungen zu, welche theils im Guten,
theils

(t) Vid. PHILONIS racor. 1675. 8. P. II. C.
Magiologiam. Aug. Rau- XLVII. §. 15. p. 470.

theils im Bösen, mit dem Blute getrieben werden können. Dahin auch diejenige wunderbare Lampe (Biolychnium) gehöret, die des Menschen, aus dessen Blut sie verfertiget worden, Gesundheit, Krankheit, Leben und Tod anzeiget. (f) Man kann daher um so zuverläßiger schliessen, daß obbesagtes Evestrum oder der lebendige merkurialische Theil, sich noch einige Zeit, und zwar bis zur gänzlichen Zerstiebung gedachten Blutes, bey demselben verweile, und daß sogar die gespenstigen Erscheinungen, die man zuweilen auf Kirchhöfen, und an Orten wo grosse Schlachten geschehen, wahrnimmt, daher ihren Ursprung haben.

Dem sey aber wie ihm wolle, so ist doch unstreitig, daß der Lebensgeist oder Evestrum noch einige Zeit bey dem Blut verbleibe, nachdem es von dem lebendigen Geschöpf abgesondert worden. Die Beyspiele, welche glaubwürdige Verfasser davon erzehlen, können nicht in Zweifel gezogen werden. Unser Hib. Br. Robert Fludd, (g) schreibt von einem, Namens La Pierre, welcher, indem er Blut destillirte, ein grosses Brüllen gehöret, und endlich eines menschlichen Gespenstes gewahr

---

(f) Ravensteins Samml. seltner Begebenheiten in der Natur. Kap. V. §. 2. S.

(g) Beym C. F. Paulini, in den philosophischen Luststunden. Leipzig 1706. 8. N. 54. S. 376.

gewahr worden, worüber seine Gäste sehr erschra-
ken. Dieses soll auch fast auf die nemliche Art,
dem Vater unsers lieben und werthgeschätzten
Bruders Elichenus wiederfahren seyn. Ja, oben
angezogener Fludd (h) sagt, es sey ihm selbst geschehen, daß, da er das verfaulte Blut und Fett
eines gewaltsamer Weise Getödteten übergetrieben,
er nicht nur im Distilliren eine grosse Menge sehr
wirksamer Geisterchen übergehen sehen, sondern
es sey auch deren Lebhaftigkeit so groß gewesen,
daß, wenn er dasjenige, so in der Vorlage gegangen, nur mit der Hand erwärmet, diese Gei-
sterlein so fort sich in der Luft zu bewegen und
zu hüpfen angefangen, woraus er schliesset, daß
der Lebensgeist sogar in dem Blut eines Ver-
storbenen zum Theil noch verborgen sey. Es
rathet demnach unser würdiger Bruder Homerus
(i) denen Chymisten, nicht im Blute zu arbeiten, zuförderst gleich vom Thier also warm her,
denn ihm begegnet, daß, als er per Retortam
die firere Theile destilliren wollen, sey ihm von
dem Menschen sowohl als andern Thieren das
Evestrum sehr monströs im Recipienten erschie-

T 2

nen,

(h) Respons. ad Ho-
plocrism. Spong. M. Fo-
steri Goud. 1608. in fol.
membr. 3. C. 3. fol. 24. b.
(i) Aur. Caten. Cap.

VII. S. 325. u. f. man füge
bey Toeltii cœlum chymi-
cum referratum. Frf. 1735.
8. Kap. XXXIV. woselbst ein
vieles davon zu finden.

nen, habe auch von dem Menſchen in der Retor:
te ein Gepolter angefangen, als wenn ein Ge:
ſpenſt darinn vorhanden wäre, welches ſehr ent:
ſetzlich, wiewohl es nicht allezeit geſchehe. Aus
dieſen allen wird nun ein von Vorurtheilen be:
freyter Verſtand einſehen lernen, daß in den Ge:
ſchöpfen mehr geiſtiger und wirkſamer Anfänge,
als die demokritiſche Atomiſten glauben, und daß
man die Worte des Virgils in einem geſunden
Sinn von dieſem Geiſte verſtehen könne, wenn
er ſchreibt: (⨍) daß vom Anfang an Himmel
und Erde, die flüſſigen Felder des Meeres, der
glänzende Ball der Sonnen, des Monden und
der übrigen Geſtirne von einem innerlich in ih:
nen verborgenen Geiſte ernähret würden, daß
beſagter lebhafte Beweger ſolche groſſe Laſt um:
treibe, ſich mit allen Geſchöpfen dieſes unermeßli:
chen

(⨍) Principio cœlum ac terras, camposque li-

quentes,

Lucentemque Globum lunæ, Titanique aſtra

Spiritus intus alit, totamque diffuſa per artus

Mens agitat molem, et magno ſe corpore miſcet.

Inde hominum pecudumque genus, vitæque volan-

tum. L. 6. *Aeneid.*

chen Weltgebäudes vermische, und daß durch ihn
die Lebenskräfte der Menschen, Thieren und des
gefiederten Heeres erhalten würden.

Wobey es denn sein Bewenden hat.

Wir begeben uns demnach zu den tiefen
Abgründen der Erden, und betrachten daselbst die
Werkstatt, woselbst sich die bindende Macht unsers Saturns ihre Gewalt durch Hitze und Kälte, als den wahren Naturanfängen besonders offenbaret; doch wollen wir uns einer möglichen
Kürze befleissigen, indem sie, ehrwürdige Brüder! durch fleissige theoretische und practische Untersuchung erwehnter Naturwerke, schon in den
ersten Graden, eine lobenswürdige Känntnis erlangt haben.

Oben haben wir gehöret, daß die Zeugung
der Metalle und anderer unterirdischen Geschöpfe, nicht durch eine organische Structur, wie
der Vegetabilien und Animalien ihre, sondern
durch eine Vereinigung gleichartiger Theile geschehe, womit denn alle wahre Weltweise überein
stimmen. Doch muß man diese Juxtaposition
nicht also verstehen, wie sie die meisten heutigen
mechanischen Physicker verstehen, als ob sothanes
Ansetzen gleichartiger Theile und deren Verbindung, nicht durch einen, im innern dieser Geschö-

pfe

p e, liegenden Naturkoagulator, welcher vom Mit=
telpunkt zum Umkreis wirket, und in dem Leibe
zuförderst der Metallen, eine dem wirkenden Gei=
ste homogene Materie erzeuget, so die klebrigte
Grundfeuchtigkeit genennt wird, und der Metal=
le Feuerbeständigkeit, Schmelzbarkeit und Ge=
schwindigkeit verursacht, sondern mittelst gewisser
materialischer Häcklein, welche von der Allmacht
also geschaffen worden, daß eines in das andere
auf das vesteste einschliesset, bewirket worden.
Diese Kindereyen des Empedokles und ande=
rer seines Gelichters, hat Plutarch in seinem
Buch, von den Meynungen der Weltweisen,
vorlängst widerlegt, wenn er also schreibt: *Empe-
docles, Epicurus* et quot quot mundum e minutis
conſtruunt particulis, ii quidem *Concretiones* quas-
dam et *Secretiones* in materia introducunt, *ortus* et
interitus prorſus esſe negant, neque enim lege al-
terationis ſecundum *qualitatem*, ſed ſecundum quan-
titatem per *coacervationem* generationes fieri conten-
dunt, d. i. „Empedokles, Epikur und alle die,
„ so da vorgeben, daß die Welt aus lauter klei=
„ nen Theilchen gebaut sey, lassen zwar einige
„ Zusammenfügungen und Absonderungen in dem
„ Stoff der Körper zu, allein, sie läugnen eben
„ dadurch alle lebhafte Uranfänge und das
„ Aufhören der Wirkungen durch dieselbe; denn
„ sie behaupten, daß die Erzeugungen in der
„ Natur

„ Natur, nicht nach) dem Gesetz der Veränderung
„ durch die inwohnenden Eigenschaften, sondern
„ nach dem Verhältnis der Schwere, durch die
„ Zusammenfügung geschehe.“ Dieser Fehler,
welcher heutiges Tages mit solchem Eifer fortge=
pflanzet wird, kann sogar durch die Hafner wi=
derlegt werden. Wäre in dem Letten keine der=
gleichen bindende Feuchtigkeit, welche durch das
Wasser, in dem selbige ebenfals vorhanden, ver=
mehret wird, so würde das Feuer allein nicht
mächtig genug seyn, ihre Zusammenhaltung und
Vestigkeit zu verursachen.

Es gehet demnach, wie ihnen bereits be=
kannt, die Erzeugung der Mineralien folgender=
maßen zu. Sie werden alle, wie die übrigen
sichtbaren Geschöpfe, aus dem allgemeinen Mer=
kur geboren, dieser ist ihr Saame, welcher aus
Feuer und Licht bestehet, der macht sich nach
der Art und Beschaffenheit der Werkstatt, ein
Korpus oder ein Haus von seiner eigenen Essenz,
darinn er wohnet. (1) Solches ist nun der reine
Salzmagnet, welchen der allgemeine Merkur,
nachdem er durch das Wasser und andere wässe=
rige Meteoren der Erde zugeführet, und daselbst
zu einem mineralischen Merkurialgeist geworden,
und sich in einem fetten, dicken, salzigten Liquor

T 4 verwan=

(1) Mikrokosmische Vorspiele. §. 80. S. 57.

verwandelt hat, (m) selbst bildet; seine flüchtige
sulphurisch: nitrose Theile schwingen sich, nachdem
sie durch das unterirrdische Feuer in Bewegung
gesetzt worden, in die Höhe, und tröpflen von
den unterirrdischen Gewölben, als gleichsam von
der Natur formirten Trichtern, wieder auf ihre
Magneten herab, bis endlich dieselbe die Feuchtigkeit überwinden, und in der Trockne ihre völlige
Zeitigung erlangen, (n) welches alles durch eben
diesen flüchtigen mineralischen Geist bewirket wird.
Nun würde besagter Geist, als der Saame aller
Metallen und Mineralien, unfehlbar ⊙ und ☾
gebähren, (o) daß aber solches nicht allezeit, ob-
wohl

(m) Jugel, vom wahren
metallischen Saamen. §. 18.
S. 38.

(n) In der Trockne müssen
alle Koagulationes oder Bin-
dungen geschehen. Jugels Generalphysic. §. 568. S. 207.

(o) Der Naturwille ist im
mineralischen Reiche zu Gold
und Silber geneigt, wird aber
öfters durch besondere Wirkung der Elementen unter-
brochen. Jugels Generalphysic. §. 179. S. 50. NB. NB.
Dieses Autors gedenke ich ge-
flissentlich öfters, wegen der
unbilligen Vorurtheile einiger jüngern Brüder, die sie
aus der profanen Gelahrt-
heit und gemeinen Sage,

von unseren weisen Meister
Schriften, geschöpfet haben.
Dieser Jugel war nie so
glücklich in unsern Zirkel zu
treten. Wer kann sie also
mit Recht einer räthselhaf-
ten, verwirrten Schreibart
und unergreiflichen Dunkelheit mehr beschuldigen, nachdem ihre Anleitung diesen
Profanen so nahe ans Ziel
geführet hat? Warlich, warlich! Hielte der höchste Baumeister die blöden Augen der
profanen Welt, aus weiser
Vorsicht nicht verschlossen,
so würde man nie über unsere Schriften, wegen Dun-
kelheit, klagen hören, wohl
aber über ihre Klarheit und
Deutlichkeit erstaunen müssen.

wohl ihr Saame und das centrale ☉ im innern
einerley und gleichwesentlich iſt, geſchiehet, ſondern
auſſer oberwehnten edeln Metallen, auch ♀, ♂,
♃, ♄ und ☿ zum Vorſchein kommen, iſt daran der metalliſche Saamen nicht ſchuld, ſondern
die Beſchaffenheit der mehr oder minder reinen
oder unreinen Werkſtatt, und nachdem er lang
oder kurz an ſolchen Körper gearbeitet, (p) oder
auch, daß er etwan in ſeiner Naturarbeit geſtöret worden.

Sehen ſie, ehrwürdige liebe Brüder! dieſes
iſt eine ganz kurze Erklärung einer ſehr wichtigen
Naturwirkung, durch welche nicht nur die Meynung einiger abentheuerlicher Phyſicker, welche dafür halten, es habe der allerhöchſte Baumeiſter
der Welt, gleich in der Schöpfung den Saamen
und die Materie eines jeden Metalls und Mine-
rals beſonders in die Erde gelegt, übern Hauſen
geworfen wird, ſondern auch die groſſe Wahrheit,
vom Einfluß des Obern und der anziehenden
Kraft des Untern, ihre völlige Stärke und Bün-
digkeit erhält. Wir wollen daher mit den Worten unſers würdigen Bruders Homerus ſchlieſſen,
(q) welche alſo lauten: „Es iſt unumſtöslich klar,

Z 5   „daß

(p) Mikrokoſmiſche Vor-   (q) Aur. Caten. C. III.
ſpiele. §. 79. S. 87.   S. 10.

„ daß der Himmel immer neuen Saamen erwe=
„ cke, weil wir ohne Unterlaß neue Influenzen
„ und Wirkungen erfahren. Und damit ich es
„ kurz mache, so folget, daß, so der Vater einen
„ neuen Saamen giebet, so muß nothwendig die
„ Mutter eine neue Frucht gebähren.“

III. Abschnitt.

Ehrwürdige liebe Brüder! Aus dem, was
in den beyden vorhergehenden Abschnitten gesagt
ist, werden sie ohne Zweifel gar leicht haben er=
achten können, was das Obere und Untere sey?
daß das erstere beständig auf das letztere herab=
fliesse, dieses und jenes herabziehe, und wenn des=
sen zu viel, selbiges wieder von sich zu stossen ver=
mögend sey. Sie haben ebenfalls gehöret, daß
besagtes, von dem Untern angezogene Obere, eine
körperbildende Kraft und ein Vermögen habe, be=
sagte gebildete Körper zu erhalten, zu ernähren,
und solche hinwiederum zu zerstören, oder viel=
mehr in ihre uranfängliche Bestandtheile aufzulö=
sen. Woraus zu schlüssen, daß das Obere, wie
es die täglichen Wirkungen der Natur erweisen,
der Magnet des Untern, wie das Untere des
Obern sey, welcher, was vom Untern durch die
Wirkung des Naturfeuers stetswährend ausgegos=
sen wird, auch stetswährend wieder an sich ziehet,

in

in der Luft läutert, reiniget und mit einem neuen
Kraftleben begabet, dem Untern durch die Meteoren abermal zuläſſet, nicht zwar immer in die
nemliche Bärmutter, wovon es ausgeſloſſen worden, ſondern wohin es trift.

Da wir nun aus unſerer ächten Naturlehre
wiſſen, daß dieſes Wahrheit iſt, und daß die
Identitas oder Gleichweſenheit der Uranfänge in
der Natur gegründet, ſo haben wir ſolche in unſern geheiligten Schulen, als einen, durch die Erfahrung beſtätigten Grundſatz beybehalten. Wir
wollen zur Beveſtigung beybringen, was die
ſmaragdene Tafel, eines unſerer philoſophiſch-
ſymboliſchen Bücher davon ſchreibet. Gleichwie
(heißt es daſelbſt) alle Dinge von einem allein
erſchaffen, durch den Willen eines Einigen,
der es zuvor bedacht, alſo entſprieſſen, und
kommen alle Dinge von dieſem einigen Weſen,
durch die Aneignung deſſelben. Und damit ja
niemand zweifeln könnte, daß er etwas anders
darunter verſtünde, als dieſen von uns im erſten
Abſchnitt beſchriebenen höchſtwirkſamen Geiſt, ſo
fähret er fort und ſagt, daß ſein Vater die Sonne, der Mond die Mutter ſey, daß ihn der
Wind, (d. i. die △) in ſeinem Bauch getra-
gen, daß die Erde ſeine Ernährerin oder Säug-
amme

amme sey, und daß in ihm als einem Zeugevater die Vollkommenheit der ganzen Welt enthalten. Es wird zugleich durch obenangeführte
schönen Worte, die irrige Meynung derjenigen
widerlegt, die unserm Hermes, den Verfasser besagten herrlichen Denkmals, zu einem Pantheisten
machen wollen. Nein! so lieblos muß man von
diesem patriarchalischen Naturpriester nicht denken, als ob er nicht gewußt hätte, einen Unterscheid zwischen den allmächtigen Baumeister der
Welt und einen erschaffenen Statthalter desselben, welcher weder Verstand noch Willen hat,
wie jener, sondern die in ihm liegende Seminal-
kraft und bildliche Grundanlagen aller Dinge,
aus der Eingießung des göttlichen, auf der Tiefe
schwebenden Geistes erhalten, alle seine schaffende
Aeusserungen blos aus seines hohen Herrn Befehl
zu verrichten hat, (r) und solche lediglich nach
denen ihme eingegossenen Gesetzen der Bewegung
bewirket, ohne zu wissen was er thut, ansonst er
nicht gesetzt haben würde, durch den Willen eines
Einigen, der es zuvor bedacht, welches nichts
anders anzeigen will, als die in dem Allmächtigen
von Ewigkeit befindlichen Begriffen aller möglichen
Welten, unter welchen die unserige, als die beste
zum Vorschein gekommen.

Da

(r) Henckels Flora Saturniz. Kap. 1. S. 45.

Da wir nun aus dem, was bisher gesagt
worden, unfehlbar schliessen können, daß dieser
plastische oder bildende Naturgeist, durch seinen
Einfluß in das Untere, die Ursach der Leiblich=
werdung der Geschöpfe und der unterschiedenen
Veränderungen, die wir an ihnen wahrnehmen,
und überdem ein wahrer untrüglicher Grundsatz
ist, daß widerwärtige Dinge (heterogenea) keine
wurzelhafte Vereinigung machen können, sondern
selbige lediglich in gleichwesentlichen Naturen
(homogeneis) Statt finde. So kann man eben
so sicher behaupten, daß der ganze Unterschied der
Geschöpfe in ihren Magneten, welche doch auch
ursprünglich von dieser zeugenden Natur gebildet,
folglich mit demselben gleiches Wesens sind, und
deren specifiquen Richtung in denen verschiedenen
Materien, in denen sie anfänglich von ihme ge=
zeuget worden, bestehe, und daß daher ihre Aehn=
lichkeit sowohl, als ihre mehr oder mindere Ver=
wandschaft entspringe. Jene betrift die Körper
nur nach ihrem äusserlichen Ansehen und auswär=
tiger Beschaffenheit, diese ist eine Uebereinstim=
mung der Sachen, nicht etwa nach ihrer Länge,
Breite und Tiefe, noch nach der Modification der
Materien, sondern nach ihren Ursprung und nach
ihren innern wesentlichen Grundtheilen.

Dieses

Dieses wollen sie in allen ihren Naturarbei=
ten wohl in acht nehmen, und sich dasjenige
anempfohlen seyn lassen, was uns insgesammt der
uralte griechische Bruder Parmenides (§) folgen=
dermaßen zurufet: „Ihr solt wissen, daß, wofern
„ ihr nicht auf die wahre Beschaffenheit der Sa=
„ chen euer Absehen richtet, und dieselbe nach ih=
„ rer Neigung und innern Verhältnis dergestalt
„ zusammenfüget, daß die mit einander verwand=
„ te, und dem ersten Ursprung nach, einander
„ angehörige Dinge zusammen kommen, begehet
„ ihr einen Fehler und werdet nichts ins Werk
„ richten. Denn es vergleichen sich die natürli=
„ chen Dinge nur in demjenigen, was ihnen in
„ der Natur gleich ist, und folglich ergötzen sie
„ sich auch nur allein in diesen u. s. w.“ In
unsern natürlichen Vereinigungen sind die aller=
nächsten Ehen die glücklichsten, und es kann wohl
ein Gabritius mit seiner Schwester Beja, ohne
Vorwurf einer Blutschande, Beylager halten und
mit ihr unzählige Kinder zeugen.

Endlich

(§) In Theatr. chem. Argentor. Vol. V. pag. 12. seq.

Endlich will ich ihnen auf ihren Verbrüderungseid einstweilen anvertrauen, daß alles, was unsere weisen Meister, von der Gleichwesenheit des Obern und Untern der grossen Welt gelehret haben, von unserer kleinen Welt, als dem allergrößten Naturgeheimnisse der Kunst zu verstehen sey, wovon sie in einem höheren Grade ein vollständiges Licht zu gewärtigen haben.

Indessen, ehrwürdige liebe Brüder! haben wir alle Ursache uns glücklich zu schätzen, den wahren Ursprung und Endzweck unsers geheiligten Instituts, sammt dem geheimen Sinne der hieroglyphischen Sinnbilder, die unsere Altväter allen Logen, zur Meditirung und Belehrung der Brüder, anvertraut haben, ächt zu wissen — und eben deßwegen dem allerhöchsten Baumeister für diese unverdiente Gnadenwahl um so inbrünstiger, eifriger und beharrlicher, mit gedemüthigten und zerknirschten Herzen Lob, Preis und Dank zu sagen, als seine ewig erbarmende Liebe und Weisheit, unsere obern Brüder erleuchtet, auch selbe bewogen hat, uns, aus so vielen andern Brüdern und

ganz

ganz sehr ehrwürdigen Logen, welche weit davon
entfernet sind, noch die geheime Bedeutung unserer Uebungen und der gedachten Sinnbilder errat-
then mögen, zu so vielen unermeslichen Geheimnissen, die wir in unserm innerlichen Zirkel zu
entdecken die Macht haben, mit einem so entschie-
denen Vorzuge auszuwählen. Ich wünsche daher,
daß Gott und seine Weisheit mit ihnen und uns
allen seyn, und mit Beharrlichkeit bleiben möge
ewiglich Amen! Amen! Amen!

Verbum Electri-

E N D E.